The Millennium Book of Prophecy

밀레니엄의 대예언

1

The Millennium Book of Prophecy

밀레니엄의 대예언

1

옮긴이 : 최환
1962년 서울 생. 서울대학교 인문대학 종교학과 졸업.
현재 정보제공 '사피엔스' 운영(신화. 미스테리, UFO 등)
저서 : ≪UFO 최후의 보고서≫ 역서 : ≪로즈웰 파일≫
URL : *http://ufo.sapiens.org*
email : *sapiens @sapiens.org*

밀레니엄의 대예언 1

The Millennium Book of Prophecy

서기 1999년 1월 30일 초판 2쇄 발행
지은이 존 호그
옮긴이 최환
등록 1997. 4. 14. 1-2160호
펴낸이 유희남
펴낸곳 도서출판 물병자리
주소 서울 종로구 종로1가 24번지 수도빌딩 506호
전화 (02)735-8160 전송 (02)735-8161

ISBN 89-87480-08-9 03900
ISBN 89-87480-07-0 (전2권)

옮긴이의 말

세기말이 임박하면서 지구의 대격변과 인류의 대재난에 대한 예언의 목소리가 그 어느 때보다도 높다. "미국의 지도가 바뀌고 일본이 바다 밑으로 가라앉으며 남한 땅이 모두 물에 잠겨 섬들로 변한다.", "자본주의는 붕괴하고 군부와 새로운 정부가 등장하며, 마지막 세계대전이 발생한다."…… 20세기를 몇 해밖에 남겨 두지 않은 이 시점에 집중되고 있는 이들 예언은 모든 종교와 모든 지역에서 공통적으로 등장하고 있다는 것에 그 특징이 있다.

이런 예언들이 단지 경고일 뿐 실현되지는 않을 수도 있지 않을까 생각하고 싶다. 그러나 세계는 예언의 경고처럼 진행하는 듯이 보인다. 우리는 언론을 통해 경제의 붕괴와 점증하는 재난을 목격한다. 인도네시아와 태국, 우리나라를 비롯한 아시아 일대의 외환, 금융, 신용공황은 일본을 거쳐 세계경제 공황으로 비화될 조짐을 보이고 있다. 또한 인도네시아와 아마존 일대의 가뭄과 이로 인한 대화재, 중국 내륙의 강진, 동유럽을 휩쓰는 영하 30도 이하의 강추위와 서유럽의 폭풍, 하루 만에 6개월 동안 내릴 강수량을 기록한 호주의 강우, 에트나 화산의 활동 재개, 미 동북부의 폭설, 일본까지 밀려오는 허리케인의 여파…… 그런가 하면 평균 해양 온도가 0.6도씩 상승하고 있고, 캘리포니아와 칠레 앞바다의 해수 온도가 7~8도 이상 상승하는 것 등등은 무얼 말하고 있는 것일까? 이러한 현상들이 과거에도 빈발했다는 반론으로 위안을 삼으려고 할지도 모른다. 이번 세기에 있었던 사건들, 즉 1929년의 세계 대공황이 그랬고, 관동 대지진, 80년대의 수십만의 인명을 앗아간 중국 내륙의 지진, 1992년 캘리포니아 지진, 허리케인 엔드류, 미시시피 강의 범람, 1993년과 1995년 고베 한신 지진 등, 그 피해 규모가 크기는 했지만 재난은 인류사와 더불어 항상 존재해 왔다고 볼지 모른다. 그러나 상황의 심각성을 걱정하는 사람들은 모두 늦어도 21세기에는 사람들이 감당하지 못할 상황으로 지구가 접어들 것이라고 예측하고 있다. 지구의 재난이 현대인이 생각하는 것보다 훨씬 더 임박해 있는 것은 아닐까?

이 책을 저술한 존 호그는 여러 가지 예언을 통해 인류 문명의 미래를 읽으려고 한다. 그가 과학적인 예측이나 역사적인 교훈을 배제하고 전적으로 여기에 매달리는 것은 아니다. 그렇지만 그의 예언 해석에 의하면, 모든 세계적인 대예언은 20세기 말과 21세기 초에 집중되어 있다고 본다. 이들의 공통점은 인류 역사가 수천년 동안 지속되어 오면서 쌓였던 카르마에 의해 20세기 말에 대정화가 있으며, 인류가 이 대정화에서 생존하는 경우 지복의 천년 왕국이 약속되어 있다는 것이다. 이 때는 어떤 시기일까? 역사적인 주기가 전환점 또는 최정점을 이루고 있는 시기로 예정되어 있다. 많은 예언자들의 예언에 따르면, 반은 인류 스스로가 만들었고, 반은 외부에서 오는 화근에 의해 새로운 밀레니엄은 인류 자체가 파괴되거나 인간 본성의 근본적인 변형을 맞게 될 시기라는 것이다. 인류는 지구를 약탈하고 서로를 착취하는 문화적인 태도를 바꾸어 심오한 변형을 이룰 준비가 되어 있는 것일까, 아니면 그 미숙함 때문에 또다시 다음 주기를 거쳐야만 하는 것일까, 아니면 …….

이 책 ≪밀레니엄의 대예언≫은 다가오는 나날들의 여러 가지 가능성들을 동서양의 예언서와 경전을 통해 세밀하게 그려 보이고 있다. 또한 이책은 예언을 통해 바로 지금 우리가 자신의 삶과 세계에 대해 새로운 인식의 전환을 가질 것을 요구하고 있다. 그리고 얼마 남지 않은 낡은 천년기에 대한 반성과 앞으로 다가올 천년기, 즉 미래에 대한 우리의 의지를 역사상의 위대한 예언가와 그들의 예언들을 통해 밝히고 있다. 대파국이냐, 아니면 유토피아의 완성이냐는 우리 자신에게 달려 있다. 본문에 나와 있는 예언 구절 하나를 음미하자.

"불이 켜져 있는 집은 도둑이 들지 않는다."

1998년 1월 26일

역자

추기 : 본문 내용 중 성서(구약, 신약)의 예언들은 ≪공동번역 성서≫(대한성서공회 발행)에서 인용하였음을 밝힌다. 다만 ≪신약 성서≫의 편명은 편의상 ≪한글 개역판 성경≫을 따랐다.

목차

이 책을 읽는 방법

≪밀레니엄의 대예언≫은 역사상 가장 위대한 예언적 투시자들의 삶과 전망을 살펴보고 있다. 고대에서 현대, 기독교에서 비기독교에 이르기까지 미래를 보는 영적 스승들은 사회적, 역사적 틀을 초월하여 20세기의 전환기인 현재에 살고 있는 사람들을 위해 봉인(封印)되어 있는 공통된 투시 내용을 설명하고 있다. 그들이 공통적으로 묘사하고 있는 광경들은 공포와 희망으로 채색되어 있다.

이 책 안에는 102가지의 원전에서 뽑은 777개의 예언 내용이 들어가 있다. 이것은 아직 공개적으로 알려져 있지 않은, 통찰력이 담긴 종합적인 전망들이다. 다음 세기까지 생존하기 위해서는 현재의 신념체계의 일부 또는 전부를 반성해 보아야 할 것이라고 역사상 위대한 투시자들은 공통적으로 지적하고 있다.

그들의 메시지에 따르면, 오랜 세월동안 계속되어 온 폭력적인 세대의 마지막에 있는 우리가 우리의 후손들에게 무한한 미래를 열 수 있는 열쇠를 주게 될 것이라고 한다.

예언을 글 안에서 구분하는 방법

≪밀레니엄의 대예언≫에 나오는 모든 예언은 고딕체로 되어 있다. 괄호 안에 있는 것은 예언을 해석하거나 강조하기 위한 것이거나, 예언을 담은 인용문을 설명, 해명, 또는 내용을 현대의 맥락에서 이해할 수 있도록 부언, 변경하기 위한 것이다. 예를 들면,

〔인간, 인류는〕 외계의 땅에 도착하여 월〔달〕의 변방에 이르게 될 것이다.

예언자에 의해 변경되었거나 해명된 것은 괄호나 대괄호로 나타낸다.

이들 통합되거나 공평한 땅은 (선을 위해) 힘이 될 수 있지만, 많은 간섭이 있다.

예언자의 이름은 예언 다음에 오는데, 괄호 안에는 실제로 예언되었거나 추정된 날짜가 온다. 예를 들면,

블라바츠키 여사(1888)

예언자들의 예언은 주로 책과 종교문헌에서 선정된 것으로, 색인화 되어 있다. 그런 경우 독자들은 예언자의 이름과 예언된 날짜를 볼 수 있을 것이며, 책의 제목과 예언에 관한 색인에 대한 요약 코드가 따라온다. 예를 들면,

> 여섯째 천사가 자기 대접에 든 것을 유프라테스라는 큰 강에 쏟았습니다. 그러자 강물이 말라버려서 해 돋는 곳으로 부터 오는 왕들의 길이 마련되었습니다.
>
> **파트모스의 성 요한(기원후 81-96), REV 16:12**

"REV 16:12"는 요한 계시록 16장 12절을 의미한다. 이 요약 색인은 이 머리말의 끝에 예언자의 약자를 핵심어로 제시, 요약되어 있다. 그곳에서 인용된 예언의 원전을 볼 수 있다.

예언에 대한 문헌 정보를 보는 방법

지난 20여 년 동안 작가로서, 그리고 예언 해석자로서 관찰해 온 바에 따르면 예언에 대한 문헌 정보를 너무 많이 제시하면, 독자들은 수렁에 빠져 버린 기분이 들게 될 것이라 생각이 든다. 종종 두 가지 면에서 사람들은 예언을 대한다는 것을 알 수 있다. 첫째, 사람들은 일어나고 있는 사건의 의미를 알려고 한다는 것이며, 둘째는 그 바람이 이루어지고 나면, 예언을 하는 사람들에 대해 더 많은 것을 알려고 한다는 것이다. ≪밀레니엄의 대예언≫은 이 두 가지 요구를 만족시키기 위해 독특한 방법을 사용하고 있다. 모든 예언에 저자나 원전이 뒤

따라 와서, 독자들이 부록에 있는 "예언자 백과사전"에 어느 정도 시간을 할애하면 알 수 있도록, 예언자들의 약력이 소개되어 있다.

저자의 언급에 대한 설명

사람들에게 다양한 운명이 있는 것처럼 예언과 관련된 주제는 상당히 많은 여러 가지 문제들을 담고 있다. 나는 예언과 관련된 많은 책을 집필했으며 미래의 모든 가능성에 대해서 구체적으로 전달하기 위해 애썼다. 최후의 심판이라는 주제에 관해 논의하는 경우, 미래에는 어떠한 희망도 없는 것처럼 이야기를 전개할 것이다. 반면 미래의 낙관적인 "개화기(bloomsday)"의 가능성을 묘사할 때에는 부정적인 예언의 경우와는 완전히 상반되는 태도를 취할 것이다.

예언서들은 과거의 시점에서 아직 일어나지 않은 사건들을 완전히 객관적으로 묘사하려고 노력했다고 본다. 그래서 재미와 사색을 연결시키는 고리로 이 책에 나오는 예언과 문헌의 본질적인 메시지를 전달하려고 노력했다.

이 작업에는 여러 가지 고려해야 할 점들이 있었다. 이 책은 펼칠 때마다 다르게 읽혀질 것이다. 용어를 선택하는 것은 예언의 정확한 이해를 위해 본질적인 것이지만, 예언자들이 표현한 방식이 어떤 점에서는 핵심 그 자체이기 때문에, 핵심적인 내용을 왜곡시키지 않으려고 노력했다. 나는 이러한 작업을 오컬트(occult)라고 부른다.

나는 이 말을 원래의 의미, 즉 신비주의자들과 연금술사들이 의도했던 대로 사용해 오고 있으며, 사전적이고 현대 심령학에서 쓰이고 있는 '비밀' 또는 '숨김' 이라는 의미로 사용하지는 않고 있다. 오히려 나는 정신적 대가들이 진리를 추구하는 사도들에게 제시해 온 것과 동일한 의미로 사용한다. 즉 '오컬트' 라는 것은 변증법을 넘어, 판단을 넘어, 그리고 우리가 선과 악, 참과 거짓이라고 배워왔던 것을 넘어 존재하는 본질적인 실재이다. '오컬트' 라는 것은 도덕적이거나 부도덕한 또는 도덕과 무관한 것이 아니다. 오컬트적인 진실은 초도덕적(trmsmoral)이다. 아무도 이를 숨길 수 없다. 사실 우리는 그것으로부터 숨으려 하고 있다. 우리는 그것이다! 그것은 비밀이 아니다. 그것은 단지 자신에게 충실한 사람이면 누구나 일상 언어로 직접 표현하려고 하지 않는 그 어떤 것이다. '그것' 은 무엇보다 원대하고 미묘하다. 그래서 그것은 모순을 갖고 있다.

내가 여기에서 지적해야 할 또 다른 중요한 점은 만약 이 책에 예언적인 통찰이 들어가 있다면, 그것은 다행스러운 것이다. 만약 독자가 이 책에서 진실에 대해 통찰할 수 있다면, 그것은 단지 독자들에게 제시한 내용 때문이 아닐 것이다.

사람의 제한된 외적 개성은 진정한 지성이 작용하는 방법에서 벗어나 있을 뿐이다. 그렇지 않으면 나를 포함하여 예언자와 해석가들의 외적인 개성은 진정한 통찰보다는 자신의 편견을 제시하는 것에 불과할 것이다.

독자들이 본문을 검토하면 이 말을 이해할 수 있게 되리라고 나는 기대한다. 그것이 이 책이 주는 즐거움일 것이다.

1997년 판에 대한 설명

1994년에 간행된 책에서 지은이가 직접 언급해야 할 필요가 있는 몇 가지 경우를 제외하고는 여러 군데를 손보았다. 예언과 직접 관련이 없는 몇 가지 통계 자료가 바뀌어서 이를 반영했다.

인용된 예언들은 1989년과 1992년 사이에 작성된 것으로 해석해서 추가한 내용에 대해서는 대부분 건드리지 않았다. 그러나 해석이 재검토되어야 할 몇 가지 경우가 여전히 존재한다. 괄호 안의 '저자의 개정' 이라고 되어 있는 부분은 해석이 잘못되었거나 사건이 진척되어 이전의 해석이 보강되어야 할 필요가 있는 경우에 삽입되었다.

예언과 예언자에 대한 약어

원제목과 원출판일은 다음과 같다. 더 많은 정보에 대한 참고 정보를 확인해 보기 바란다. 예를 들면 오쇼와 아디 다 산토샤의 경우와 같이, 예언이 선집에서 수집되었거나 예언자가 자신의 필명을 변화시켰을 경우에는 저자의 이름을 기록했다.

압둘-바하

Gpb 신이 가신다(쇼기 에펜디), 1944

Prm 보편적인 평화의 선포, 1982

Slc 압둘-바하 저작 선집, 1978

Wis 압둘-바하의 지혜, 1911

아디 다 산토샤 (부바 프리 존, 다 프리 존, 다 러브 아난다, 다 칼키, 다 아바다사)

Bdy 다 프리 존, 완전한 깨달음, 1978

Div 새니엘 본더, 세계적 스승의 성스러운 출현, 1990

Garb 부바 프리 존, 쓰레기와 여신, 1974

Scien 다 프리 존, 곧 선포될 신의 존재에 대한 과학적인 증거, 1990

암브레스 (스투레 요한슨)

Amb 암브레스, 1987

스리 오로빈도

Savt 사비트리: 전설과 상징, 1990(13쇄)

로저 베이컨

Epsc 비밀의 서간, 1269

바하올라

Aqd 가장 신성한 책, 1973

성서: 신약

Lk 누가복음

Mk 마가복음

Mt 마태복음

Rev 요한 계시록

성서: 구약

Dn 다니엘서

Ez 에제키엘서

Is 이사야서

Jer 예레미야서

Jo 요엘서

Mic 미가서

Zek 즈가리야서

블라바츠키 여사

ScDoc 비밀 교리, 1888

붓다

Dhm 법구경, 기원전 약 480년

에드가 케이시

리딩에 대한 설명: 케이시는 혼수 상태에서 14,246번의 리딩 작업을 했는데, 하이픈으로 해당 작업과 리딩 회수를 연결하였다. 예를 들면, 301-1번. 리딩에 대해 더 많은 연구를 하려면 버지니아 주 버지니아 비치에 있는 에드가 케이시 재단에 연락하라.

체이로

Cwp 체이로의 세계의 예언, 1926(1931년에 개정판)

데이비드 굿맨 크롤리

Glmps　미래 엿보기, 1888

앤드류 잭슨 데이비스

Pen　신전의 내부, 1856

데구치 나오 (出口ナオ)

Omo　오오모토(大本)예언, 1900

G. I. 구제프

Beelzb 베엘제버브가 손자에게 전한 이야기들: 최초 시리즈, 1924-1927

Lfe　나일 때만 진짜 삶이다: 전집/세 번째 시리즈, 1930

Mira　P. D. 우스펜스키의 기적적인 것들을 찾아서, 1915-1917(구제프의 구술을 P. D. 우스펜스키에 의해 기록 편집됨)

헤르메스 트리스메기스투스

AscIII　아스클레피우스 III, 서기 150-270

J. 크리쉬나무르티

Liah　미래의 삶, 1963

모하메드

Qur　쿠란, 7세기

루스 몽고메리

Aby　피안, 1971

Alns　우리 사이에 있는 외계인들, 1985

Amg　우리 사이에 있는 이방인들, 1979

Hrd　루스 몽고메리: 뉴 에이지의 전령, 1986

Wbf　과거의 세계, 1976

마더

Conv　대화, (스리 오로빈도 교육센터에서 발행된 회보), 1931

노스트라다무스

≪예언들≫으로부터

C　(백시선(百詩選) 또는 권(卷):예언시 100편을 하나로 묶은 단위)

Q　(4행시), Qdup　(이중 4행시)

원래 4행시 100개가 하나로 묶여진 백시선 10개가 있다(7번째 백시선은 42개의 4행시로 되어 있다). 노스트라다무스는 11번째와 12번째의 단편적인 백시선과 2중 4행시도 썼다.

오쇼 (아차리야 라즈니쉬, "바그완 쉬리" 라즈니쉬)

BofR　라즈니쉬 경전, 1984

DiSutra 금강경, 1977

DtoD　죽음으로부터 불사(不死)에로, 1985

DtoL　거짓으로부터 참으로, 1985

FtoT 황금빛 미래, 1987

GFutr 가장 위대한 도전: 황금빛 미래, 1987

GrCh 하리 옴 타트 사트, 1987

Hari 숨어 있는 광채, 1987

HiSP 한사 토 모티 추가이(힌디), 1979

Htmc 마지막 성약, 1985

LTst 연꽃 낙원의 땅, 1984

Myst 신비주의자의 길, 1986

NewD 새로운 새벽, 1987

Omph 옴 마니 파드메 훔, 1987

Psyc 심리학을 넘어서, 1986

RajB IV 라즈니쉬 바이블, 제 4권, 1985

RajUp 라즈니쉬 우파니샤드, 1986

Razr 면도날, 1987

RbSp 반항적인 영혼, 1987

Rebl 반역자, 1987

Soc 25세기 이후에 다시 독약을 먹은 소크라테스, 1986

Trns 등불의 전달, 1986

Watr 물 흐르는 소리, 1976

Womn 여성 해방의 새로운 전망, 1987

ZnPr 선(禪): 패러독스의 길, 제 2권, 1979

인도 경전

Mat-P 마츠야 푸라나, 서기 330

Vis-P 비쉬누 푸라나, 서기 900

타모-산

Awkw 전세계의 깨어남을 위한 강의, 1989년 5월

Look 여기를 보라! (강화), 1960년 여름

Moor 배를 정박시켜라, 1957

Trshr 보물의 집을 열며, 깨달음의 시작, 1989

알란 보간

Ptrns 예언의 여러 형태, 1973

머리말 : 공포와 희망

나는 이미 생애의 종말에 직면해본 적이 있다.

1981년 사순절 첫날 재앙의 화요일에 일이 벌어졌다. 나는 저녁 식사를 위해 라구나 비치에 있는 여자 친구 집으로 차를 몰고 갈 준비를 하고 있었다. 내가 막 떠나려고 하고 있을 때, 갑자기 광막한 느낌과 임박한 죽음의 영감이 엄습했다. 너무나 명확한 느낌때문에 나는 차 문 앞에서 얼어 붙었다. 나는 60여 초 간 꼼짝하지 않고 서 있었다. 그리고는 무언가가 나를 움직이게 만들었다. 나는 자동차 열쇠를 손으로 더듬어 찾았고 출발했다. 10여 분 뒤에 죽음이 나를 급습했다. 시속 55마일로 빨강색 웨건이 달려와 내 소형차 앞문에 꽝하고 부딪쳤다. 유리와 철은 천이 찢어지는 것처럼 쪼개져 나갔다. 응급구조대원은 내가 20여 분 간 무의식 상태였다고 말한다. 그들은 내가 죽었다고 생각하여 포기하고 다른 운전사를 돌보고 있었다. 여유가 생기자 비로소 그들은 사고 현장에서 정신을 잃고 있는 나를 살리려고 시도해 보았다.

이십여 분이건 이십 세기이건 망가진 차 안에 있던 '나'에게는 전혀 차이가 없었다. 모든 의미는 조각난 금속의 소음과 깨져버린 유리와 함께 사라져 버렸다. 나의 의식은 황금빛 고요의 바다로 침몰해갔다.

나의 지각은 한 순간 천 년을 달리면서 가고 싶은 어느 곳에도 갈 수 있었지만, 또한 그 어디에도 없었다. 나를 보지 못하는 부모님과 친구들 위를 떠돌고 있었다. 나는 그곳에 없었다. 그리고 나는 육체로 '느꼈던' 것보다 훨씬 더 생동감 있게 '내가 거기에 없다는 것'을 알았다. 나는 내 여자 친구의 눈을 통해 보았고, 그녀의 손이 우리가 이제껏 결코 먹으려고 하지 않았던 당근을 자르다가 손을 베는 것을 보았다. 그녀의 손이 갑자기 멈췄다. 그녀는 칼을 내려 놓고 자신의 손을 조심스럽게 감았다.

침묵 속에는 '거기에 없는 것처럼 느껴지는' 다른 존재들이 있었다. 그들은 불을 켜는 것 같았으며, 내가 집에서 자꾸 아래쪽으로 되돌아 가는 듯한 느낌을 주었다. 시공간이 연속체로서 낮은 진동을 하는 이 세상을 느끼며 눈이 열렸다. 나의 마음은 다시 되돌아왔다. 이전에는 느껴보지 못 했던 상쾌한 기분과 휴식을 충분히 한 것 같은 느낌이 차 안에서 박살나지 않은 유일한 것인 듯이 나를 감쌌다. 나는 내적 고요와 집중의 상태에서 수백만 년의 여행에서 되돌아온 시간 여행자처럼 느껴졌다.

누군가가 유리창을 두드리고 있었다. 창문을 통해 잿빛이 된 얼굴로 응급 구조대원은 나를 응시하였고 "나올 수 있겠소?!" 하고 외쳤다.

"그럼요" 나는 마치 그가 몇 시냐고 물은 것처럼 평소대로 말했다. 나는 문 손잡이를 발견했고 죽음의 상태로부터 걸어나왔다.

예언자들은 기도에 몰입하거나 최면, 또는 명상—그리고 종종 심각한 충격을 통해서도—기법을 통해서 더 높은 것을 볼 수 있는 의식 상태를 얻을 수 있는데, 거기에서는 현재의 순간을 훨씬 넘어 시간의 지평이 확장된다.

객관성을 중시하는 생각이 항상 우리 내부의 심령을 억압할 수는 없다. 나는 자동차 충돌 사고 뒤 황금처럼 빛나는 광채에 이끌려 간 뒤 사랑하는 사람에게 어떻게 도착하게 되었는지를 기억한다. 그 뒤에 나는 여자 친구에게 사건이 있었던 시간에 무엇을 하고 있었느냐고 물었다.

"나는 부엌에 있었어"하고 그녀는 말했다. "저녁 식사를 위해 당근을 자르고 있었는데, 갑자기 무언가가 나를 멈추게 했어. 나는 자기가 오고 있는 것도 몰랐지. 뭔가 끔찍한 일이 벌어졌다는 것도 ……."

삶의 궁극적인 위협(죽음)에 직면해서 나는 삶을 계속 살게 된 것만이 아니라, 나에게 위험에 대한 예감을 준 육감에게도 고마움을 느낀다. 만약 내가 자신에게 더 예민했더라면, 그리고 내 예감에 더 열려 있었더라면, 그 예감을 존중하여 죽을 뻔했던 환경을 피할 수 있었을 것이다. 나는 우리 모두가 예언자의 간섭을 받고 있다고 주장한다. 대부분의 사람들은 변화의 전조를 회피하도록 머리를 숨기는 타조와 같이 행동하도록 프로그램되어 있다. 우리는 시간에서 깨어나기 위해 전조를 경고로 받아들일 수 있으며, 위험한 길에서 우리의 운명을 벗어나게 할 수 있다.

예언에 대해 훑어보기

이제 본문의 내용을 먼저 살펴보기로 한다. 이 주제에 대해서는 지난 만여 년 동안 수백 종의 책들에 예언이 실려 있다. 수십 년 동안 미국과 영국에서는 미래를 정확하게 예측하는 수백 명의 탁월한 사람들에 대한 기록을 가지고 있다.

주류 과학자들은 초상 현상에 대한 진지한 연구들을 사이비 과학이라고 매도하고 있다. 주류 과학 논문들은 물질에 관심을 가지고 있는데, 이 물질(matter)이라는 말은 라틴어 어원으로 "측량할 수 있는 것(to measure)"이다. 그러나 인간 지성의 가능성이나 우주 자체와 같이 우리 주변의 많은 현상들은 어떤 척도도 가지고 있지 않다. 이들 미스터리가 단지 사람들이 숫적으로 측량할 수 없기 때문에 존재하지 않는다고 말할 수 있을까? 주관적인 것을 객관적으로 측정하려고 시도하는 순수하게 합리적인 과학자들은 그것을 사이비 과학이라고 매도할 수가 있는가? 그것은 용어상 모순이다.

현재 영적인 예언은 우리의 합리적인 이해를 넘어서는 수수께끼이다. 그렇다고 하면, 지난 만여 년 간 문서화된 예언 중에서 살펴볼 수 있는 다음 번 시간표는 예언의 정확성이 사이비 과학적인 요행을 넘어선다는 사실에 충분한 증거가 된다.

시간은 우리의 한계를 재평가하게 만들고 있으며, 우리 내부에 있는 본래의 예언자를 다시 깨우기 위해 다가오고 있다.

서기전 8000년: 노아 홍수 이전 세계의 종말

이때는 고통이 시작된 때였다. 그들(사람들)이 필요했던 모든 것은 두 번째 세계에 있었지만, 그들은 더 많은 것을 원했다 ……. 사람들은 다투고 전쟁을 시작했으며, 마을 간에 전투가 시작되었다. 그렇지만 여전히 자신들의 창조자를 찬양했던 소수의 사람들이 있었다. 그러나 사악한 사람들은 그들을 조소하여 그들은 마음 속으로만 노래할 수 있었다. 그래서 소투크낭(우주의 주)은 그들 앞에 나타났다. "거미 여인이 나에게 너희의 실이 이 세상에서 다 떨어지게 되었다고 알려 주었다." 그는 말했다. "…… 우리는 그 때문에 특별한 일을 해야 한다고 결정했다. 진심으로 노래하는 사람들이 안전한 장소로 이동하게 되면 바로 이 두 번째 세상을 파괴하려고 한다."

그리고 다시 첫 번째 세상에서처럼 소투크낭은 개미 인간들을 불러 선택된 사람들을 위한 지하 세계를 열었다. 그들이 안전하게 지하 세계에 도착하자, 소투크낭은 푀캉호야와 파룅가우호야 쌍둥이들에게 명령을 내려 지축의 남북 끝으로 그들의 거주지를 옮기고 지구가 자기 자리를 찾아 정상적으로 자전할 때까지 머무르라고 했다.

쌍둥이들은 아무도 보호하지 않는 세계가 균형을 상실하고 미친 듯이 되어버리자, 그들의 주둔지를 모두 포기해 버렸다. 산은 거대한 파도가 일고 있는 바다에 빠지고 호수는 땅 위로 솟아 올랐고 세상은 추워지고 살아 있는 것이 아무것도 없게 되고 세상에는 거대한 얼음이 얼었다. 이것이 토크파, 즉 두 번째 세계의 종말이었다.

오스왈드 화이트 베어 프레데릭스의 ≪호피 인디언의 책≫에 프랭크 워터스가 기록

호피 인디언 전설에 따르면, 세계는 이미 세 번 종말이 있었다. 노아의 방주와 성경에 나오는 세계가 있기 오래 전에 선사 시대의 북미 인디언들은 지구가 둥글다는 것을 알고 있었다. 얼음이 노아 이전의 세계를 파괴했다. 홍수는 노아와 동시대의 호피 인디언의 세계를 파괴했다. 현대 호피족의 추장들은 불이 현 세계의 파괴자가 될 것이며, 이는 생각하는 것보다 더 빠를 것이라고 말한다.

서기전 6500년: 선사 시대의 핵전쟁

우주의 모든 힘을 하나의 물체에서 발사할 수 있는 도구, 즉 죽음의 막대기인 치명적인 화살(로부터) 만 개의 태양을 합친 듯이 밝은 연기와 불기둥. 인드라신의 천여 개의 천둥 부대와 함께, 그것은 모든 살아 있는 생물체를 파괴하였다. …… 적대적인 전사들은 성난 불 속에 타버린 나무와 같이 지구로 떨어진다. …… 코끼리 …… 맹렬한 울음 소리가 지구를 향하고 …… 그 무기의 에너지에 의해 타버렸다. 모두 …… 재가 되어버리고 있다. …… 너 잔인하고 사악한 존재, 거만한 마음으로, 저 강철 번개로 너희 종족에게 종말을 고하게 하겠노라.

≪마하바라타≫, 고대 인도의 서사시

고대의 핵미사일인가?

핵폭탄을 만드는 데에 주도적인 역할을 한 과학자인 로버트 오펜하이머 박사는 핵전쟁은 선사 시대의 여명기에 벌어졌을 가능성이 있다고 믿었다. 그는 인도의 대서사시 ≪마하바라타≫를 예로 들었는데 그 문헌에 따르면 태고의 세계 대전이 절정기에 이르렀을 때, 새롭고 잘 알려지지 않은 모양의 무기가 등장하고 있다는 것을 잘 알고 있었다. 거기에는 모든 종족들이 분간할 수 없을 정도로 타 버리고 생존자들은 방사능에 의해 생긴 질병으로 고통을 겪었다. 사람들의 머리카락과 손톱은 다 빠져버렸다.

서기전 4500년: 대홍수

이제 이레가 지나면 사십일 동안 밤낮으로 땅에 비를 쏟아, 내가 만든 모든 생물들을 땅위에서 다 없애 버리리라.

창세기 7:4

…… 큰 비가 밤낮으로 하늘에서 쏟아졌다. 사람들은 집 위로 올라가려 했지만 집도 잠겼다. 하늘이 무너졌다 …….

포폴 부, 마야 인디언의 경전

인류는 흙으로 되돌아갔다.

바빌로니아 대홍수 기록

아시아, 유럽, 그리고 아메리카 대륙의 원시인들은 지구의 대홍수와 여러 가지 예언을 공유하고 있다. 찰스 벌리츠의 책 ≪최후의 대심판 1990≫을 종합적으로 살펴보면, 전설의 아틀란티스 대륙이 신화가 아니라 사실이라는 결론에 이를 수 있게 된다. 무시무시한 밤에 거대한 파도가 덮쳐 이 대륙이 결국 바다 아래로 가라 앉아버렸다는 것은 노아의 홍수가 원전이 될 것이다.

서기전 480년 : 살라미스 해전

모든 것을 아는 제우스는 아테네의 기도에 응답하여 나무 벽이 떨어지지 않게 할 것이며 너와 네 아이들을 도울 것이다 ……. 성스러운 살라미스, 너는 여자의 아들들에게 죽음을 선사하게 될 것이다.

아리스토니스, 델피의 여사제

서양 합리주의의 요람인 아테네는 크세르크세스의 페르시아 유목민에 의해 전멸될 위기에 처해 있었다. 시간은 다가왔고 델피의 신탁소에 신탁(神託)을 의뢰했다. 아테네 사람들은 살라미스로부터 그리스 함대가 승리할 것이라는 성스러운 징조를 그녀의 시(詩)에서 발견할 수 있었다. 테미스토클레스 제독은 겔리선의 나무 벽이 살라미스 섬 근처에서 많은 페르시아 어머니들이 죽은 아들들 때문에 눈물을 흘리게 될 것이라고 해석했다.

서기전 44년: "3월의 이데스를 경계하라!"

서기전 44년 쿠데타를 통해 줄리어스 시저는 폼페이에서 그의 정적을 제거하고 로마 공화국을 무너뜨리는 데에 성공하여 권력을 장악했다. 시저는 승리를 기념하는 데에 시간을 낭비하지 않았다. 신전의 사제인 베스트리시우스 스푸리나는 제단에 바쳐진 짐승의 내장을 살펴보는 점을 본 뒤 그에게 경고했다. "3월의 이데스를 조심하라" 스푸리나는 3월 15일이 이 새로운 독재자에게는 징조가 좋지 않을 것이라고 간파했다. 이와 아울러 다른 많은 파멸의 징조에도 불구하고 시저는 운명에 이끌렸다. 3월 15일에 원로원은 그를 암살하기 위해 정치적인 미끼를 던지자는 음모를 꾸몄다. 그들은 그가 원로원을 방문하는 날에 그를 왕으로 선출할 약속을 한다. 시저가 원로원 계단을 오르고 있을 때, 스푸리나 앞을 지나면서, "3월의 이데스가 왔군 그래."라고 말했다. "그렇군요 시저,"하고 그 사제는 대답했다. "와서 아직 가지 않았죠." 몇 분 뒤에 스물 세곳을 칼에 찔려 피를 흘리며 전형적인 로마의 독재자는 죽었다.

서기 33년 : 예수의 탄생과 죽음

그리스도의 탄생과 그가 당나귀를 타고 예루살렘에 입성한 일, 그리고 그리스도의 십자가 처형은 사건이 일어나기 전 500년에서 1000년 전 히브리 예언자들에 의해 예언되었던 것이다.

그러나 너, 에브라다 지방 베들레헴아, 비록 너는 유다 부족들 가운데서 보잘 것 없으나, 나 대신 이스라엘을 다스릴 자 너에게서 난다. 그의 핏줄을 더듬으면 까마득한 옛날로 올라간다.

미가(서기전 약 721), MIC 5:2

크게 기뻐하라, 오 시온의 딸아 외쳐라. 그는 정의로우며 구원을 주리라. 그리고 나귀를 타고 ……

즈가리야(서기전 160년), ZEK 9:9

개들이 떼지어 나를 에워 싸고 악당들이 무리지어 돌아 갑니다. 원수들은 이 몸을 노려 보고 내려다 보며 겉옷은 저희끼리 나눠 가지고 속옷을 놓고서는 제비를 뽑습니다.

시편 22:16-18

기원 후 70년 : 십자가 처형의 카르마(업보) : 예루살렘의 파괴

이제 네 원수들이 돌아가며 진을쳐서 너를 에워싸고 사방에서 쳐들어 와 너를 쳐부수고 너의 성안에 사는 백성들을 모조리 짓밟아 버릴 것이다. 그리고 네 성안에 있는 돌은 어느 하나도 제자리에 얹혀 있지 못할 것이다. 너는 하느님께서 구원하러 오신 때를 알지 못하였기 때문이다.

예수(서기 30-33), LK 19:43-44

예언이 빗나갔나?

갈릴리 예언에 따르면, 이 구약 성서의 예언은 예언을 편향적으로 해석한 산헤드린(고대 이스라엘의 의회겸 법원)에 의해 잘못 해석되었다. 정통 유대인들은 평화의 왕자보다는 전사적 메시아를 원했고, 그들의 구세주를 십자가에 매달아 처형을 했다. 예수의 피가 십자가 위에서 마른 37년 뒤에 폭동이 일어나 로마인들이 유대인과 충돌하여 예루살렘 거리에 피가 흘러 넘쳤다. 그 도시의 세 개 지역이 점령되었고 시민들이 도망가지 못하게 로마인들은 참호를 팠다. 성스러운 시의 주민들은 영웅적으로 싸웠지만, 시간이 지나자 그들의 방어막은 차례차례 파괴되었다. 마지막 방어자들은 솔로몬의 성전으로 퇴각했는데 그곳에서 그들은 불과 검으로 죽음을 맞이했다. 기근과 질병으로 죽지 않았던 주민들은 로마 군단에 의해 병영으로 끌려가 남자와 나이든 자는 살해되었고, 여자와 아이들은 노예가 되었다. 그 뒤 예루살렘이 있었던 자리를 가리키는 묘비석인 황량한 돌 탑만을 제외하고 모두 무너져 내렸다.

1507-1520: 사라진 백인 형제의 방문

아스텍 제국의 절정기에 사제들과 국민들은 동쪽 바다에서 온 수염 달린 방문자들이 곧 그들의 해변에 나타날 것이라는 예언을 집단적으로 믿고 있었다. 이 당시에 모든 아메리카 대륙의 원주민들은 잃어버린 백인 형제들인 파하나가 되돌아 올 것이라는 예언을 공유하고 있었다. 호피 인디언들은 만약 파하나가 십자가 상징을 가지고 돌아 오면, 이것은 그가 자신의 창조물과 영혼 사이의 균형을 상실했다는 것을 보여 주는 것으로 아메리카의 원주민들은 커다란 파국을 맞을 것이라고 말했다. 불길한 여러 상징을 들고 백인 형제들이 도래하여 아스텍 제국을 공격했다. 해와 달이 사라지고, 기근과 지진이 있었고, 몇 달 사이에 어떤 혜성의 빛이 불길하게 수도를 덮쳤다. 모든 것은 임박한 파국의 징조로 보였다.

1507년에 몬테수마 왕(아즈텍의 나폴레옹이며 제국의 건설자)이 이들 전조의 의미를 알아내기 위해 틀리란칼메카틀(하늘을 배우는 장소)로 갔다. 신비가들은 그 앞에서 잿빛의 왜가리를 놓았다. 최면 상태에서 몬테수마는 새의 머리 부분에 붙은, 거울 같은 볏에 반영된 어떤 광경을 보았다. 그는 거기서 불꽃을 일으키는 횃불에 의해 포위되어 있는 하늘을 보았다. 화염에는 커다란 사슴(아스텍인들은 말을 본 적이 없다)을 타고 오는 많은 침략자들을 보았다. 아울러 몬테수마의 누이인 프라나진은 죽은 것처럼 혼절해 버렸다. 턱수염을 기르고, 높이 솟아 올라간 금속 투구를 쓴, 이상하게 차려 입은 외계의 사람들이 밀려들어 오는 것이었다. 그녀가 꿈 속에서 본 사람들은 십자가 깃발을 아스텍 제국의 돌더미 위에 꽂을 운명을 타고난 사람들이었다. 1520년에 아스텍의 악몽은 말을 탄 정복자들을 이끈 에르난도 코르테스가 아즈텍 제국을 정복하고 파괴하여, 현실이 되었다.

1632-1633: 몽모랑시의 실행

도팽의 백합은 낭시로 갈 것이다.
플랑드르까지 제국의 선제후가.
위대한 몽모랑시를 위한 새로운 감옥.
유명한 형벌〔clere peine〕로 넘겨 주는 일반 장소 밖에서

노스트라다무스(1557), C9 Q18

프랑스의 예언자 미쉘 노스트라다무스(1503-1566)는 간단한 시구로 미래의 사건을 상세하게 표현하는 탁월한 능력이 있었다. 처음 두 번째 행에서 그는 미래의 프랑스의 지배자에 대해서 정확하게 묘사하고

있다. 그는 대관식 전에 도팽이라는 이름을 갖고 있었다. 그는 또한 낭시 시(市)에 대해서도 언급하고 있다. 그곳은 루이 13세에 의해 1633년에 해방되었는데, 2개의 행은 우리에게 그 이유를 말해주고 있다. 플랑드르(브뤼셀) 근처의 감옥에 들어가 있는 신성로마제국의 황제 필립 크리스토퍼 폰 죄테른을 석방하기 위한 것이다.

세 번째와 네 번째 행은 랑귀독의 인기있는 통치자인 앙리 몽모랑시가 1632년에 처형당한 것을 회상한 것이다. 왕관을 요구하는 루이 왕의 바보 형제를 지원하고 있던 리슐리외 추기경의 계교에 빠진 이 대중적인 영웅의 별명이 '위대한 사람'이었는데, 노스트라다무스는 그를 다르게 호칭한 것이다. 몽모랑시는 새로 건설된 드 빌 호텔에서 사형이 확정되었다. 예언자는 이것을 새로운 감옥과 집행을 위해 일반 장소 밖이라고 정확하게 묘사한 것이다.

루이 왕의 몽모랑시 처형은 그 시대에 상당히 유명한 것이었다. 영국의 여왕과 로마 교황조차도 그를 위해 사면을 간청했지만 소용이 없었다. 이 유명한 형벌의 프랑스 원어는 clere peine이다. 이 모든 사건이 일어나기 75년 이전에 노스트라다무스가 알고 있었던 것이다.

1789-1794: 프랑스 혁명

서기 1800년경에 커다란 위기가 올 것이다. 거만과 자만이 세계를 지배할 것이다. 수탉이 프랑스에서 일어나 백합을 부러뜨릴 것이고 군주를 죽이고, 기독교 신앙과 교회를 탄압할 것이다. 교회의 성직자와 고용인들은 비참하게 될 것이고, 젊은이들은 무신론으로 이끌어질 것이며, 공화국이 전세계에 수립될 것이다 …….

바르톨로메오 신부(1642)

사람들은 자신들의 왕에 대항하라는 선동을 받을 것이다. 이제껏 파리는 그러한 거대한 고통에 빠져 보지는 않았다.(C6 Q23)

…… 노예가된 사람들, 노래, 성가, 그리고 여러 주장 때문에. 왕자와 영주들은 감옥에 보내진다.(C1 Q14)

…… 충돌이 500개 씩 퉐르리에서 발생할 것이다 …… 불과 피가 일어날 것이다 …… 보통 사람들의 출현[으로부터] …… 기독교 교회는 아프리카에서보다 훨씬 더 극심하게 핍박을 받을 것이고, 이것은 사람들이 시간을 새롭게 재개하는 것이라 믿을 1792년까지 지속될 것이다.(C9 Q34, C9 Q20, 앙리 2세에게 보내는 서한)

노스트라다무스(1555-1557)

수탉은 프랑스 공화국의 상징이었다. 백합은 프랑스 왕실 문장(fleur-de-lis)의 상징이었다. '이성(理性)의 숭배' 라는 반신적 종교가 새로운 공화국에 의해 수립되었다. 프랑스 혁명은 유럽 세계 주변에 공화주의를 전파했다. 500 마르세이유로 더 잘 알려진 513동맹으로 몰고 가는 것을 노스트라다무스가 미리 보았을 때 퉐르리는 당시에는 존재하지도 않았다. 교회는 해산되었고, 신부와 수녀는 길로틴에서 처형되었거나 거리로 추방되었다. 또한 1792년은 새로운 시대의 시작을 알리는 것이라고 혁명가들이 믿었던 해였다. 그들은 새로운 달력으로 낡은 기독교의 달력을 대치하여 이것을 기념했다.

1800-1815: 나폴레옹의 등장과 몰락

노스트라다무스(1555-1557)에 따르면,

황제가 이탈리아 근처에서 태어날 것이다 …….

나폴레옹은 이탈리아 해변 근처 코르시카에서 태어났다.

……그는 자신의 제국을 위해 너무 많은 희생을 요구했다. …… 그는 왕자라기보다는 학살자였다.(C1 Q60)
평범한 군인으로부터 그는 제국을 얻을 것이다. …… 이탈리아, 스페인, 그리고 영국은 떨 것이다. 그는 외국 여성들에게 대단히 친절할 것이다.(C4 Q54)

나폴레옹이 가장 좋아했던 연인들 중에 조세핀은 카리브 군도에서 태어났고, 마리 발레프스카는 폴란드 공주였고 그의 두 번째 황후인 마리 루이제는 오스트리아 출신이었다.

14년 동안 그는 그의 폭정을 계속할 것이다 …….(C7 Q13)

나폴레옹은 제일 통령으로 지배했고, 뒤에 프랑스의 황제로 1800년에서 1814년까지 통치했다. 그는 1812년에 파국을 맞았던 러시아 원정의 결과로 권력을 상실했다. 이에 해당하는 예언은 다음과 같다.

…… 왕국은 엄청난 불행에 직면하게 된다.(C6 Q13)
병사들의 무리가 러시아에서 접근한다. 파괴자〔그리스어로 "(N)apaluon"〕은 낡은 도시를 파괴할 것이다. 그는 로마 제국을 완전히 황

> 폐화시킬 것이다 ……. 그는 거대한 화염을 진화할킬 방법을 알지 못할 것이다 ……. (C4 Q82)

모스코바는 불길에 휩싸였다. 나폴레옹의 군대는 러시아의 겨울 습격으로 타 버린 폐허를 놔둘 수밖에 없었다.

> …… 싸울 준비를 하면서 그는 물러설 것이다. 주적〔러시아〕은 승리할 것이다. 후방 방어가 되면서, 하얀 나라에서 비틀거리면서 죽어갈 것이다. (C4 Q75)

나폴레옹은 나머지 군대를 퇴각시켰지만, 그들은 러시아의 폭설 아래 죽을 운명에 처했다.

> 세번째달에 …… 수퇘지와 표범이 전장에서 만난다 …….

그가 간신히 탈출한 지 3개월 되던 1815년 6월에(노스트라다무스가 수퇘지로 부른) 나폴레옹은 워터루에서 웰링톤 공작과 전투를 벌였다. 나폴레옹은 웰링톤을 영국의 표범(Leopard)이라고 불렀다.

> …… 지친 표범이 하늘을 올려다 보자 태양과 장난치는 독수리를 보았다.(C1 Q23) …… 〔그들은〕 승자로 나타날 것이다 …… . 나팔이나 비명 소리가 〔프랑스〕 군인들은 멈추지 않았다. 시간이 흐르자 자유와 평화는 죽음을 통해 얻어진다 ……. (C1 Q38)

워터루에서 웰링톤의 군대는 프랑스의 모든 공격을 막았다. 일몰 때에 나폴레옹은 자신의 제국수비대에게 마지막 임무를 부여했다. 프랑스 공격이 절정에 이르렀을 때, 공작과 그의 부하들은 나폴레옹의 제국수비대의 꼭대기에 걸린 청동 독수리가 저무는 태양을 배경으로 흔들리고 있는 것을 볼 수 있었다. 수 분 뒤에 영국군의 일제 사격으로 그들은 격파되었다. 프랑스군은 도망가게 되었다.

위대한 제국은 잠깐 만에 변화될 것이며 …… 작은 장소……그가 홀(笏)을 내려놓게 될 장소[를 향하여](C1 Q32)

나폴레옹은 세인트 헬레나라는 작은 섬으로 추방되었고 1821년에 죽었다.

19세기: 전쟁과 혁명

바르샤바의 예언에 따르면(1790),

프러시아와 러시아는 폴란드를 분리할 것이다.

이것은 1793년에 실현되었다.

1805년에 전쟁이 프랑스와 오스트리아 사이에서 발발했고 만약 오스트리아가 평화를 이루지 않는다면, 모든 것을 잃게 될 것이다.

오스트리아 군은 1805년에 오스테를리츠에서 나폴레옹에 의해 패

퇴했고 프랑스와 1세는 평화를 빨리 요청하여 그의 제국을 구했다.

1년 뒤 1806년에 프러시아와 프랑스 사이의 전쟁이 시작되고 1807년에 다른 전쟁, 즉 프랑스와 러시아의 전쟁이 발발할 것이다.

1848년에 무서운 혁명이 모든 유럽에 확산될 것이다. 왕과 황제들은 그들의 옥좌를 내놓게 될 것이다.

유럽은 1848년에 광범위한 혁명을 경험했다. 프랑스의 왕 루이 필립은 물러났다.

19세기와 20세기: 산업 혁명

목초지에서 나온 말들

말들은 즐거움과 장식을 위해 보존될 것이다. 그날이 다가오면 더 이상 아무 할 일도 없다.

몰 피처(1780년대)

전기와 무선 전파의 발견

인간에 의해 길들여진 동물들이 많은 수고와 어려움 뒤에 작동하기 시작할 때, 대단히 위험한 번개를 땅에서 공중으로 막대기를 통해 연장시킬 것이다.

노스트라다무스(1555), C3 Q44

철로. 차. 그리고 비행기

철로가 세워질 것이고, 쇠로 만든 괴물들이 황야를 달릴 것이다. 말과 굴대 없는 차들이 나올 것이고 사람들은 공중을 새처럼 날게 될 것이다.

스톰버거(18세기)

내연기관

전진하는 바퀴들 사이에 완전히 은폐되어 있지만 현재의 엔진과 유사한 기계가 덧붙여져, 물과 대기 가스를 응축하여, 강력하고 아름답고 간단히 혼합되고 발화되어 수송이 이루어질 것이다.

앤드류 잭슨 데이비스(1856), PEN

라디오와 텔레비전

…… 웅장한 음악이 수백 마일 떨어진 곳에서 전선을 타고 와, 인간에게 느낌을 전할 것이다.

몰 피처(1780년대)

헬리콥터

어떤 생각을 하면서 비행 기기에 편하게 앉아서, 새처럼 인공적인 날개로 공중을 가로질러 갈 것이다.

로저 베이컨(1268), EPSC

국제 항공여행

…… 공중의 차 …… 는 여러 세기 동안 하늘을 날아다닐 것이다. 그리고 그들의 아름다운 영향은 우주적인 우정을 만들 것이다.

앤드류 잭슨 데이비스(1856), PEN

달 위의 인류

그(인간, 인류)는 月(달)의 구석으로 가서 외계의 땅에서 자리를 잡게 될 것이다.

노스트라다무스(1557), C9 Q65

1912년 3월: 타이타닉 호의 침몰

1897년의 어느 저녁에 퇴역 선원이자 단편 소설 작가인 모간 로버트슨은 전업 작가촌에서 정신적인 긴장을 풀고 작품을 집필하기 시작했다. 그는 자신이 '아스트랄 계(界)의 저작 파트너' 라고 종종 부른 친근한 존재를 느끼면서, 여러 생각들이 넘실대는 바다에서 키를 잡고 항해를 할 수 있었다. 새로운 이야기에 대한 환상이 상상의 안개를 통해 얼어버린 북대서양의 바다를 통해 들어왔다. 처녀 항해로 거대한 바다 선박, 즉 25노트의 속력으로 7만 5천톤의 선박을 추진하는 3개의 꼬인 스크류가 빙산과 충돌하여 차디찬 바다에 침몰했다!

로버트슨은 뱃머리에서 타이탄이라는 이름을 보았고 승무원과 승객들 모두가 침몰할 가능성이 전혀 없다고 생각한 이 800피트 길이의 해선은 19개의 방수 칸막이를 가지고 있다는 것을 알았다. 그는 사람들의 주장이 어리석다고 생각하였지만, 보이지 않는 빙하에 타이탄호의 뱃머리가 부딪혀 선로에서 벗어나 침몰했고, 배 안에는 24개의 구명선만 있었기 때문에 3천여 명의 승객들은 익사할 수밖에 없었다.

로버트슨은 타이탄 호의 파괴, 또는 허탈감, 즉 결과적으로 해상 재난에 대한 그의 허구적인 연대기를 쓰기 시작했다. 그런데 허구가 14년 뒤에 현실이 되었다. 달이 없는 3월 밤에 대서양 중앙에서 사건이 발생했다. 타이타닉 호는 처녀 항해 때, 뉴펀들랜드에서 떨어진 얼음이 언 북대서양의 바다를 가르며, 23노트의 속력으로 6만 6천톤의화물을 실은 채 3개의 프로펠러를 달고 보이지 않는 빙산을 향해 돌진했다. 883 피트나 되는 해양선은 절대로 가라앉지 않을 것이라 생각하여 선상에는 22개의 구명보트만이 있었다. 배를 설계한 설계자의 거만함에도 불구하고, 빙산과 충돌하자, 16개의 방수 시설 중 3개가 파괴되어 아무도 생존할 수가 없었다. 타이타닉 호와 2,224명의 승객들은 1912년 3월 14일, 달 없는 밤에 차디찬 죽음을 맞이했다.

1914년 8월 1일: 제 1차 세계대전

숲의 외곽 지대에 철로가 설치되고 철마가 달릴 때, 전쟁이 시작되어 4년 동안 지속될 것이다. 말 없이 움직이는 철의 요새에서 싸우며, 땅에서 발사하여 하늘에서 떨어지는 무기를 갖고 싸울 것이다.

스톰버거(18세기)

제1차 세계대전이 시작되는 날을 2세기 전에 체코슬로바키아와 인접한 바이에른의 숲에서 살던, 순수하고 한가한 목자가 정확하게 맞췄다. 1914년 8월 1일에 공식적으로 적대 행동이 시작된 날 칼테넥과 데겐도르프(스톰버거가 살던 숲속에 나 있는) 사이의 새로운 철로가 개통되었다. 전쟁은 4년 동안 지속되었으며, 지상에는 지뢰, 하늘로부터 떨어지는 독가스, 그리고 탱크—움직이는 철로 된 요새—와 같은 무서운 신병기가 도입되었다.

1917년: 라스푸틴과 로마노프왕가의 죽음

신비적 최면술사, 신앙요법가, 그리고 바람둥이 수도승 그레고리 라스푸틴은 황위를 계승할 황태자 알렉시스의 혈우병을 기적적으로 치료해 주어 러시아의 황제와 황비에게 대단한 영향을 미쳤다. 1916년이 가까워지자, '미친' 수도승은 그 자신의 임박한 죽음을 느꼈다. 그가 루이스 하몬 백작을 만났을 때인 11년 전에, 한 예언을 통해 자신에 대한 전조를 느낄 수 있었다. '체이로'라고 더 잘 알려져 있는 이 영국 백작은 최면술의 대가였다. 최면술을 통해 확인한 뒤에 체이로는 라스푸틴이 독살, 자살, 총살될 것이라고 하면서 그와 절교했다. 그는 또한 네바 강의 얼어버린 바다에 던져지고 얼음 아래에서 죽은 모습도 보았다고 주장했다.

1916년 12월에 황비에게 쓴 편지에서 자신의 살해자가 1917년 정월 초하루 전에 나타날 것이라고 라스푸틴은 예언했다. 그는 황제에게 자신이 농민들에 의해 살해된다면 황실은 번성할 것이지만, 왕족들에게 살해를 당한다면, 황실의 모든 가족이 2년 내에 살해될 것이라고 말했다.

그해의 크리스마스 경에 라스푸틴은 독살, 총살되어 러시아 왕자들에 의해 네바 강의 얼음 아래에 던져졌다. 황제인 니콜라스 2세와 그의 모든 아이들은 7월 16일에 볼셰비키 민병대에 의해 살해되었는데 이때는 라스푸틴의 살해 뒤 1년 반이 채 지나지 않은 때였다.

1929년: 주식 시장의 붕괴

이 무서운 전쟁 직후에 돈이 가치를 잃게 될 때가 올 것이다. 200 길더로 빵 한 덩이도 살 수 없지만, 기근에 이르지는 않을 것이다. 돈은 철로 만들어질 것이며, 금은 금화 한 잎으로 작은 농장을 살 수 있을 정도로 가치가 오르게 될 것이다.

스톰버거(18세기)

제1차 세계대전 이후, 독일은 파국적인 경제적 불황을 경험하였다. 잠깐 동안, 독일의 마르크화는 거의 가치가 없어졌고 은행 수표로 그들의 벽에 도배를 할 정도로 화폐가 평가절하되었다. 스톰버거는 18세기에 소치기를 했을 뿐 경제적인 활동을 적극적으로 하지 않았지만, 앞으로 일어날 상황에 대한 실마리를 200년 전에 제시하고, 조폐국이 금속을 화폐의 기본 단위로 사용할 것이며 인플레이션에 대해서도 예언했다.

〔그는〕 관리해야 할 수많은 돈을 갖게 될 것이다. 1929년에 올 불운으로 작은 물건을 사기 위해 많은 돈을 갖고 있어야 할 것이며 실물을 갖고 있어야만 할 것이다.

에드가 케이시 2723-1번(1925년에 어떤 사업가를 위해 한 최면 리딩)

33년 봄에 많은 개선이 있을 것이다.

에드가 케이시 311-8번(불황에 대한 1931년에 이루어진 리딩)

비록 에드가 케이시가 무의식적으로 안락의자에서 최면 리딩을 하는 습관 때문에 '잠자는 예언자'라고 알려져 있지만, 그의 대부분의 고객들은 누운 상태에서 전개되는, 미래에 대한 슬기로운 충고를 받아들이지 않았다. 그러나 그의 충고를 받아들인 사람들은 많은 재산을 1929년의 주식 시장의 붕괴에도 불구하고 비축할 수 있었다. 그는 또한 1933년의 경제적인 개선책에 대해서도 정확하게 예언했다. 그 해 봄, 새로운 대통령 루즈벨트와 뉴딜 정책이 미국에서 개시되었다.

1939-1945년: 제2차 세계대전

언제?

거대한 불화. 전쟁이 발발한다 ……. 연합국들이 영국과 1945년에 유럽의 메소포타미아[프랑스]를 포함하여 분열될 것이며, 다른 나라는 41년, 42년, 그리고 37년에 분열될 것이다.

노스트라다무스(1557), 앙리 2세에 대한 서한

독일은 1941년에 러시아와 불가침 조약을 깼고, 미국은 일본과 독일과의 관계를 동일한 해에 깼다. 1936년에서 1937년에 히틀러는 공개적으로 베르사이유 조약에 반대하여 라인란트를 재점령하고 완전 재무장을 선동했다.

왜?

이 조약은 평화가 아니라 20년간의 휴전이었다.

마샬 포쉬(1919), 프랑스 장군, 베르사이유 조약에 대한 해설

양차 세계 전쟁 중간기

최초의 대전부터 2,30년 뒤에 더 큰 두 번째의 전쟁이 발발할 것이다. 세계의 거의 모든 나라가 연루될 것이다. 군인이 아닌 수 백만의 사람들이 죽을 것이다. 불이 하늘에서 떨어져 많은 대도시가 파괴될 것이다.

스톰버거(18세기)

가해자

통치자(히틀러)가 불화하는 영혼을 이용할 것이며, 지배하기 위해 다른 나라에 무력 침공할 것이다. …… 그에 의해 황폐화된 나라에서 엄청난 고난을 당할 것이다. …… 새로운 상징이 나올 것이다.(卍자 십자가) 그가 왔으며, 그는 혼란 속에 올 것이며, 세계를 혼란에 빠뜨릴 것이다.

바르톨로메오 신부(1642)

미국이 전쟁에 개입할 때

유일한 가능성이 41년에 올 것이다 …… 이것은-만약 사람들이 기도하면, 그리고 그들이 기도한 대로 살면-지나갈 것이다 …….

에드가 케이시(1939), 1949-1

히로시마와 나가사키

2개의 도시 안에 있는 항구 근처에서 이전에는 전혀 보지 못했던 두 개의 재앙이 발생할 것이다. 기근(방사능?)에 의한 페스트, 사람들은 검(劍)에 의해 살해된다. 그들은 울부짖으며 위대한 불멸의 신에게 도움을 청할 것이다!

노스트라다무스(1555), C2 Q6

그리고 평화 —

…… 44년과 45년에 성취될 것이다.

에드가 케이시(1941), 1152-11

20세기: 이번 세기의 지진

에드가 케이시가 본 바에 의하면,

사람들은 올해 이 특별한 지역〔샌프란시스코〕이 겪게 될 것을 알지 못 한다. …… 이 나라의 일부가 영향을 받는 동안, 우리는 이들이 샌프란시스코보다 훨씬 동쪽 또는 더 커다란 움직임이 지금까지 있지 않았던 서쪽에서 일어날 것을 본다.

(1936년 1월), 270-35

캘리포니아 중앙의 대도시 샌프란시스코의 동남쪽이 1936년 5월 10월에 몇 번의 심각한 지진을 겪었다.

흔히 주어진 것처럼, 목성과 천왕성은 10월 15일에서 20일경에 가장 강력하게 지구에 영향을 미친다 ……. 난폭한 바람이—두 번의 지진, 한 번은 캘리포니아에서, 다른 하나는 일본에서—예상된다. 파도가 일본 근처의 남쪽 부근으로 올 것이다!

(1926년 8월), 195-32

강력한 태풍이 10월 14일과 15일에 일본 근처 쿠릴 열도를 때렸다. 지진이 일본을 10월 19일과 20일에 강타한다. 3번의 진동이 1926년 10

월 22일과 26년 사이에 캘리포니아를 흔들어 놓았다.

케이시는 지구의 주요한 변화는 1998년까지 세계를 괴롭힐 것이라고 믿었다. 1958년 이후 다시 시작될 것이다. 그는 말한다.

지구는 미국의 서부 지역에서 붕괴될 것이다 …….

(1934), 3976-15

남쪽 바다〔남태평양〕…… 또는 지중해에서, 그리고 에트나 지역에서 몇 가지 조건으로 최초의 붕괴가 시작되는 때, 우리는 그것이〔지구의 변화〕 시작된다는 것을 알게 될 것이다.

(1932), 311-8

1964년에 알래스카는 이제까지 있었던 지진 중 가장 강력한 지진을 경험했다. 산들은 평균 5피트 정도 이동했다. 바다의 바닥이 몇몇 해변 지역에서 50피트 올라갔다. 1963년에 남태평양의 발리 섬은 강력한 지진을 겪었으며 새로운 화산이 자바 섬에서부터 크라카토아 섬의 나머지 지역 너머에 나타났다. 1960년대에 모로코가 지중해 앞바다의 하상에서 3000피트 이동하게 만든 지진이 있었다! 에트나 산은 1959년에 난폭하게 폭발하여 25피트 상승하였다.

1963년: 존 F. 케네디의 암살

1952년에 진 딕슨은 워싱톤 D.C.의 성 마태의 대성당에 있는 성모 마리아 상 앞에서 기도하면서 서 있었다. 점성술사이자 예언자인 그녀는 이미 인도의 독립과 루즈벨트의 죽음에 대해 예언하여 존경을 받았었는데, 바로 그 순간 갑자기 역사상 가장 잘 알려진 예언 중 하나가 떠올랐다. 그녀는 밝은 태양빛이 흠뻑 배어 있는 미국 백악관 위에 떠 있는 1-9-6-0이라는 희미하게 반짝이는 숫자가 적혀 있는 상과 어두운 교회 내부에서 나오는 빛을 보았다. 자석처럼 당겨지면서, 그녀의 의식은 대문 쪽으로 가게 되었고, 거기에서 특이하게 푸른 눈을 갖고 있는 젊은 사람이 문지방에 서 있었다. 민주당원인 이 젊은 사람은 1960년에 대통령으로 선출될 것이며 집권하는 동안 폭력에 의해 죽을 운명이라는 것이 그녀에게 떠올랐다.

1956년에 그녀는 ≪퍼레이드 매거진≫의 발행인인 잭 앤더슨에게 이를 설명했다. 이것은 역사상 가장 유명한 예언이 되었다. 딕슨의 환상은 믿을 만한 목격자들에게 보고되었다. 1963년 10월에는 한 사람이 대통령의 집무실에서 대통령의 이름이 적힌 명판을 제거하는, 죽음을 나타내는 검은 손을 예언했다.

그 뒤에 그녀는 시작 글자에서 o자와 s자를, 마지막에서 d자를 암살자의 이름에서 보았다—(Os)Wal(d).

1963년 11월에 딕슨의 친구들은 젊은 대통령의 운명에 대한 그녀의 예언에 대해 사람들의 관심이 증가하는 것을 볼 수 있었다. 그녀는 자신과 접촉하는 백악관 사람들을 통해 대통령에게 경고를 하려고 했지만 헛수고였다. 워싱톤의 메이플라워 호텔에 있는 식당에서 친구들과 점심을 먹으면서, 그녀는 갑자기 정신이 혼란스럽게 되어 식사를 할 수 없게 되었다. "무서운 일이 오늘 대통령에게 일어날 것입니다" 하고 그녀는 말했다.

동일한 순간에 딜리 광장 주변에 위치하고 있던 텍사스 주 달라스 시의 교과서 창고 건물 6층 창문에서 리 하비 오스왈드와 몇 명의 다른 암살자들은 케네디 대통령의 자동차 행렬을 겨냥하고 있었다.

메이플라워 호텔에 있던 진 딕슨과 그녀의 친구들은 점심을 먹은 상태였다. 오케스트라가 갑자기 조용해졌다. 지휘자는 누군가가 대통령을 저격했다고 발표했다. 그녀의 친구들은 대통령이 그 위험을 회피했을 것이라고 말하면서 그녀를 진정시키려 했다. "아니야." 그녀는 대답했다. "대통령은 죽었어……. 그가 죽었다는 것을 알게 될 거야."

1968-1969년: 다시 떠오르는 아틀란티스!

> 이 사라진 문명의 증거가 한 쪽은 피레네에서 반대쪽은 모로코에서 발견될 것이다. 영국의 온두라스, 유카탄, 그리고 반대쪽에서는 미국에서 …… 특히, 분명히 비미니에서, 그리고 멕시코 만에서 ……
>
> **에드가 케이시(1932년), 364-3**

> 포세이다는 아틀란티스의 맨처음 부분 사이에서 다시 떠오를 것이다. 68과 69 사이(1968-1969)에 그것을 기대하라. 더 나가지는 않을 것이다!
>
> **에드가 케이시(1940), 956-3L-1**

1968년에 수중 답사가 비미니 섬에서 약간 떨어진 곳에 있는, 대칭형의 돌처럼 보이는 물체를 탐사하기 위해 실시되었다. 잠수부들은 대리석 석주처럼 보이는 것을 발견했다. 또한 하늘빛 카리브 해에서 그들을 기다리고 있는 거대한 길, 또는 잉카의 가옥 방식으로 거대한 벽돌로 지어진 성곽이 있었다. 그 구조물의 모습은 3천 피트 아래의 대양 바닥을 따라 끊어졌다 이어졌다 했다. 그때 이후 여러 곳에서

탑, 계단, 벽, 그리고 피라미드들이 다른 카리브 섬 주변과 미국 동부의 해변 주변의 멕시코 만 아래의 해상(海床) 위에서 발견되었다.

20세기: 유니섹스

말하기 좋아하는 16세기 할머니가 오늘날 유행하는 X 세대 아이들의 펑크 스타일의 퍼머넌트와 요란한 머리를 보았을까?

그리고 이제 미래에 생겨날 것 중에는
세련되지 못한 리듬의 가사:
즉 놀랍도록 아득히 먼 날에,
여인들은 남자들처럼 옷을 입고, 바지를 입고
머리를 풀어 헤치고
미쳐 돌아갈 것이다.

어머니 쉽톤(1561년경)

1978년: 교황의 독살

위대한 로마의 무덤이 발견되는 때는 교황이 선출되는 다음날일 것이다. 원로원은 그에 대해 동의하지 않을 것이다. 그의 피는 성배에 넣은 독을 흡수하게 된다.

〔그는〕 선출자들에 의해 조롱을 당할 것이다. 투기적이고 거만한 사람들은 갑자기 침묵하게 될 것이다. 거대한 망토를 걸친 정부를 갖게 될 자들은 특별히 처형당하게 될 것이다. 12개의 붉은 색을 입은 자들은 은폐하는 데에 실패할 것이다. 살인이 저질러질 것이다.

그들은 위대한 덕과 온화함 때문에 그를 죽이게 될 것이다. 두려움에 떨면서, 그들은 밤에 그를 죽이게 될 것이다.

노스트라다무스(1555-1557), C3 Q65, C10 Q12, C4 Q11

이 예언에는 미래의 로마 교황의 음모 중에서 가장 충격적인 내용이 적혀 있다. 그는 성 베드로의 무덤이 발굴된 직후에 로마 교황청에 의해 선출된 교황을 예시했다. 그 무덤은 1978년에 발견되었는데, 이 해는 요한 바오로 1세가 추기경단에 의해 선출된 해였다. 비록 대중들은 요한 바오로 1세의 해맑은 미소와 순수한 인간성을 사랑했지만, 보수적인 추기경들은 그의 급진적인 개혁에 화를 내었다. 그는 즉위식이 있은 뒤 한 달 만에 죽었는데 죽음에 대한 자세한 내용은 영원히 비밀에 싸여 있다. 그가 바티칸 은행의 비리를 폭로하기로 했던 날 아침 침상에서 죽은 채로 발견되었다는 것은 몇 가지 관련 자료들에 의해 드러났다. 바티칸 교황청(12명의 추기경으로 구성된 교황의 내각)의 우두머리인 빌로 추기경은 요한 바오로의 잠자리 근처에 있던 탁자 위에서 저혈압을 완화시키는 데에 사용했던 에포르틸 병과 함께 추방해야할 범죄와 범죄인들이 적혀 있는 문서를 교황의 무릎에서 빼냈다. 수사 상황에 대해 보고했던, ≪신의 이름≫으로의 저자 데이비드 야로프에 따르면, 빌로는 거짓 정보를 언론에 흘렸으며, 교황의 유해가 부검되기 전에 방부 처리되었다고 확인했다. 시간을 벗어난 관점에서, 노스트라다무스는 이들 12명의 붉은 옷을 입은 사람들을 교황의 암살자라고 암시하고 있다.

1986년: 체르노빌의 재난

거대한 충돌이 발생할 곳은 바로 미국, 러시아이다 ……. 멀지 않은 시간에 …… 처녀(동정녀 마리아)는 손을 우크라이나처럼 보이는 지역을 보호하는 듯이 펼쳤다. 그리고 나는 내 왼쪽에 있는 러시아에서 지독한 불이 위로 치솟는 모습을 보았다. 그것은 나에게는 땅으로부터 솟아나는 거대한 폭발의 결과로 보였다. 처녀는 말했다. "네가 본 대로 아무것도 남아 있지 않다." 그리고 초토화된 평지가 환상을 통해 보였다.

1945년과 1954년 사이의 네덜란드에서 온 소녀에 의해서 목격

러시아에는 황폐화된 도시가 존재한다. 열린 문들이 바람에 삐걱거리고 길가에 난 잡초들과 채소밭은 죽어 버렸다. 도처에 관리되지 않은 땅에 널려 있는 밀을 살아 있는 어떤 사람도 먹으려고 하지 않는다. 이곳은 체르노빌 제4호 핵반응로의 그늘에서 4만 5천 호라는 많은 주민들이 한때 살고 있던 프리프야트 마을이다. 폭발로 인해 유럽의 넓은 지역을 덮은 방사능 먼지로 30만 톤의 콘크리트와 6천 톤의 납으로 뒤덮인 구멍이 생기게 되었다. 사람들의 부상은 임시로 치료되었지만, 곪은 상처가 계속 악화되고 있다. 7천 명에서 3만 1천 명이 방사능의 단기적인 영향으로 죽어갔다. 앞으로도 더 많은 희생자들이 나올 것이며, 건강하게 보이는 사람들에게도 암이 생기고 있다. 조용한 우크라이나의 외곽 지대에 있는 체르노빌의 모습은 핵시대에 살고 있는 우리를 기다리고 있는 다른 재난에 대한 대표적인 징조이다.

1990년: 냉전의 종식

'야만인들'과의 충돌은 미국을 허약하게 할 것이지만, 러시아와 동맹을 맺게 될 것이다. 사실 충돌은 이미 일어나고 있으며, 냉전과 한국의 치안 활동과 베트남을 새롭게 만들 것이다. 소련과의 동맹은 바로 이루어질 것이지만, 지금보다 미국의 지위는 약해질 것이다.

알란 보간(1973), PTRNS

어느날 거대한 두 지도자들이 친구가 될 것이다. 그들의 거대한 힘은 증가하는 것처럼 보일 것이다. 새로운 땅〔미국〕은 권력의 정점에 오를 것이고, 피의 사람들에게 그 성원들이 보고된다 …….
동쪽은 그들의 형제가 아닌 북쪽의 두 형제들에 대한 두려움 때문에 진동할 것이다.

노스트라다무스(1555-1557), C2 Q89, 앙리 2세에게 보낸 서한

1980년대에 핵전쟁 상대였던 냉전의 두 강대국들은 어떤 나라가 가장 큰 파괴력을 갖고 있는지를 과시하는 경쟁을 똑같이 벌였다. 1990년대에 있었던 핵무기와 재래식 무기 감축에 대해 노스트라다무스가 암시하고 있는 것 같다. '피의 사람' 은 머리에 붉은 반점을 가지고 있으며 냉전을 종식시키고 미국과 러시아의 우호를 가능하게 만들었던 개혁을 이루어낸 고르바초프일 것이다.

본래의 예언에서 노스트라다무스는 'demis' 라는 말을 '친구들' 이라는 의미로 사용했다. 정확한 의미를 갖는 철자와 구두점을 종종 변경하여 사용하는 그의 기법은 '반감, 분리' 라는 demis의 의미나 '친구들' 이라는 의미의 demis를 의미한다. 다른 말로 하면, 그가 프랑스의 앙리 2세에게 보내는 서한에서는 '아직 형제가 아닌, 형제와 같은 자' 로 적고 있는 것과 같다.

노스트라다무스는 주의 깊게 오늘날의 군비축소 협정을 투시하는 것으로 나타나 있으며, 다른 예언에서는 1980년대 말에 미국-러시아 동맹을 향한 첫 단계가 1999년과 2020년대의 핵전쟁에서 붕괴할 것이라고 경고하고 있다. 비록 극단적인 낙천주의자가 핵폭탄의 파괴력이 90%까지 감소되는 것을 보고 싶다고 할지라도, 미래의 핵전쟁으로부터 자유로울 수는 없을 것이다. 만약 지금처럼 모든 인류를 800번이 아니라 한 번만 죽이기에 충분한 폭탄이 있다면, 그것으로 충분한 것이다.

제1부
종말기의 교차로

그렇다, 노스트라다무스와 같은 모든 과거의 투시자들의 예언은 세상이 이번 세기말에 끝날 것이라고 했는데, 이것은 이제까지 이해해 왔던 방식과는 사뭇 다른 의미에서 진실이다.

오쇼(1986), MYST

고대의 문화들은 각기 고유한 시간 개념을 갖고 있었다. 콜롬부스 이전 시대의 멕시코에 있던 마야 문명의 점성술사들은 컴퓨터화된 수학을 가진 현대 과학과 비교될 정도로 정확하게 시간을 계산했다. 인도의 사제와 점성술사들은 9만 년 이전부터 하늘에 나타났던 별의 위치를 기록하였다. 그들은 백만 년이 단지 브라흐마의 눈꺼풀이 한 번 깜빡거릴 때 걸리는 시간이라고 생각하는 등, 우주의 광대함과 비교하여 시간을 쟀다. 갠지즈 강처럼 흘러가는 이 흥미있는 시간의 흐름과는 반대로 기독교를 근거로 한 서양 문화의 시간관은 비교적 협소하여, 기독교의 사제들은 천년기(millennium)의 끝에 구원이 온다고 볼 정도로 인내심이 부족했다.

말 없는 별에 시간 체계를 고정한 점성술사들은 아마 다른 시대에 그들의 역할을 대신할 사람들이 하늘과 땅의 운동을 기준으로 시간을 정할 가능성에 대해 생각해 보지 못 한 것 같다. 그러나 별이 우리가 투사하는 어떤 생각도 하지 않는다는 것이 확실하며, 영광스럽지만 어리석은 자기만족적인 현시대에도 서늘한 빛이 동일하게 비치는 만큼, 시간에 대한 계산 방식은 각 시대에 살고 있는 사람들의 생각 안에 내재되어 왔다.

피라미드 예언들

이집트에는 돌에 새겨진 예언이 있다. 서기전 2500년과 3000년 사이에 세워진 것으로 추정되는 기자의 대피라미드는 과대망상자의 대묘 이상의 의미를 지닌다. 그것은 6천년 전 창세기 시대에 아담과 이브가 에덴 동산에서 추방된 때로부터 현재에 이르는 '아담의 시대' 동안 주요한 시간 측정 수단이 되어 왔다. 거대한 돌 구조물 내부의 깊숙한 곳으로 연결되어 왕의 방 쪽으로 향하고 있는 회랑은 파라오의 무덤 쪽으로 향한 터널로 사용되는 것만이 아니라, 인류사의 중요한 날짜를 가리키는 상징적인 시간표라고 고고학자들은 생각하고 있다. 올라가는 통로의 디자인을 하는 데에 사용된 각 '피라미드 인치'(대략 표준 1인치)는 아담의 역사에서 중대한 이정표를 나타내고 있다고 비교학(esoterics)에서는 일반적으로 믿고 있다.

이집트 대피라미드 안에서 내부 통로를 따라 조금만 들어 가면 태양 빛이 차단되어 어둡고 가파른 복도와 마주치게 된다. 그러면 곧 왕의 방에 이르는 오르막 통로가 꺾이서 시작되는 곳과 만나게 된다. 계속해서 위쪽으로 걸어가면 1,486피라미드 인치가 시작되는데, 이는 모세가 이집트로부터 이스라엘 부족들을 이끌고 나와 파라오의 전사들이 홍해에 빠져 죽은 해(서기전 1486년)에 해당된다고 한다. 공기를 조절하는 고대의 돌로된 관을 통과해 쉬지 않고 기어 올라가면, 드디어 대회랑이라는 드넓은 계단이 나타나게 된다. 계단의 경이로운 오르막으로 이어지는 입구는 서기 33년에 해당이 되는데 이때는 기독교를 탄생하게 한 메시아가 많은 유대인들의 박해를 받아 십자가 처형을 받게 된 해였다.

계속해서 올라가면, 1844년을 지시하고 있는 거대한 돌계단을 넘어가게 되어 있는데, 이 해는 과거의 기독교 금석학자들이 세계가 종말에 이를 것이라고 말한 해였다. 사실 1844년은 몰몬교의 예언자 조셉 스미스가 폭력에 의해 죽음을 당했던 해였다. 그는 '신의 목숨을 보호받기 위해' 체포에 응하여 감옥에 갇히게 되었고, 정통 기독교인 교도관들에 의해 '자신들의 보호를 위해' 살해되었다.

대회랑을 뒤로하고 막다른 길 쪽으로 이동해 가면, 현대의 다리가 시작된다. 길을 건너 평평한 땅이 나오고 대기실이 나오는데, 여기를 거치면 왕의 방에 도착하게 된다. 건축학적 비교학(Architectural esoterics)에서는 상승 통로 너머에 있는 이 마지막 평지는 축적된 모든 학문과 과거에 지었던 '나쁜 업보(bad karma)'가 거두어지는 아담 시대의 마지막 장면을 나타낸다고 말한다. 거대한 계단 위에서부터 각 피라미드 인치는 이제 한 해를 나타내기보다는 한 달을 나타낸다. 시간과 역사적 사건들이 새로운 밀도를 갖고 종말을 향해 마지막 가속을 시작하는데, 이것은 다 타버리기 전에 가장 밝게 타오르는 초와 비슷하다.

이곳에서 처음으로 만나게 되는 짧은 통로를 기어가면, 도살장과 같은 세기의 맨처음에 있었던 제1차 세계대전의 처음과 끝을 나타내는 대기실로 들어서게 된다. 1914년 8월에서 1918년 11월에 해당하는 곳이다. 다음으로 지구 자극(磁極)의 이동이 정상적이었던 1936년을 의미하는 또 다른 입구로 향하는 길을 신중하게 몸을 숙여 지나가야 한다. 이 극 이동 현상은 에드가 케이시에 따르면, 1998년까지 지각의 파국적인 이동을 야기하게 될 것이다.

마지막 통로를 거치면, 마지막 운명을 상징하는 내실에 서게 된다. 비어 있는 석관이 놓여 있는 견고한 울타리. 더 아래쪽을 발굴하는 고고학자들도 이것이 파라오의 유물을 위해 만들어진 것이 아니라, 이집트의 사제들 식의 재림 사건에서 나타나기로 계획되어 있는 메시아의 부활을 상징하는 것이라고 말한다.

피라미드 예언을 해석하는 사람들 대부분은 그 방의 입구와 반대쪽 벽 사이의 거리는 세계 종말 직전의 마지막 날들을 나타내고 있다고 주장한다. 인류의 의식이 새로운 단계로 진화하기 시작하거나 전지구적인 동반 자살을 겪게 될 시간이다. 방의 입구는 1,953인치로 기록되어 있는데, 이때는 오시리스의 재출현이나 재탄생을 나타내는 해를 나타내고 있음에 틀림이 없다고 예언자들은 말한다. 현재 우리와 함께 하는 새로운 그리스도—오시리스를 인식할 것인지 또는 하지 못할 것인지는 시간만이 말해 줄 것이다. 그러나 만약 1인치가 1마일 정도의 날짜로 축약되어 제시되어 있다면, 1953년은 또한 아담 시대의 끝을 알리는 종소리에 해당한다. 여행의 마지막 단계를 측정하는 것은 2001년 10월에 왕의 방 반대쪽 벽에 닿게 되는데, 이때를 이집트 사제들은 시간이 정지할 때라고 생각했다.

시간의 순환

1900년대는 우주적 시간이 끝나는 마지막 순간을 정확하게 지적하고 있는가?

서기전 2세기의 위대한 칼데아의 점성술사인 베로수스는 25,872년에 대한 경고를 했다. 이집트의 제4왕조에서 사제적인 중임을 맡았던 그는 대피라미드의 교차된 대각선의 길이를 계산하여 항성의 최종 이동 수치를 측정했는데 이는 총 25,826.6 피라미드 인치로 제시되어 있다. 이것은 마지막 시간이 2000년에서 2001년 10월 사이의 어느 때에 일어날 것이라는 것을 의미한다!

3000년 주기의 페르시아 미트라 달력은 이번 세기말에 선악 세력이 대립해 온 시간이 종결된다고 되어 있다. 마지막 켈트 족인 드루이드 교도들은 500년 주기를 사용했는데, 이는 2000년에 종결된다. 바이킹과 켈트 족의 이웃들과 같은 고대 독일의 튜톤 족들은 다가오는 세기 말경에 대한 비슷한 예언을 공유하고 있다. 그들에게는 '신들의 황혼' 이라는 주제가 등장하는데, 마지막 때에는 하늘과 땅이 최후의 전쟁과 그로 인한 환경 재난에 의해 파괴된다.

한때 기독교 시대에 오컬트적인 지하 세계를 이루었던 카발라 밀교파들은 7000년, 즉 서기 2000년의 대력(大曆)의 끝에 있을 종말에 대해 예언하고 있다. 티벳인들의 경우에는 이때가 자신들의 영적,정치적 지도자인 달라이 라마의 거룩한 후원자인 관세음보살(Chenrezi)이 14번째로 환생한 때라고 보고 있다. 14번째인 현재의 달라이 라마는 투표를 통해 직위를 얻었는데, 이는 관세음보살의 진정한 환생을 믿는 영적 전통이 깨졌다는 것을 의미하는 것이다. 티벳 비학의 수호자들은 관세음보살의 영혼이 진정으로 나타난 것은 1932년에 죽은 13번째 달라이 라마 때까지라고 비평한다.

이들 주기가 단지 인류사에서 거대한 한 장을 마감하고, 특별한 허세가 없이 다음의 절차로 다시 들어갈 것이라고 믿는 사람들은 경고를 진지하게 받아들여야만 한다. 아담 시대의 종말에 대해 가장 정확하다고 알려진 예언자들 중에는 다음 세기 초 십 년을 넘어 미래를 투시할 수 있는 사람들이 거의 없다. 이에 대해 두 가지 이유를 들어 보면 다음과 같다. 인간이 핵무기나 철저한 지구 오염으로 모든 미래를 파괴하거나, 아담 시대의 예언자들이 다음의 위대한 시대로 진입하게 될 때 다가오는 변화에 대한 무의식적인 공포와 증오감 때문에 제한되기 때문일 것이다.

이제 다시 주요 시간 주기들을 검토해 보자.

이슬람교

이슬람교도들은 밤[달]의 등불 위에서 사람이 걷게 되는 날이 되면, 세상은 끝날 것이라고 본다! 장난기어린 예언은 모하메드가 한 것이다. 다른 사람들처럼 알라 신에 충직한 사람들은 1969년에 '밤의 등불' 위를 인간이 걸었을 때, 종말이 실현될 것이라고 믿지는 못 했을 것이다. 이것은 이슬람교의 종말이 시작되었다는 것을 의미하는 것일까? 아랍의 테러단들은 1969년부터 핵무기와 화학 무기들을 보유하기 위해 적극적으로 노력하고 있다. 이와 아울러 이스라엘과 그 이웃 사이에서 핵무기와 화학 무기 경쟁이 벌어지고 있고, 이 예언이 2000년 전에 실현된다고 볼 수도 있다.

두 번째 천년기

세계가 언제 끝날 것 같은가? 기독교도에 의해 선호되었던 날짜들이 있다. 996, 1186, 1533, 1665, 1866, 1931, 1945, 1954, 1960,

1965, 1967, 그리고 1994년 10월이다. 기독교 예언자들은 종말에 대해 다른 종교들보다 훨씬 더 많은 도박을 해왔다. 아마 그들의 다음 번 '늑대' 울음은 혼자 외치는 것은 아니겠지만, 2000년 동안의 멸망에 대한 합창 위에 더해진 또다른 한탄이 될 수도 있다.

대피라미드

중세의 콥트 교회 역사가인 마소우디에 따르면, 기자의 대피라미드는 다가오는 대홍수만이 아니라 미래 세계의 대재난도 견뎌낼 수 있게 거대한 돌 문서에 이집트의 영적이고 수학적인 지식을 보존하기 위하여 수리드 왕에 의해 건설되었다고 한다. 비교학자들은 수리드의 꿈 해석가들과 마찬가지로, 피라미드가 아담과 이브의 시기로부터 2000년, 즉 세계가 사자자리로부터 오는 불에 의해 파괴될 때까지의 생활을 기록하였다고 주장한다.

바빌론

서기전 2세기의 칼데아의 점성술사인 베로수스는 우리에게 현재의 춘추분 별자리 세차 운동이 2001년에 정지할 것이라는 우주의 장기 변동에 대해 말하고 있다. 그는 모든 지상의 생명과 사지 달린 자들이 그 해 7월의 행성 배열 때 불에 의해 소멸될 것이라고 지적했다. 그의 계산에 의하면, 그 불이 온 뒤에 동일한 행성들이 염소자리에 들어가는 때인 10월에 대홍수가 온다.

다르마의 바퀴

붓다는 참 진리를 추구하는 데에 필요한 추진력을 내는 다르마(法

輪)의 바퀴가 매 2천 500년마다 새로운 회전을 하기 위해 새로운 부처(깨달은 자)를 요구한다고 말했다. 그는 인류의 영적인 진화에서 추진력이 손실되는 5개의 500년 주기들로 순환을 나누었다. 첫 번째 변혁은 서기전 500년에 고타마 붓다의 탄생으로부터 시작되었다. 두 번째 궤도는 그리스도와 함께 표준 시간이 시작되었다. 세 번째 변혁은 중국이 불교국으로 되고 이슬람교가 탄생했던 500년과 700년 사이에 있었는데, 이때 회전은 더 약화되었다. 1000년에 유럽은 기독교화하였고, 아시아는 불교국으로 되었다. 1500년경에 바퀴의 기진맥진한 회전은 시크교와 프로테스탄트의 탄생을 보게 되었다. 진리의 추진력은 2000년에 정지되어 버릴 것이다.

서양 점성술

서양 점성술사들은 대우주년을 정하여, 인간의 행동과 별의 영향력을 대응시켰다. 이것은 지구와 관련하여 황도대의 12개 별자리들을 통해 태양이 역행하는 시간대이다. 총 주기는 25,970년이 걸린다. 각 별자리를 통과 하면서 한 우주적 달을 역순으로 밟아 나가는 데에 2,160년이 걸린다. 물고기자리로 더 잘 알려진 현재의 우주적 달은 대략 500년 단위의 우주적 주 4개로 나누어진다. 태양은 점차 후퇴하면서 72년 걸린다. 이 우주 날은 각 36년의 여성(밤) 단계와 남성(낮) 단계로 구성된다. 현재는 남성 단계의 늦은 오후에 해당되는데 우리의 행동은 2008년에 시작되는 밤의 단계에 카르마적으로 반응하게 될 것이다. 그때에 인류는 영적 재탄생이나 스스로를 파괴하는 경험을 할 것이다.

마야의 달력

2000년이 사고 없이 지나갔다고 안도의 한숨을 쉬지는 말라. 가장 정확한 계산을 한 것으로 유명한 고대 멕시코의 마야 인디언들에 따르면, 시간은 2012년에 끝나는 것으로 되어 있다.

시간의 종말기에서의 삶

점성학은 객관적인 과학이 아니다. 그것은 비유, 즉 상징의 과학이다. 그것은 별들로 구성되는 시적 언어이다. 점성학의 본질적인 기능은 우주적 힘들의 이동과 교류를 파악하는 것이며, 그들이 어떻게 인간의 몸, 마음, 그리고 영혼에 영향을 미치는가를 대화적인 방식으로 알아내는 것이다. 이 책을 통해 나는 주관적이고 객관적인 정의 사이의 어딘가에서 잡히는, 본질적이고 영적인 힘을 설명하려는 이 우주적인 은유를 사용하기 위해 노력할 것이다.

수수께끼가 객관적으로 접근될 수 없을 때, 시와 신화는 실존적 진실에 더 가깝게 다가갈 수 있게 해 줄 것이다. 점성술의 이야기들은 물질과 영혼 사이의 여명 지대를 설명해 주는 언어이다. 개인적이고 비개인적인 사건의 흐름은 그것을 요구할 때, 나는 별자리 술어(述語)들로 행성적인 명사(名辭)를 짜게 될 것이며, 주어와 술어를 칼 융의 원형적인동사와 연결시킬 것이다.

점성학은 또한 시간에 관한 시(詩)이다. 연(聯, stanza)들은 별의 운동에 의해 측정된다. 하나의 서사시는 12개의 연들—황도의 12개 별자리—에 따라 진행된다. 이 서사시를 한 번 암송하면 별자리 시간으로 '대우주년'이라는 주기가 완성되는데 이것은 우리의 시간 단위로는 25,970년이나 된다. 각 연은 2,160년 동안 진행되는데, 이것은 한 별자리가 연속되는 춘추분에서 하늘 위로 오르는 데에 걸리는 시간이다. 우리는 각 연을 우주적인 달이라고 부른다. 이들 '달들' 각각은 인간의 시대, 또는 신기원을 만드는데, 여기에서 역사의 긍정과 부정의 가능성이 점성술적으로 드러난다.

이 시들을 정확하게 읽으면 자아로 향하는 길 안내가 담겨 있는 지도에 따라 여행할 수 있게 될 것이다. 점성학은 비극과 유머가 담긴 드라마처럼 모든 인간사의 스펙트럼을 대략 2천 년마다 변화하는 특정한 경향을 갖는다는 것에 관심의 초점을 두고 있다. 현재의 시대는 물고기자리라고 불린다. 대략 2천년 전에 새로운 종교는 '물고기자리의 사람들'의 물고기 상징으로 알려지게 될 것이라고 마태복음 16:4에 예언되어 있는 것처럼, 여호수아 바르 요셉(요셉의 아들 여호수아) 곧 예수의 삶과 더불어 시작되었다. 물고기자리 사람들의 위계질서가 종교로 확장되어 물고기를 없애고, 그 창시자의 유대식 이름을 그리스식 인명 오기(誤記)인 예수 그리스도로 변경될 때까지 이 상징은 초기 기독교인들에 의해 사용되었다.

물고기자리 시대는 종교적 위계질서, 비밀 결사, 외로운 수도승에게 외로운 수도원 생활을 사랑하게 해왔다. 해왕성은 물고기자리의 원형적인 힘을 나타낸다. 그 시대의 지배적인 행성이 가진 '명사'에 의해 물고기자리 시대의 문장들은 꿈이라는 동사를 형성하고 기도라는 형용사를 만들며 영적인 초월에 의해 종결되는 것으로 만들어졌다.

모든 우주적 연들을 읽으면, 어떤 변증법이 내재해 있다는 것을 알 수 있다. 미래를 밝히는 점성학의 언어를 가장 잘 이해하기 위해서는 여러 가지 우주적인 달들이 더 어두운 측면을 가지고 있다는 것을 분명히 알 수 있고, 그러한 점을 발견하게 되면, 우리는 무의식적으로 영향을 받기만 하지 않고 주의를 기울일 수 있게 된다. 물고기자리의 보다 더 어두운 면은 전제적 신정 통치, 탐색과 정탐, 숨은 적들을 사랑하고, 설상가상으로 진실보다는 환상을 좇는다는 것이다. 물고기자리의 특성은 상상의 하늘과 지옥에 대한 꿈을 꾸며, 신부(神父)들에게 지성을 넘겨 주고, 죽음의 의식을 숭배한다는 것이다. 그것은 또한 우리 모두가 가지고 있는 고유한 개성을 속박하여 조건화된 개성으로 만들어버리는 미신적인 종교, 맹목적인 믿음, 그리고 숨은 적들에 대한 몰이해에 의해 더 강화된다. 물고기자리의 악몽은 모든 도덕, 모든 법, 그리고 인간의 진화 과정에서 그 의의를 다해 버렸지만, 최후의 날에 이르기까지 아직도 맹목적으로 경배되고 있는 조건반사적인 모든 전통 뒤에 숨어 있다.

물고기자리는 대우주 주기에서 12번째의 마지막 별자리이기 때문에 물고기자리 시대는 또한 2만6천년 동안 진행된 우리 모두의 행동과 반응의 종말을 나타내고 있다. 만약 우리가 거대한 공룡이었다면, 1990년대는 인간에게는 백악기의 마지막 10년이 될 것이다. 그렇게 많은 예언적 시간 순환이 우주적인 달만이 아니라 여러 세기의 거대한 주기의 마지막 끝에 이르고 있다는 것은 놀라운 것이 아니다. 이것은 잘 알려진 문명사 즉, 이브의 사과를 깨물었던 선사시대의 천국으로부터 2000년(또는 마야인들에 의하면 2012년)까지 여러 세기에 걸친 거대한 아담적 주기가 포함된다.

점성학적인 시대의 흐름은 죽어가는 사람의 마지막 순간과 비슷하다. 생명에서 빠져나가기 바로 직전에, 죽어가는 사람들은 종종 기적적인 회복 기미가 나타나는 것을 경험한다. 이와 같이, 죽어가는 시대의 가장 강력한 영향력은 사망하기 전에 마지막 섬광을 맛본다. 별의 시에 대한 나의 해석이 정확하다면, 오늘날 우리가 보고 있는 민족적이고 인종적인 욕망의 갑작스러운 발흥만이 아니라 기독교, 힌두교, 그리고 이슬람교에서 일어나고 있는 근본주의의 물결은 낡은 가치의 재생을 의미하는 것이 아니라, 수십년 내에 마지막 사망에 이를 것이라는 전조로 보인다.

만약 1990년대가 보수적인 가치로 복귀하고, 교회, 모스크와 사원으로 수백만이 되돌아 가는 것을 목격하고 있다하더라도, 그것은 미래에 신부와 신, 양치기와 양들을 물고기자리식으로 선호하는 태도에 대한 긍정적인 징조가 아니다. 새로운 천 년은 적어도 전통적으로 물고기자리 시대의 해석자들이 생각하는 방식에서 보면 기독교적이 아닐 것이다. 다음 천 년에는 기독교인들은 훨씬 덜 '물고기적' 일 것이다. 사람들은 세뇌에서 풀려나고 여러 점성가들과 ≪지식으로부터의 해방≫을 쓴 제프 그린에 의해 정의된 것처럼 새로운 행성 천왕성에 의해 원형적인 힘을 받게 될 것이다.

다음 번 시대에 전개될 우주적 시의 첫 번째 연에 해당하는 시대는 물병자리 시대일 것이다. 이 시대는 물을 나르고 있는 영적, 정신적 스승으로 상징화된다. 그는 인류의 드라마들을 정화하기 위해 대중적이고 대양과 같이 탁 트인 의식을 전해 준다. 항아리에서 흘러나오는 것은 물이 아니라 푸른 색이 나는 전기적인 증기이다. 그가 보내 주는 선물은 손으로 잡을 수는 없지만, 경험할 수는 있다. 그는 대기이며 깨달음이다.

물병자리는 또한 인류의 생명력을 나타내는 두 개의 평행선이 지그재그 모양으로 흘러가는 것으로 상징된다. 이것은 미묘하고 비물질적인 힘을 갖고 있는 뱀들로 이루어져 있다. 하나는 긍정이고 다른 하나는 부정이다. 이 둘은 영원히 균형 상태에 있어야 하는 것이지만, 만약 그렇지 않으면 재난이 따라올 것이다. 이는 쿤달리니의 서양식 표현으로, 눈에는 보이지 않지만 미묘한 영적인 몸에 있는 척추를 따라 올라가는, 뱀처럼 생긴 이중의 나선형으로 되어 있다. 이것은 성적인 힘이 초의식으로 변형되는 에너지 통로이다. 물병자리 시대가 1960년대에 있었던 성적인 자유에 의해 기독교 세계에도 영향을 미쳤다는 것은 의심할 수 없다. 그러나 성적인 자유는 단지 시작일 뿐이다. 난장판, 자유 연애, 그리고 프리섹스의 대가들이 시작한 것은 결국 생물학적인 것으로부터 지극히 아름다운 행복으로 변형될 것이다.

물병자리를 이루는 뱀들은 대립물 사이를 연결하는 다리를 상징한다. 꿈많은 현자인 물고기자리는 흑백을 분명하게 구분하는 변증법이 가진 혹독함에서 시달려 온 인류의 변덕스러운 드라마의 음과 양을 상징하는 고기를 쥐고 있지만, 물병자리는 양극성이 보완되는 것을 보여 줄 것이다. 초능력자 유리 겔러와 형이상학 연구가 제임스 랜디는 서로 화해하고 협동할 것이다. 오늘날의 과학자들은 내일의 신비주의자가 될 것이다.

새로운 시대는 어두운 면도 갖고 있다. 만약 위대한 깨달음과 진리를 통해 물병자리가 혼돈 속에서 균형을 잡을 수 있게 하지 않으면, 다음에 전개될 20세기는 화해할 수 없는 양극성의 아우성 소리를 내게 될 것이다. 세계의 쿤달리니는 2000년경에 깨어날 것이다. 이 뱀들은 위험할 수도 있다. 만약 인류의 집단 의식이 갑자기 놀라게 되면, 인류는 집단적인 깨달음에 이르거나 집단적인 비정상으로 가게 될 것이다. 마지막 우주년인 물고기자리가 마감되는 즉시 물병자리 시대에 인류 문명은 개화하거나 잡초에 묻혀 2만 5천 년간 잠복기에 들어가게 될 것이다.

새로운 시대는 공식적으로 2000년에 시작된다고 대부분 믿고 있다. 그러나 이것은 물고기자리 시대의 1999년 12월 31일에 어떤 파티를 하고, 다음날 우주적인 숙취 속에서 물병자리의 아침을 맞이한다는 것을 의미하지는 않는다. 점성학에서 각 시대들은 이전 시기의 끝에서 다음 시기의 시작이 수 백년 간 겹쳐서 지속된다.

오늘날은 역사 시기에서 가장 정신분열적인 기간으로 부를 수도 있다. 사라지는 물고기자리 시대와 시작되는 물병자리 시대 사이에서 진행되는 대립에 의해 우리들의 분열된 개성은 우주적인 영향력을 받고 있다. 물병자리는 1750년대경부터 그 선구자들을 배출하기 시작했으며, 1990년과 2012년 사이에 인류의 운명에 50퍼센트 정도의 영향을 미칠 것이다. 간단히 말하면, 물병자리로부터 온 강력하고 반항을 일으키는 진동이 인류에게 혁명의 운명, 모든 희생을 감수할 수 있는 진실의 추구, 그리고 낙원에 대한 요구('지금 당장 아니면 죽음을!' 이라는 요구)를 향해 무모하게 밀고 가게 한다. 반면에 이것은 앞으로 수년 안에 정통 신앙, 보이지 않는 신, 그리고 미국과 다른 나라들에 대한 낭만적인 꿈을 꾸어 왔던 물고기자리식의 감상이 뒤로 물러가게 만들 것이다.

히틀러와 빅 브라더(빅브라더는 조지 오웰의 ≪1984년≫에 등장하는 독재자의 이름으로 여기서는 히틀러와 유사한 잔인한 독재자들을 말한다.)는 물병자리의 어둡고 반항적인 면을 보여 주고 있다. 과거에 대한 상실감으로부터 생기는 영혼의 비극과 새로운 것에 대한 중압감은 앞으로 2천년 동안 전개될 역사의 심장이 박동하지 못하게 만들 수도 있다. 예언에 따르면, 역사의 심장이 다시 박동할 것인지 아닌지는 확실하지 않다. 시간의 끝을 걷는 우리 각자는 큰 깨달음이 필요하다. 1990년대의 예언적인 악몽이 쫙 깔려 있는, 과거와 미래를 연결하는 다리 위를 걷고 있는 우리는 자신의 진실을 알아내어 물병자리 시대의 가능성으로 나가야 한다. 한 걸음 잘못 내디디면 우리는 심리 조종과 대중적 광기의 심연으로 떨어진다.

> 물병자리는 다만 통치를 시작했을 뿐이다. 전쟁, 파괴, 피흘림, 그리고 기근은 목적을 위한 수단이다. 그것으로 관습을 타파하고 낡은 것들의 폐허 위에 '새로운 것'을 올려 놓을 것이다.
>
> **체이로(1925), CWP**

> 혼돈으로부터 별들이 탄생한다.
>
> **프리드리히 니체**

두 번째 밀레니엄

990년대로 되돌아 가면, 기독교 세계는 숨을 고르고 있었다. 그들은 심판의 날이 그리스도 탄생 1000년 뒤에 올 것이라고 믿었다. 중세의 설교자들은 성경에 나오는 북쪽에서 온 곡과 마곡(계시록에 나오는, 사탄에 미혹되어 하늘나라에 대항하는 두 나라)을 마을과 교회를 약탈하는 무시무시한 바이킹 무리라고 해석했다. 현재의 주일 학교에서는 곡과 마곡인들을 러시아인들(그러나 이제 그들은 페레스트로이카를 통해 냉전을 해빙시킨 자들이다)이라고 확신하고 있다. 반면 오늘날 동정녀 탄생의 소문을 믿는 사람들은 첫번째 천년기(밀레니엄)에 반대 세력이었던 사람들이다. 그들은 진정한 묵시록의 종말에서 해방되기 위해 필요한 것을 잃지 않고 있었다. 즉, 유대인들은 최초의 신성한 땅으로 되돌아가 이스라엘을 재건설해야 할 뿐만 아니라, 솔로몬의 성전을 재건축해야만 했다. 1989년에 새 성전 건축에 대한 청원이 너무 많아 이스라엘 정부의 종교성조차도 드디어 이를 수용할지의 여부에 대해 숙고할 수밖에 없도록 압력을 받았다. 1990년 후반에 그 성전의 토대를 놓기 위해 동원된 유대 군인들 사이에서 돌던 소문은 성지에서 팔레스타인과 이스라엘 사이에 극단적인 유혈 폭동을 불러일으켰다.

10세기말의 예언은 성취되지 않았다. 이제 20세기말이 문제가 되고 있다. 이번에 마감되는 천년기를 예시하는 대부분의 기독교인들은 마리아 라아치의 16세기 수도원에서 발견된 한 문서에 나오는 구절에 내기를 걸고 있다. 거기에는 "20세기는 죽음과 파괴를 가져올 것이며, 교회로부터 배교(背敎), 가족, 도시, 그리고 여러 정부사이에 불화가 생길 것"이라고 되어 있었다. 1798년에 아보트 대수도원장은 "20세기가 가기 전에 반드시 심판이 시작될 것"이라고 말했다.

조용한 인도의 고아 주에는 500년 된 '봄 예수의 교회당'이 있다. 열대의 정오에 내리쬐는 폭염에서 벗어나면, 촉감 좋은 성 프란치스코 사비에르의 은제 관이 성당의 어두운 내부에 있다. 과거의 포르투갈 식민지였던 이곳의 시민들은 유해가 5세기 동안 열대 기후에 의해 썩지 않은 상태로 있다고 말해 줄 것이다.

미이라화된 성자의 유해는 예언을 위해 건조된 도구처럼 보인다. 사비에르의 유해가 썩기 시작할 때, 대재난의 맹습을 받게 될 것이라고 예언되어 있다. 모든 곳에 있는 사람들은, 종말의 때가 왔는지 확인하기 위해서 유리 아래에 있는 유해의 현재 상태를 살펴보기만 하면된다.

마지막 교황들

성 말라키는 1139년에 아일랜드를 떠나 로마로 순례를 갔다. 한눈에 '영원의 도시'가 아래쪽으로 펼쳐졌으며 여름 밤의 따듯함이 온몸으로 퍼져나가자, 그는 즉시 황홀경 상태에서 땅에 쓰러졌다. 성 말라키는 이해할 수 없는 라틴어 문구를 중얼거리기 시작했는데, 이것을 그에게 시중들던 사람이 후대를 위해 기록했다. 말라키의 111개의 문구들은 각각 모든 교황들의 이름과 문장, 또는 배경을 당대의 교황인 첼레스티누스 2세로부터 심판의 날에 이르기까지 밝히고 있다. 그의 예언은 미래의 교황들을 정확하게 지시했다. 여기에서는 우리 세대의 예를 들어 보기로 한다. 베네딕트 15세(1914-1922) 교황을 그는 '렐리기오 데포풀라타' 또는 '줄어든 신자'라고 불렀다. 그의 통치기간 동안 기독교도들은 제1차 세계대전과 스페인 인플루엔자로 3천7백만 명이나 줄어들었으며, 2억 명의 러시아인들은 러시아가 공산주의화하였기 때문에 무신론자로 개종했다. 요한 23세(1958-1963)는 '파스토르 에트 나우타' 곧 '목자이며 선원'이라고 불렸다. 한때 그는 베니스의 대주교였는데 교황 즉위 후 카톨릭교회를 혁명적인 개혁으로 몰고 갔다. '플로스 플로룸(꽃 중의 꽃)' 은 바오로 6세(1963-1978)의 백합 꽃 문장(紋章)을 가리킨다. 말라키는 요한 바오로 1세를 '반달' 또는 '반달로부터' 라는 뜻의 '데 메디에타테 루나' 라고 불렀다. 그는 1978년 10월 28일에 달이 반월이 되자 갑자기 죽게 되어 짧았던 통치가 끝나게 되었다. 요한 바오로 2세는 '데 라보레 솔리스' 곧 '태양의 노동' 이라고 불렸다. 태양의 노동이란 무엇인가? 태양은 아침에 떠올라 기운다. 말라키가 극히 짧은 말 속에 정말 많은 의미를 담았는지 또는 해석자들이 될 수 있는 한 문구에서 더 많은 해석을 끌어 낸 것인지를 객관적으로 입증할 수는 없다. 그러나 교황 요한 바오로 2세를 나타내는 단어를 해석해 보면 참으로 풍부한 내용을 담고 있는 것으로 보인다. 예언서의 고전인 ≪흔들리는 천둥≫의 저자 J. R. 요흐만스는 '데 라보레 솔리스' 로부터 '떠오르는 태양' 이라는 의미를 포착해서 요한 바오로 2세가 태양처럼 동쪽 출신이라는 것을 상기시킨다. 그는 동유럽 출신으로는 최초의 교황이다. 점성술사 도리스 케이는 말라키의 예언에서 '가려지는 태양에서 나온 자' 라는 구절을 읽고 더 많은 의미들을 추론해 내었다. 그녀는 요한 바오로 2세는 개기일식 날인 1920년 5월 18일에 태어났다는 것을 알아내었다.

요한 바오로 2세 뒤에 말라키의 목록에 나오는 교황은 둘밖에 없다. 10년 내에 로마 교황들의 통치가 전례와 다름없이 계속된다면, 2000년경에 마지막 교황의 대관식이 있게 될 것이다. 요한 바오로 2세 뒤에는 '글로리아 올리바에' 곧 '올리브의 영광' 이 온다. 18세기의 또 다른 예언자이자 수도승인 파두아는 이 교황은 레오 16세라는 이름을 사용할 것이며 이스라엘과 아랍 사이의 평화(올리브는 또한 이스라엘의 상징이다)를 가져올 것이라고 하였다. 마지막 교황에 대해 언급하면서, 말라키는 다음과 같이 말한다.

> 마지막 신성 로마 교회의 박해 동안, 페트루스 로마누스(로마의 베드로)가 재임할 것인데, 그는 양떼를 고난 속으로 몰고 갈 것이며, 이들이 지나가면 7개의 언덕이 있는 도시가 결국 파괴될 것이며, 무서운 심판이 사람들에게 있을 것이다.

다르마의 바퀴가 멈췄다!

모든 물체는 추진력을 상실하고 멈춰 버릴 수밖에 없다는 엔트로피 법칙은 물리학에만 고유한 것이 아니다. 부처의 추종자들은 진실, 즉 다르마(法)의 운행도 힘을 잃고 소멸할 수밖에 없다고 믿었다. 깨달은 자로서 불교가 태동할 수 있게 했던 고타마 싯다르타는 다르마를 추구하는 것에도 매 25세기마다 새로운 추진력을 요구하는 바퀴와 같이 새롭게 깨달은 자가 필요하다고 그의 제자들에게 설명했다. 이 25세기는 2000년에 마감될 것이며, 이것은 불교의 다르마가 이미 유물론화한 중화인민공화국에서 완전히 정지되어 버린 것으로 나타나고 있다. 거기에서는 승려와 수도원은 박물관의 유품이 되버렸다. 선불교가 최고로 융성하고 있는 일본에서도 다르마보다는 국가가 더 신성화 되고 있어서 불교의 다르마는 멈춰 있다. 그리고 불교의 가장 강력한 수호지로 알려져 있는 은둔의 왕국 티벳에서는 중국 군인들이 600여 개의 라마교 사원들을 파괴하기 시작했을 때인 1950년대에 다르마의 바퀴가 앞으로 이어질 것이라고 알려 주는 듯이 무서운 대파괴가 있었다. 티벳에 대한 체계적인 침탈은 오늘날까지 계속되고 있다.

나라에 바퀴들이 들어오는 때, 평화는 사라진다.

고대 티벳 예언

(1904년 영국의 침략 전까지 티벳에는 바퀴 달린 수송 수단이 없었다.)

여기 티벳에서 종교와 성스러운 정부가 외부와 내부에서 공격을 받는 일이 생길 것이다 …… 달라이라마와 판첸 라마들 …… 신앙의 수호자와 영광스러운 환생은 깨져 버릴 것이며, 이름도 없이 떠날 것이다. 사원과 승려제〔라마들〕는 땅과 다른 재산들과 함께 파괴될 것이다 …… 〔그들은〕 자신들의 땅이 점령되고, 그들 자신이 적에게 노역을 하거나 거지처럼 나라를 떠돌아 다니게 될 것이다. 모든 존재들은 매우 어려운 지경에 빠지게 되고 극단적인 두려움이 들게 될 것이다. 나날이 고통 속에 빠지게 될 것이다.

13번째 달라이 라마(1932), 중국의 티벳 침공 18년 전 발표된 마지막 성명

철로 만든 새와 말들이 하늘을 날고 바퀴로 달리면, 티벳 사람들은 땅을 기어다니는 개미처럼 흩어질 것이다.

파드마삼바바(서기 8세기), 티벳 불교의 창시자

칼리 유가

칼리 시대의 사람들은 절도, 허위, 기만, 허영심, 환상, 위선에 빠진다. 그리고 허영심이 사람들을 흐려놓는다. 그리고 다르마〔종교적 추구)는 칼리 시대에 대단히 허약해지고, 사람들은 마음과 말과 행동에 죄를 짓는다. 다툼, 전염병, 치명적인 질병, 가뭄, 그리고 재난이 발생한다. 증언과 증거는 확실성이 없다. 칼리 시대가 무너질 때에는 어떠한 기준도 남지 않는다. 사람들은 정력과 욕망에 더 굶주리게 된다. 사악한 야망, 사악한 교육, 사악한 거래, 그리고 사악한 소득이 공포를 자극한다. 모든 집단들은 탐욕과 거짓에 차 있고 …… 많은 수드라들〔불가촉 천민〕이 왕이 되고, 많은 이단들이 나타날 것이다. 다양한 교파들이 나타날 것이다. 붉은 옷을 입은 고행자들 …… 생계 때문에 많은 사람들은 최고의 지식을 가지고 있다고 말한다. 칼리의 시대에 …… 대단히 많은 거짓 종교인들이 나올 것이다. 나라〔인도〕는 반복되는 재난, 소수의 생존자, 그리고 여러 종류의 질병으로 절망적으로 될 것이다. 사악함과 타모구나〔어둠〕의 지배 때문에 모든 자들은 불쌍하게 될 것이다 … …. 사람들은 수명과 힘이 감퇴하게 될 것이기 때문에 낙태를 자유롭게 하여 죄를 지을 것이다. 현존하는 많은 베다〔종교의 성경〕에도 불구하고, 어떤 베다도 가지고 있지 않은 것처럼 될 것이고, 희생 제의를 드리지 않게 될 것이다.

인도 푸라나스(서기 330), MAT-P CH. 144:29F

인도인들의 해석에 따르면, 시간은 수백만 년에서 수천억 년까지 지속된다. 러시아의 신비주의자 H. P. 블라바츠키 여사의 주장에 의하면, 서양 점성학의 우주년은 인도의 거대한 시계와 유사한데, 이것은 유가(Yuga)라고 불리우는 4개의 5000년 주기로 구성된다. 인도 문헌들은 인간 의식의 엔트로피가 유가가 진행될수록 지속적으로 증가하고 있다고 본다. 그 과정은 다리를 상실한, 즉 안정성을 상실한 탁자와 비교되어 왔다. 사트 유가(진실의 시대)라고 말하는 첫 번째 시대에서는 영적인 이해와 인식이 4개의 다리로 서 있는 탁자와 같이 안전하게 유지된다. 두 번째의 시대에는 한쪽 다리가 부러져 있다. 탁자는 서 있을 수 있지만 양상은 좋지 않다. 사랑은 여전히 안전하지 못하다. 3번째 단계에서는 두 개의 다리가 상실되는데, 이때에 인류는 비양심과 증오에 차게 된다. 이때는 칼리 유가—어두움, 또는 철의 시대라고 부르는 네 번째의 가장 어두운 시대—에 이르게 된다. 탁자는 하나 남아 있는 양심의 다리 위에서 흔들린다. 다리에 지나치게 걸려 있는 부담이 우리의 양심을 마룻 바닥에 추락하게 만든다.

순환의 마지막 시대는 칼리, 즉 죄악의 신이자 피를 머금은 미소를 짓고 있는, 무섭고 검은 피부의 여신에 의해 상징된다. 인도에서는 칼을 가지고 다니는 이 악마적인 신이 인정 많은 여성 살인자이자 환상의 도살자로서 숭배되고 있다. 수천 년 간의 업보가 쌓인 시대의 종말기에 청구서를 갖고 어머니 칼리가 문을 쿵쿵 두드리게 되는 때가 최고의 절정이다. 현대의 인도 점성술사들에 따르면, 그녀는 1982년에 경고의 종을 울리기 시작했다. 이것은 칼리가 2000년과 2012년 사이에 문을 차고 내려온다는 것을 의미하는 것이다.

현대의 인도의 투시자들은 베다에 나오는 가장 나쁜 악몽이 현재 나타나고 있다고 본다. 낙태는 금지된다. (그래서 인구과잉이 되는데, 이는 베다 전통의 부산물이다.) 인도인의 수명은 대략 45년으로 세계에서 가장 낮은 수치이다. 광범위한 질병과 중병이 만연되어 있다. 인도의 승려들은 처음에는 불교의 발흥에 의해 그리고 최근에는 서양인들을 붉은 옷을 입은 고행자들로 만든 마하리시나 '바그완'(라즈니쉬)과 같은 스승들의 가르침 속에 지적된 것으로 진정한 종교적 진지

함이 상실된 것을 한탄한다.

모든 잃어버린 '미덕'은 비통해 할 가치가 없을지도 모른다. 인도인의 1/4을 노예로 유지하고 있는 비인간적인 카스트제의 작동 정지나, 사티(죽은 남편을 화장할 때 산 채로 과부를 화장하는 풍습)와 같은 전통의 종말은 커다란 진보로 볼 수도 있다.

동양에서는 선과 악 사이의 고전적인 전투가 친근한 사람 사이나 적과 추는 춤으로 등장하기도 한다. 그들의 춤은 릴라, 즉 신극(神劇)이라고 불렀다. 악에 내재한 위대한 선과 선에 내재한 거대한 악은 서양의 사고 방식으로는 이해하기 힘든 것이다. 황금기의 진실은 당연한 것으로 받아들여진다. 그것이 탁자의 다리가 떨어져나가는 이유이다 이런 방식으로 시대가 더 어두워지면 빛에 대한 욕망이 더 커진다.

새로운 인도의 주기가 다시 다음 시대의 진리와 함께 시작되기 전에 문명, 신, 시간, 그리고 실재에 대한 우리의 모든 환상은 칼리의 은유적인 칼에 의해 가차없이 파괴될 것이다. 그녀가 가꾸는 인간 정원은 제초할 필요가 있다. 건강한 다르마를 보존하기 위해 늙은 식물들은 싫건 좋건 뿌리가 뽑혀야만 한다.

불에 의한 정화: 마지막 경고들

홍수를 주제로 하는 이야기들은 거의 모든 고대인들의 전설을 통해 등장한다. 다음과 같은 추가적인 경고가 홍수 신화의 공통적인 것이다. 다음에 있을 전세계적인 정화는 불에 의한 것이다. 전세계 원주민 부족들의 추장들과 주술사들이 갖고 있는 고대와 미래의 파국에 대한 이야기의 대부분은 네 번째 세계로 범주화되어 있다.

마지막 대재난에 대한 가장 분명한 경고는 미국 남서부의 호피 인디언들로부터 나온다. 호피는 '평화'를 뜻하는데 이것은 지구에 대한 심오한 사랑을 공유하는 원주민들에게 어울리는 이름이다. 그들은 대령(大靈)이 인간에게 자연과 조화로운 관계를 이루도록 하려고 비밀리에 전수한 정보의 보관자로 자신들을 생각한다.

1948년에 호피족의 장로들은 사람들이 지구를 잘못 다루는 것을 보다 못해, 오랜 침묵을 깨고 외부 세계와 자신들의 예언들을 나누었다. 자신들을 파괴할 뿐인 거대한 기술 문명이 과거에는 어디로 귀착되었던가를 그들은 말했다. 인간이 변화되지 않으면 과거의 사태가 다시 일어날 것이라고 인디언들은 믿는다. 프랭크 워터스는 호피족의 비전을 기록해도 좋다는 허락을 받은 최초의 백인 중 하나였다. 그는 고전, ≪호피의 책≫에서 다음과 같이 호피의 철학을 요약하여 설명했다.

"그들의 실존은 항상 지구의 창조와 지속의 우주적인 계획에 근거하여 형성되어 왔고, 진화적인 생존의 길에서 자신들의 진화와 우주 법칙이 조화를 이룰 수 있도록 준수하여 왔다. 그들은 우리가 무시하였기 때문에 파괴적으로 되어 버린 생명의 리듬을 거듭 주장한다. 그들은 우리가 마음과 심장 사이의 파국을 회피할 수 있다면 내적인 변화에 대한 필요성을 인정해야만 한다는 것을 상기시킨다. 이제 그들이 말하고 우리가 들어야 할 때이다."

다음은 1985년에 예언을 자세히 들려 준 호피족의 장로 토마스 바냐카가 한 말이다.

잃어버린 백인 형제

노인은 우리에게 형은 백색, 동생은 황색인 두 형제가 있었다는 것을 들려 주었다. 그들은 대령을 기억하는 데에 도움이 되는 원형 상징이 있는 돌판을 받았다. 돌판을 둘로 쪼갰다. 형제는 돌판을 반씩 나누어 가졌다. 형은 물건을 발명, 창조하기 위해 이성의 힘을 발전시키려고 또 다른 땅으로 동료들과 함께 떠났다. 동생은 땅을 지키고 영적인 힘을 발전시키려고 여기〔아메리카〕에 머무르게 되었다.
형〔백색〕이 동생〔황색〕에게 되돌아오면, 형의 물건과 영적인 힘을 결합하여 낙원을 만들기로 되어 있었다. 동생은 형에게 종교를 가르치고 형은 동생에게 기술을 가르치게 되어 있었다.
그러나 경고가 주어졌다. 만약 백인 형이 상징을 원에서 십자가로 바꾸어 가지고 돌아오면, 조심하라! …… 왜냐하면 그 상징은 그가 잘못되었다는 것을 의미하는 것이기 때문이다.

철로와 전기선들

대 정화 직전에 사람들은 철마를 위한 금속 길을 만들 것이며 공중에 금속 줄을 매달 것이다.

성스러운 땅의 채광

백인이 네 번째 구역〔호피 보호지역〕으로 들어와 그것을 소유하려고 하면, 하나의 징조, 위험한 징조, 대정화 전의 마지막 단계에 접어들었다는 것을 보게 될 것이다. 만약 사람들이 땅에서 보물들을 파내면, 멸망하게 될 것이다.

미국 의회는 1985년 인디언 재배치법(H.R. 3011, 명령 제 318번)을 통과시켜 호피와 나바호 부족을 1986년까지 네 번째의 구역에서 이

동시켰다. 인디언 사무국은 여러 가지 이유를 들면서 재정착 정책을 집행했는데, 그 중에는 호피족과 이웃하는 나바호족 사이의 영토 분쟁을 해결한다는 명목도 포함되어 있었다. 진정한 이유는 호피지역의 신성한 '검은 암석 대지(臺地)' 아래에 값진 금속이 묻혀 있는 광구를 채광하는 데에 연방 정부가 오랜 관심을 두고 있었기 때문이었다. 호피의 성스러운 땅에 대한 채광은 계속되고 있다.

지축의 정렬과 공산주의

태양, 만(卍)자, 그리고 빨갱이들의 3개의 거대한 세력이 결합하여 즉시 나타날 것이다.

위의 세력들은 일본 제국, 나치 독일, 스탈린주의 러시아로 해석된다.

백인의 핵폭탄

백인 형제는 지구를 뒤흔들 거대한 폭발을 일으키는 태양과 같은 상징을 일으킬 것이다. ……. 재가 담긴 바가지

네 번째 세계의 토착국들은 제3차 세계대전이 이미 일어나고 있다고 생각하고 있다. 히로시마와 나가사키 이래 핵무기 실험은 주로 원주민 영토에서 발생하고 있다. 비키니 산호섬의 미크로네시아인들, 서남 오스트레일리아의 원주민들, 그리고 네바다와 뉴멕시코의 미국 원주민들, 중국 서부와 러시아의 시베리아에서 그들과 짝을 이루는 부족들의 영토에서도 1945년과 1990년 사이에 대략 1900군데의 지표와 지하에서 핵폭발의 원폭 방사능 때문에 그들의 땅과 몸이 오염되어 버렸다.

대피라미드 예언이 아담 시대의 종말이 시작되는 것으로 본 1953년에 호주 원주민들의 대가족들이 겪은 영국의 지상 핵실험도 들 수 있다. 검은 재 구름이 하강했을 때, 사람들은 자식들을 위해 모래 언덕에 구멍을 파 아이들을 몸으로 보호했다. 폭발이 있은 지 이틀 뒤에 한 명의 생존자가 말하기를 "…… 모든 사람들은 구토하고 설사했으며 도처에 누워 있었다. 다음 날 사람들은 눈이 매우 아팠으며 눈이 충혈되었고, 나는 눈을 뜰 수가 없었다. 몇몇은 거의 눈이 멀 정도였고 나는 내 오른쪽 눈의 시력을 상실했다 ……. 검은 구름이 온 지 5일째 날에 노인들은 죽기 시작했다."

동쪽에서 온 '홍색' 족

만약 이들 셋이 오지 않으면(제2차 세계대전 중에 미국을 공격한 러시아, 독일, 그리고 일본), 거대한 붉은 망토를 입은 붉은 힘이 칼을 깨끗히 하기 위해 동쪽으로부터 하늘의 길로 올 것이며 그들은 냉혹할 것이다.

호피 예언의 다른 구절에는 거대한 붉은 힘이 붉은 모자와 붉은 망토를 입은 사람으로 묘사되고 있다. 그 예언은 새로운 종족이 미국 서부에 있는 인디언 땅 주변에 처음에 정착할 것이지만, 그들은 흩어지고 미국에서 천천히 사라져서 서부로부터 동부로 이주할 운명이다. 단기간 내에 그들은 분쇄되어 모두 흩어질 것이다.

몇몇 호피 주술사들은 조심스럽게 인도의 신비주의자 고(故) 바그완 쉬리 라즈니쉬('오쇼' 라고 부르기 전의 이름)가 붉은 옷을 입은 추종자들과 함께 나타나서 이 예언이 이미 성취되었다는 것을 인정했다. 그것을 입증하기는 어렵다. 아직도 라즈니쉬의 미국 진출과 이 예언 사이에는 어떠한 연관성도 인정되기 힘들 정도로 평행선이 있다. 1980년대 초반에 붉은 옷을 입은 추종자들은 미국에(인도와 유럽—이들은 동쪽인데—으로부터 공중으로) 와서 오레곤 주에 자치시를 만들었다. 미국 정치가들에 대한 라즈니쉬의 무자비한 비판은 레이건 행정부의 최고위층을 분노하게 만들었다. 1986년 이후 라즈니쉬 추종자들은 스승이 체포되어 문초를 당하고 미국에서 추방된 뒤에 특징적인 의복을 벗고 흩어져 버렸다.

그렇지만 14번째 달라이 라마는 1991년 봄에 호피의 장로들에게 공손하게 전화를 걸었다. 동쪽으로부터 날아온 티벳의 갈색 옷을 입은 승려들에게도 이 경고는 해당될 수 있다.

우주 정거장? -마지막 징표

사람들은 균형을 상실하고 재앙에서 벗어나기 위해 달의 뒷면으로 갈 것이다. 정화는 인류가 하늘에 거대한 집을 건설한 직후에 시작될 것이다. 그때에 어디에서든 불이 날 것이며, 탐욕적이고, 이기적이고 권력에 미친 지도자들, 내전이 있을 것이다. 이것은 마지막 위험의 징조이다.

미국은 1970년대에 우주에 연구소를 설치하기 위해 스카이 랩 우주 정거장을 세우려고 했었다. 소련은 1980년대 중반에 미르를 발사했다. 미국은 알파라고 하는 새로운 우주 정거장을 1995년과 2000년 사이에 영구 궤도로 보내 건설할 계획을 세우고 있다.

하늘의 징조들

성경이나 콜롬부스 이전의 예언자들이 세계의 종말은 하늘에서 나타나는 징조들에 의해 먼저 알려질 것이라고 했을 때, 많은 사람들은 작은 녹색의 ET들이 빛을 내면서 비행접시를 타고 나타날 것이라고 생각할지도 모르겠다. 실제로 그 징조들은 이미 존재한다. 인류는 90여 년 전에 비행술을 터득했으며 창공을 완전히 변화시켰다. 별과 달을 가로 지르며 여객기의 깜박이는 빛, 푸른 하늘을 가로 질러가는 배기 자국은 이번 세기 이전에 나온 어떤 예언에도 등장하여 우리를 두렵게 만들고 있다.

1990년〔에〕 하늘의 징조 …… 1992년〔에〕 별이 떨어진다.

꽃피는 아몬드 나무의 예언(19세기)

〔저자 개정: 한 회원국을 각각 상징하는 별들의 고리가 있는 깃발로 상징되는 유럽 연합(EU)은 1992년에 수립되었다.〕

나는 하늘과 땅에서 징조를 보이리라. …….

요엘(서기전 600년), JO 2:30

그때가 되면 해와 달과 별에 징조가 나타날 것이다. …… 사람들은 세상에 닥쳐 올 무서운 일을 내다보며 공포에 떨다가 기절하고 말것이다. 모든 천체가 흔들릴 것이기 때문이다.

예수(서기 30-33), LK 21:25-26

대 정화의 날이 가까워 오면, 거미집이 하늘에서 전후로 펼쳐질 것이다.

호피 예언(콜롬부스 이전 시기)

마지막의 시간표

현재 우리는 세계의 종말과 그리스도의 도래 직전의 최후의 날에 살고 있는가? 그것은 사람들이 마태복음 24:42절을 인용하면서 대답을 회피하는 동안, 대부분의 복음전도자들이 말하는 것이다. "아무도 너의 주가 언제 오는지 알지 못한다 ……." 미래 사건을 알아내는 것은 예언에서 가장 어려운 문제 중 하나이다. 대담한 예언자들 중에서도 극소수만이 그 시험을 거쳤다. 20세기 이후에 대한 그들의 예언들은 제1부에 소개되는 시간표에 작성되어 있다.

우리에게 공통된 미래는 다음 천년의 해변에 부딪히면서 마지막 밀려오는 날들 중 어느 날에 마감될 운명으로 보인다.

AD 1900 — 1911

1900 "사악한 세기" - 노스트라다무스(1555)

1902 에드워드 7세가 즉위한다 - 체이로(1902)

1904 영국은 티벳을 침공한다 - 티벳 점성가들(1850년 이전)

1910 에드워드 7세의 죽음 - 체이로(1902)

1911 중국이 티벳을 떠난다- 티벳 점성가들(1850)

AD 1912 — 1929

1912 타이타닉호의 침몰-체이로(1911)

1914-1918 제1차 세계대전(1850)

1920 후버는 미국대통령에 선출되지 못한다 – 에반젤린 아담스(1920)

1921 엔리코 카루소가 죽는다 – 에반젤린 아담스(1921)

1927-1929 무솔리니가 리비아를 점령한다 – 체이로(1925)

AD 1929 — 1947

1929 주식시장 붕괴 – 에드가 케이시(1925)

1933 뉴딜 정책 – 에드가 케이시(1929)

1943 쿠르스크 전투 – 에드가 케이시(1943)

1945 제2차 세계대전 – 에드가 케이시(1941)

1947 인도 분할 – 진 딕슨(1946)

AD 1950 — 1960

1950 티벳의 멸망:중국 침략 – 티벳 점성가들(1850)

1953-2001 세계적 교사가 출현한다. 종말기가 시작한다–피라미드 예언(기원전 3000)

1958-1998 파국적으로 대륙이 변한다 – 에드가 케이시(1931)

1960 젊은 민주주의자가 미국 대통령이 된다– 진 딕슨(1952)

AD 1963 — 1975

1963 케네디가 암살된다 – 진 딕슨(1963)

1968 비미니 근방에서 최초의 아틀란티스의 폐허가 발견된다 – 에드가 케이시 (1940)

1968 문화혁명이 절정에 이른다 – 에드가 케이시(1932)

1972 세 번째 반그리스도 전쟁이 시작된다 - 노스트라다무스(1557)

1975 세계적 교사의 메시지가 서양으로 간다 - 블라바츠키 여사(1888)

AD 1978 — 1986

1978 요한 바오르 1세가 독살된다 - 노스트라다무스(1555)

1982 칼리 유가(인도의 종말)의 끝이 시작된다-인도의 점성가들

1984 고르바초프가 소련을 이끌게 되며 페레스트로이카가 시작된다 - 저자(1983)

1985 AIDS가 세계적인 질병으로 인식된다 - 노스트라다무스(1555)

1986 냉전이 끝난다 - 폴란드 신부(1970)

AD 1987 — 2002

1987 이란-이라크 전쟁의 마지막 단계가 시작된다 - 노스트라다무스(1555)

1988 소련은 아프카니스탄으로부터 철군한다 - 노스트라다무스((1555)

1989 미국-소련의 우호관계가 시작된다 - 노스트라다무스(1555)

1991-1999 세계적인 기근과 생태재난이 일어난다 - 노스트라다무스(1555)

1993-2002 제 3차 세계대전 그리고/또는 영적 혁명 - 노스트라다무스(1555)

AD 1998 — 2001

1998 해변가에 홍수가 시작된다 - 에드가 케이시(1941)

1999 아마게돈 전쟁 - 노스트라다무스(1557)

2000 낡은 세계가 끝난다 - 다양한 예언들

2001 세계의 종말 - 피라미드/기독교 예언가들

2001 세계의 종말 - 베로수스(기원전 2세기)

AD 2002 — 2012

2002 위대한 영적 왕이 기름부음을 받는다(인식된다) - 노스트라다무스(1557)

2012 세계의 종말 - 마야 달력이 끝난다

AD 2100 — 2400

2010 에드가 케이시가 환생하고 20세기와 21세기의 종말에 의해 변형된 세계를 본다 - 에드가 케이시(1936)

2400 새로운 메시아가 출현한다 - 체이로(1931) CWP

AD 3755 — 3797

3755 소행성이 지구를 치고, 그 결과 화염의 폭풍이 지표를 태워버린다 - 노스트라다무스(1557)

3797 지구는 팽창된 태양에 의해 타버린다 - 노스트라다무스(1557)

제 2부
공포스런 미래

어린 양이 여섯째 봉인을 떼셨을 때에 내가 보니 큰 지진이 일어나고 해는 검은 머리털로 짠 것처럼 검게 변하고 달은 온통 피빛으로 변하였습니다. 그리고 별들은 마치 거센 바람에 흔들려서 무화과나무의 설익은 열매가 떨어지듯이 땅에 떨어졌습니다. 하늘은 두루마리가 말리듯이 사라져 버렸고 제 자리에 그대로 남아 있는 산이나 섬은 하나도 없었습니다. 그러자 세상의 왕들과 고관들과 장성들과 부자들과 세력자들과 모든 노예와 자유인들이 동굴과 바위 틈에 숨어서 산과 바위를 향하여 "우리 위에 무너져 내려서 옥좌에 앉으신 분의 눈을 피할 수 있도록 우리를 숨겨다오. 그리고 어린양의 진노를 면하게 해다오 그들의 큰 진노의 날이 닥쳐왔다. 누가 그것을 감당할 수 있겠느냐?" 하고 부르짖었습니다.

파트모스의 성 요한(서기 81-96), REV 6:12-17

나는 긍정적인 사고가 부족하다고 비판을 받아왔다. ≪노스트라다무스와 천년왕국≫이라는 책의 사인회를 미국에서 하는 동안 나는 선한 생각을 투사하는 것을 미덕으로 생각하고 추하거나 사악한 모든 생각들을 없애는 것을 열렬하게 칭송하는, 밝은 눈과 꿈이 많은 한 친구로부터 비난을 받았다. 그는 말하기를, 이것이 새로운 시대(New Age)를 가져오는 올바른 태도라고 했다.

나는 대답했다. "선생은 나에게 깊이 자리잡은 부정성(negativity)에 대해 또다른 부정적인 생각을 품고 있는 것처럼 보입니다."

대중적인 뉴에이지적 시각은 만약 우리가 그렇게 생각하기만 하면, 향후의 2000년은 마술적으로 세계에 평화와 형제애를 보낼 것이라는 것이다. 낙천주의자는 판도라 상자의 여러 칸 속에 숨어 있는 더 좋은 미래에 대한 희망을 꿈꾸지 않는다. 긍정적으로 생각하는 것은 부정성을 억제하지 않는다. 사실 파국은 긍정적인 꿈이건 부정적인 악몽이건 우리의 사고 때문에 오게 되는 것이다.

누가 이러한 생각들을 하고 있는가? 우리가 누구인지를 이해하는 것은 우리의 생각을 바꾸게 할 수 있으며, 그래서 우리가 미래를 정복할 수 있게 한다.

극복을 위해서는 먼저 부정성에서 벗어나 긍정적, 부정적인 사고방식에 눈을 열고, 파멸의 날 또는 '개화의 날'에 어떻게 도달할 것인지를 알아 보는 것이다(즉, 행성의 파멸이냐 또는 의식과 사랑의 전세계적인 개화냐).

나는 미래에 긍정성이 실현되기 전에 '부정'과 만나야만 한다는 것을 여기서 지적하고 싶다. 우리의 모든 선의와 긍정적인 사고 아래에는 괴로워 꿈틀거리고 있는 거대한 추함이 있다는 것을 방치하지 말아야 한다. 두려움이 근본 원인이다. 우리가 공포스러운 운명으로부터 자유를 얻기 위해서는 그것을 먼저 밝혀 내야만 한다.

다음 세기에 우리가 생존할 수 있을지를 예측하려면 두 가지의 대안적인 미래를 고려해야 한다. ≪밀레니엄의 대예언≫의 제2부에는 인류의 행적에 대한 지식이 오랫동안 축적되어 왔기 때문에 가능한한 현 상황으로부터 논리적으로 도달하게 될 미래를 마술적인 거울로 응시할 것이다. 독자들을 낙심시키기 위해 공포를 조장하는 것은 아니며, 사람들이 종말의 시나리오에 직면하여 좌절감에 빠지게하기 위한 것도 아니다. 나는 "고진감래"라는 동양의 오래된 격언에 공감하기 때문에 예언의 악몽에 대해 다음과 같은 설명을 제시하고 싶다.

최후의 심판에 이르게 하는 근본 원인은 공포이다. 16세기의 유명한 의사이자 위대한 예언자인 노스트라다무스는 미래에 있게 될 치명적인 괴질과, 이것이 어떻게 제거될 수 있을지에 대해 몇가지 직접적으로 언급한 바 있었다.

사람들이 절망적으로 공포에 시달리게 될 때, 의사의 업무는 그 공포와 싸워 그들을 강하게 하는 것이다. 공포만이 모든 피해의 원인이다. 그리고 두려움은 실현되지 않은 극단적인 욕망으로부터 온다. 어떠한 걱정도 할 필요가 없고 '즐거움'만이 필요하며, 예언은 나쁜 것이라고 말하는 사람들 …… 두려움은 문이다. 이를 거쳐 모든 질병이 들어온다. 그것은 전쟁을 만들고, 모든 행동들을 만든다. 두려움이 질병과 환상을 만든다. 단지 두려움이다. 그것은 항상 그러하다.
합리적인 사람들은 나의 예언으로부터 앞서 사라진 사람의 모래에 찍힌 발자국을 발견하는 것처럼, 가야 할 바른 길을 발견할 수 있다. …… 사람들은 각자의 두려움을 벗어 버리고 다른 사람들이 두려움에서 벗어나게 하면, 이제까지보다 합리적으로 될 수 있을 것이다.

더욱 합리적으로 되는 것은, 자기 의식을 더 깊게 함으로써 이뤄질 수 있다는 것이 나의 경험이다. 합리적으로 의식하면 할수록 나는, 자신에 대해 지나치게 만족한다. 그리고 도덕성, 욕망, 그리고 맹목적으로 따르는 분열적인 전통을 신성시하지 않는다면, 이 아름다운 행성을 폐허로 만들지 않을 수 있게 되고, 냉전이 종식되어도 상존하는 제3차 세계대전을 방지할 수 있는 방법을 더 많이 인식하게 된다. 공손함과 거부라는 두터운 껍질 속에 숨어 있는 두려움의 곪은 상처를 드러나게 할 것이다.

종말을 알리는 4명의 기사로부터 최후 심판을 알리는 4명의 사자들

나는 어린 양이 그 일곱 봉인 중의 하나를 떼시는 것을 보았습니다. 그리고 네 생물중의 하나가 우뢰같은 소리로 "나오너라"하고 외치는 음성을 들었습니다. 그리고 보니 흰 말 한 필이 있고 그 위에 탄 사람은 활을 들고 있었습니다. 그는 승리자로서 월계관을 받아 썼고, 또 더 큰 승리를 거두기 위해서 나아갔습니다. 어린 양이 둘째 봉인을 떼셨을 때에 나는 둘째 생물이 "나오너라" 하고 외치는 음성을 들었습니다. 그러자 다른 말 한 필이 나오는데 이번에는 붉은 말이었습니다. 그리고 그 위에 탄 사람은 세상에서 평화를 없애 버리고 사람들로 하여금 서로 죽이게 하는 권한을 받았습니다. 곧 큰 칼을 받은 것입니다. 어린 양이 세째 봉인을 떼셨을 때에 나는 세째 동물이 "나오너라" 하고 외치는 음성을 들었습니다. 그리고 보니 검은 말 한 필이 있고 그 위에 탄 사람은 손에 저울을 들고 있었습니다. 그러자 "하루 품삯으로 고작 밀 한 되, 아니면 보리 석 되를 살뿐이다. 올리브 기름이나 포도주는 아예 생각하지도 말아라" 하는 소리가 들려 왔습니다. 그것은 네 생물 한가운데서 들려 오는 듯했습니다. 어린 양이 네째 봉인을 떼셨을 때에 나는 네째 생물이 "나오너라" 하고 외치는 음성을 들었습니다. 그리고 보니 푸르스름한 말 한필이 있고 그 위에 탄 사람은 죽음이라는 이름을 가진 사람이었습니다. 그리고 그 뒤에는 지옥이 따르고 있었습니다. 그들에게는 땅의 사분의 일을 지배하는 권한 곧 칼과 기근과 죽음, 그리고 땅의 짐승들을 가지고 사람을 죽이는 권한이 주어졌습니다.

파트모스의 성 요한(서기 81-96), REV 6:1-8

이 책의 제2부 '공포스런 미래'에서는 역사상 가장 위대한 예언자들의 전쟁, 질병, 그리고 환경의 대파국들에 대한 견해를 살펴볼 것이다. 나는 예언자들의 파멸적인 전망을 4개의 유사한 범주로 나누었다. 이들은 독자들이 원한다면, 대파국에 대한 4명의 사자들의 예시로써 제시할 것이다.

대심판에서 등장하는 최초의 저승 사자(Hellrider)는 분노하면서 빈 그릇을 들고 구걸하는 굶주린 여인이다. 그녀는 인구과잉을 말한다. 그녀는 인간의 출산률이 미친 듯이 상승하는 때의 생태적인 재난의 미래를 말해주고 있는 것이다. 그녀가 상징하는 것은 대재앙의 날은 기근에 의해 생겨날 수도 있다는 것이다.

두 번째의 사자는 성난 여사제이며 어머니인 자연의 원형으로서 그녀에게 보이지 않는 공격을 하는 사람들을 휩쓸려고 한다. 즉 당신, 나, 그리고 60억의 적극적인 번식자(화산, 불과 천둥을 가진 자)이다. 그녀는 지구의 재난, 즉 지구의 기후와 생태적인 먹이 사슬의 파괴를 통해 최후의 심판을 상징한다.

세 번째 사자는 거대한 저울을 휘두르는 설치류처럼 생긴 기사이다. 이는 나그네쥐 신드롬(Lemming Syndrome)을 말하는데 질병을 상징한다. 그는 현대를 사는 사람들의 스트레스로 사람들의 면역체계와 생존의 의지를 감퇴시키고 있다.

네 번째의 사자는 전형적인 테러리스트이다. 그는 두건을 쓰고 있으며 그의 머리 위에는 녹색으로 빛나는 핵에너지의 후광이 떠 있다. 그는 방어물로 불길한 접시형 레이더를 가지고 있고 그의 가슴에 행복한 얼굴이 그려진 단추를 거만하게 뽐내며 다닌다. 마지막 사자는 제3차 세계대전을 말하는데 냉전이 끝난 지금에는 미래의 핵 재난이 훨씬 더 가능성이 있다.

시대의 징조를 읽는 방법을 알고 있는 사람은 행복하다. 그들이 많은 불행한 사람을 구출하거나, 최소한 역경을 이해할 준비가 되어 있기 때문이다.

헤르메스 트리스메기스투스(서기 150-270), ASC III

최초의 저승사자: 인구 과잉

우샤 간호회의 외과병동에 있는 전등은 매우 희미하게 깜빡거려, 지극히 현대적으로 시설되어 있는 수술실이 전력이 부족한 제3세계에 위치해 있다는 사실과 모순되는 것처럼 보였다. 깜빡거리는 전등 불빛 아래에서 유능하게 보이는 의사는 나의 고환을 들여다보고 있었다. 미래에 아이들을 낳을 수 있는 고환과 연결된 부위를 잘라내고, 그가 다른 사람에게 가려는데 수술대 위에 등을 대고 누워 있다가 순간적으로 나는 말을 했다.

"의산가요?" 나는 조롱하듯이 말했다. "의사!"

"네? 어디 아프십니까?"

"의사," 나는 그의 질문에는 대답하지 않고, 근심어린 태도로 조심조심하면서 계속했다. "나에게 진실을 말해 주세요. 내가 바이올린을 다시 연주할 수 있을까요?"

의사와 간호사가 실밥을 꿰매고 출혈을 멈추게 하자, 조상으로부터 물려받은 것이 잘려 나가게 되었다. 몇 주 동안 내 고환은 생물학적인 애도 속에 고통을 받을 것이다. 마치 그들은 생명을 잉태하는 자궁에 필요한 흥미를 주입할 수 있는 능력을 상실하고도 삶에 익숙해질 것처럼. 나는 절름거리면서 병원 복도를 내려 갔고 거리를 거닐었다.

디젤 배기 가스, 배기를 뿜어내는, 시커멓게 타버린 것 같은 저녁(인도 도시의 전형적인 풍경)과 구워진 반얀 나뭇잎들이 좁은 뒷골목에서 인사하고 있었다. 박쉬쉬(동냥)를 하라고 외치는 거리의 꼬마들의 시끄러운 소리를 한편으로 하면서, 나의 연인 나딘은 손을 잡아 주었다. 우리는 거지떼를 스쳐 지나가면서 드디어 건초더미에 다다랐고, 저녁의 모기 떼만한 남아시아 거리의, 검고 노란 세 개의 바퀴가 달린 릭샤를 타고 떠났다. 나딘은 바퀴가 회전하면서 달려가는 금속 상자 안에서 나를 위로해 주었다. 생물학적으로 해방된 저자는 호텔 방으로 되돌아 가서도 이 상처난 불알때문에 계속 아파했다.

삶은 출산률이 팽창하고 있는 나라에서는 많은 고통을 받게 마련이다. 인도를 처음 방문했던 나는 불임수술을 받기 10여 년 전부터 거리의 개구쟁이들과 친했었다. "커서 너는 무엇이 될 거니?"라는 질문에 그들은 결혼을 하여 아이들을 낳고 싶다고 대답하는 것을 듣고 놀랐다. 9년 사이에 거의 2000만 명의 아이들이 태어났고, 나는 인도의 어둡고 깜박이는 불빛 아래 인해(人海)를 헤치고 굴러가던 릭샤가 커브를 틀고 있을 때 그 욕망의 결과를 분명히 볼 수 있었다.

나는 상처난 보물을 사람들에게 보여 주기 싫어서 손으로 가렸다. 도로에 난 구멍들이 너무 많아 릭샤가 군중들 사이로 이동하는 것이 방해되었다. 너무 많은 풍요(게다가 별로 인구도 많지않은)를 누리고 있는 서구 국가들에게 너무 많은 빚을 지고 있으면서 군중들은 민주주의를 유지하기 위해 최선을 다하고 있다.

집으로 와서 나의 고통을 증폭시킨, 고통스러운 아이들로 붐비는 세계에서 대부분의 아이들이 별로 깨끗하지 않은 물과 빈약한 음식과

열악한 교육 환경속에서 고통을 받고 있으며, 생물학적으로도 많은 질병들을 겪고 있다는 것에 대해 생각해 보았다. 비록 아이들을 갖겠다는 개인적인 선택은 존중하지만, 역사상 현재만큼 사랑이 필요하지만 사랑을 거의 받지 못하고 있는 아이들이 너무 많은 시대는 없었으며 이것은 외과용 메스로도 감추지 못하고 있다는 것을 확신한다.

많은 사람들이 기근을 겪고 있다. 세계의 대다수 아이가 수태할 자궁이 부족하지 않음에도 불구하고 사랑은 여전히 부족하다. 그리고 논리적인 결론은 4세기 전에 예상되었다. 예언자 노스트라다무스는 우리에게 인구과잉의 결과에 대해 경고했다.

> 여러 지역에서 벌어지고 있는 거대한 기근은 전세계적으로 퍼져 나갈 것이다. 그것은 광범위하고 장기적이기 때문에, 초근목피로 연명하게 되고 아이들은 어머니의 가슴에서 떨어져 나갈 것이다.

16세기 중반에 한 이 예언은 그의 걸작 ≪예언들≫의 첫 권 백시선(百詩選)의 64번 4행시에 나오는 것이다. ≪노스트라다무스와 천년왕국≫이라는 책에서 나는 노스트라다무스는 1천여 개의 연(聯)에 나오는 숫자 색인 안에 미래의 날짜들을 숨겨 놓았을 것이라는 새로운 이론을 소개했었다.

연 수에 날짜를 숨기는 방식으로 이 프랑스의 투시자는 미래에 있을 전세계적인 기근을 1967년에 해당하는 백시선의 67절에 집어넣었을 것이다. 세계감시연구소에 따르면, 1967년은 백만 명의 아프리카 사람들이 비아프라 기근으로 굶어 죽었던 해였을 뿐만 아니라 아프리카에서 곡물 생산이 파국적으로 감소되기 시작했던 해라고 한다. 그

때부터 세계는 아프리카, 아시아의 여러 지역에서 기근의 증가를 보이기 시작했으며, 대부분 확인할 수 없을 정도로 출산률이 높아지고 있다. 계속 증가하는 새로운 소비자들은 음식, 연료, 그리고 물 등 줄어들고 있는 수확물을 게걸스럽게 먹어치우고 있다. 세계보건기구(WHO)는 1987년에 50억 명째 아이의 탄생한다는 것은 이미 지구의 허약한 생태계가 21세기 초에 무시무시한 과정을 필연적으로 거칠 수 밖에 없도록 하는 씨가 될 것이라고 선언했다.

사람은 이미 인구과잉의 발굽소리, 곧 첫 번째 사자의 소리를 듣고 있다.

매초당 3명의 아이들이 태어나며, 총 매일 25만 명의 새로운 아이들이 세상에 도착하고 있는 것이다. 인구가 빠르게 증가하기 때문에 수십 억이 생존하여야 하며 이러한 추세로 가면, 1991년과 2001년 사이에 위협이 가중될 것이다. 그것은 매 12년마다 중국의 인구를 추가하는 것과 같다. 세기의 전환기까지 전세계의 인구는 1년에 1억씩 증가할 것이다. 다음 10억은 11년(2011년) 사이에 도달하게 될 것이며, 그 다음은 10년(2020년) 내에 있을 것이다. 2030년에 중국만으로도 현재 세계의 곡물 수출량을 모두 소비하게 될 것이다. 2025년에 우리는 거의 120억 명의 에너지를 지탱하기 위해 매주 하나의 핵발전소를 세워야만 할 것이다!

출생률이라는 전차는 감당할 수 없게 되어버릴, 음식 공급이라는 막다른 벽을 향해 저돌적으로 나아가고 있다. 이 현상은 앞으로도 계속 인류의 반을 먹여 살릴 수 있다는 환상을 심어주고 있는 농장들이 공해로 인해 사라질 때까지 계속될 것이다.

거대한 초과 번식의 부담을 똑같이 안고 있는 제3세계 정부들은 전국적인 가족 계획 캠페인을 벌이고 있지만, 중국과 인도와 같은 나라에서 보이는 출산률의 감소도 농업의 급속한 붕괴로 이어지는 현상을 일순간만이라도 막아보려는 브레이크에 불과한 것처럼 보인다. 1988년 UN 세계식량회의 보고는 굶주림과 영양실조와의 싸움에서 인류가 패배하고 있다는 것을 보여주고 있다. 세계의 식량 창고인 미국은 여전히 식량 생산의 열쇠를 쥐고 있으며, 인구 문제의 심각성을 느끼게 만들고 있다. 미국은 대부분의 금융 지원이 1987년에 축소될 때까지 가족계획을 위한 국제 캠페인을 지원하였다. 만약 현재와 같은 추세가 변하지 않으면, 미국의 감시단들은 사망률과 출산률 사이의 안정화는 향후 수백 년 동안 기대할 수 없을 것이라고 생각하고 있다.

인구과잉 지역에서, 인류는 점차 감소하는 공급량(기근으로 인한 미래의 파국을 대비하는 것)에 반비례하여 더 많은 수요를 만들어내고 있다. 미국의 곡물과 식량 수출은 1980년대 후반부터 지속적으로 하락하고 있다. 만약 가뭄이 미국의 곡물 생산량을 감소시킨다면, 다음 세기의 처음 10년대는 미국의 곡물 수출에 의존하고 있는 대부분의 개발도상국에서 에티오피아에서 있었던 악몽이 재현될 수도 있다. 음식물을 미국 농부들에게 거의 전적으로 의존하기 때문에, 카이로, 라고스, 카라카스와 토쿄와 성 페테르스부르크와 같은 주요 도시에서 식량 폭동이 공통적으로 나타날 수 있다.

전세계 국가들이 함께 참여하고 있는 국제 연합에서도 조직 형태를 변경시키는 것은 경쟁 국가들의 존재 때문에 어렵고 인구과잉이라는 저승 사자는 내일에 대한 두려움의 분명한 상징이다. 인구과잉의 발굽들 바로 뒤에 따라오는 것은 지구의 재난, 나그네쥐 신드롬, 그리고 제3차 세계대전이다.

인류는 만약 예언대로 어떤 대파국적인 사건이 발생하게 될지도 모른다는 것을, 20세기 마지막 10년 간 증가하고 있는 다양한 징조에 직면하기를 꺼리고 있다. 연속되는 세계적 재난의 도미노 현상이 전 세계적으로 확장되고 있으며, 대부분의 지진학자들이 말하는 것처럼 다음 30년 안에 언젠가는 로스엔젤레스와 토쿄를 황폐화했던 것 이상의 지진이 발생하게 되면 무슨 일이 발생할 것인가? 토쿄나 로스엔젤레스의 손실은 심각한 금융 공황을 만들기에 충분할 것이다. 인구과잉에 대한 세계적인 지수나 전세계적인 십자군을 동원하는 데에 이제까지의 모든 진보는 몇 초 안에 상실될 수도 있다. 천정부지로 올라가는 식량 수출 가격은 자본이 빈약하고 부채가 많은 빈곤국이 감당할 수 있는 범위를 벗어나 상승하게 될 것이다. 수백만의 피난민들은 국경을 넘어 들어오고, 기근 때문에 제2 및 제3세계에 걸쳐 폭발할 것이다. 지역적이고 민족적인 충돌이 새로 증가할 것이고 전쟁들이 화학적, 핵 전쟁 능력을 새롭게 갖춘 개발도상국들에 의해 일어나게 될 것이다.

미국의 곡물 생산은 현재 개발도상국을 유지할 뿐만 아니라 제2세계나 이전의 공산주의 블록도 유지하고 있다. 만약 미국의 곡물 보존량이 바닥이 나서 모든 밀과 옥수수가 러시아로 수출되는 것이 중단된다면 어떻게 될까? 새로운 민주주의자들이나 전체주의자들이 만성적인 곡물 부족과 식량 부족에 대비할 수 없다면, 두 번째의 러시아 혁명은 실패할 것이다.

급격한 인구 성장은 음식 부족과 사회적인 불안의 주요한 원인이 될 것이다. 1990년대 오늘날의 정치 지도자들이 인구 과잉에 대한 준비가 소홀하게 되면, 1990년대 중후반이나 21세기 처음 10년까지 제3

차 세계대전을 야기할 수도 있다.

1986년에서 1998년에 대기근이 미국에서만이 아니라, 프랑스, 일본, 인도, 그리고 중국에서도 만연할 것이다.

아이린 휴즈(1981)

다른 부족과 후손들이 살고 있는 대양 건너편의 거대한 국가〔미국〕가 〔있는 시대에〕…… 많은 국가들은 결핍과 기근에 의한 고난을 당하게 될 것이다.

성 힐데가르트 폰 빙엔(1141)

모든 공공의 숭배는 파산할 것이다. 무섭고 잔인한 기근이 전세계에서 시작될 것이며, 특히 서양 지역에서 그러하다. 그것은 세계가 생긴 이래 결코 벌어지지 않았던 것이다.

호앙 데 바티구에로(13세기)

이번 세기말에 인구의 50퍼센트가 굶주림만으로 죽을 것이다. 50퍼센트의 사람들이 죽으면, 살아 있는 사람의 형편은 어떨 것인지를 생각해 보라. 아무도 그들의 시체를 묘지에 묻지 못할 것이다. 그들은 거리에서, 당신의 이웃집에서, 심시어 당신 자신의 집에서 썩어 갈 것이다. 전세계는 광범위한 죽음의 냄새가 진동하는 묘지가 될 것이다.

오쇼(1987), RAZR

〔저자의 개정: 아이린 휴즈와 오쇼의 전망에 대한 시기는 분명히 비현실적이다. 그러나 현재의 인구 증가 동향으로 보았을 때 오쇼의 전망이 적절한 때는 2020~2050년일 것이다. 이때라면 오쇼의 예언이 음식과 물의 재난을 설명할 수 있다. 그때에 우리 행성은 대략 80억에서 120억 명의 사람들이 살게 될 것이다.〕

이런 때에 임신한 여자들과 젖먹이가 딸린 여자들은 불행하다.

예수(서기 30-33), MT 24:19

두 번째 저승사자: 지구의 재난

우리는 자연의 균형이 상실되는 날을 대비해야 한다.

케살코아틀(서기 947)

사람들은 더 이상 비교할 수 없는 하느님의 선물인 이 세계, 그가 지은 이 영광스러운 구조들, 다양한 형태의 물건들로 이루어진 모든 선(善), 신이 만든 것에서 신의 의지가 작동하고 인간의 복지를 위해 불편함이 없는 도구, 존경, 찬양, 그리고 수호자들의 사랑을 증진시킬 수 있는 다양한 모든 물건들. 이 모든 것들이 어우러진 세상을 더 이상 사랑하지 않을 것이다.

헤르메스 트리스메기스투스(서기 150-270), ASC III

땅을 파괴하는 사람들을 파괴할 시간이 왔다.

파트모스의 성 요한(서기 81-96), REV 11:18

맨처음 생명의 어미니는 에덴의 무화과 나무 뒤에 숨어 부끄러워하는 처녀가 아니었다. 그녀는 에덴의 꿈을 마음 속으로 꾸는 원초적인 자궁이었고 지금도 그러하다. 고대인들은 부드러운 진흙과 딱딱한 근육으로 이루어진 그녀의 몸을 숭상했으며, 그녀의 격노를 진정시키고 분노를 삭이려고 희생 제의를 드렸다. 모든 이교도의 땅에서, 어머니 지구는 여신이었다.

1979년으로 되돌아가 잉글랜드의 콘웰의 헛간을 바꾼 연구소에서 작업한 이단 과학자 제임스 러브록은 새로운 이론을 도입하여 과학적인 전망을 펼쳤다. 우리의 행성은 살아 있다. 러브록은 이교도 친구와 과학자들이 만든 지질학, 지구화학, 진화생물학, 그리고 기후학의 최신 발견들을 종합했다.

그는 우리 지구, 혹은 고대 그리스어로 '가이아'(Gaia)라고 불린 이곳은 진화의 수많은 표현들을 유지하고 있는 유기체라고 전제한다. 그녀(가이아)는 흙, 초원, 그리고 삼림을 담요처럼 둘둘 감고 있는 잎과 가지를 자식들에게 먹이거나, 호수와 대양의 껍질 아래에 그녀의 피조물들을 감싸고 있다. 그리고 그녀는 나와 당신, 그리고 숨어 있는 안전한 장소 위에서 '기어다니거나' 심어져 있는 모든 생물들을 눈에 잘 보이지 않는 누비이불로 기분 좋게 감싸 주어 우주의 추운 방사능으로부터 보존한다.

이 수용하기 어려운 이교도의 노트에서 과학적으로 정당하다고 인정하고 싶은 것을 발견하게 될지도 모른다. 그러나 바위와 생명을 유지시켜 주는 대기를 행성 또는 바로 "엄마"라고 부르든 말든 지구가 생명의 탄생을 위해 진흙과 공기를 제공한다는 것을 부정할 수는 없다. 델피의 신탁이나 다른 범신론과 반대로 제임스 러브록은 우리의 행성이 합리적이거나 비합리적인 여신이 아니라 그녀를 생명을 위해 최적의 조건을 유지하고 있는 무의식적인 유기체로 보려고 한다.

가이아가 생명을 보존하려는 무의식적인 본성을 이해하기 위해서는 항상성을 유지하기 위한 그녀의 행동방식과 비슷한 과정을 자기 몸의 메카니즘에서 발견할 수 있다. 우리는 무의식적인 정보가 자신도 모르게 생명을 유지하기 위해 몸 내부에서 작동하고 있다는 것에 감사를 느낄 수 있다. 만약 우리가 의도적으로 숨을 쉬고 음식을 소화해야 하거나, 스스로 부러진 뼈를 엮어내야 한다면, 한 시간도 생명을 유지하지 못할 것이다. 근육은 날씨가 추울 때면 자동적으로 움츠린다. 몸은 온도를 유지하기 위해 열을 낸다. 만약 몸이 아프면, 충격을 완화하기 위해 최선을 다하고 균형 상태로 되돌아 간다. 같은 방식으로 가이아는 35억 년 동안 주기적인 파국과 우주적인 충격을 거치면서도 성공적으로 그녀의 바다, 땅, 하늘을 유지해 오면서 균형적인 온도를 제공하는 데에 성공했다.

'옛날'에 '시간'이 있기 전에 우리의 선사 시대의 조상들은 가이아를 정복하거나 소모해 버리는 자들을 적으로 보았다. 불운과 역행이 계속된 수백만 년 뒤에 인류는 이득을 위해서만 이를 사용하여, 어머니 지구 위에서 경쟁하는 다른 동물들을 배려하지 않고 몰살시켜 버렸다.

사람의 행동이 현재의 동식물들을 유지할 수 있든지 없든지 간에, 또는 새로운 돌연변이들이 번성하든 말든 무의식적이고 복종적인 명령에 의해 가이아는 진화되어 왔다.

1987년에 문명의 지속성을 다룬 ≪인류의 공통된 미래≫라는 제목의 국제 연합 보고서에서 저명한 과학자들과 세계적인 지도자들로 이루어진 국제적인 토론자들은 네안다르탈인적 생태학을 넘어서는 데에 수십년 미만의 시기가 필요하다는 결론을 내렸다.

러브록이 그의 책 ≪가이아의 시대≫에서 말한 바와 같이, "가이아는 내가 보는 바에 의하면, 탕아를 받아들이는 노망한 어머니도 아니며, 연약하지도 않고 잔인한 인류로부터 위험에 빠진 섬세한 처녀도 아니다. 그녀는 세계의 법칙을 준수하는 사람들에게 따뜻하고 안락한 세계를 유지해주지만, 법칙을 침범하는 사람의 파괴에 대해서는 무자비할 정도이며 매우 거칠다. 그녀의 목적은 생명에게 적합한 행성이다. 인류가 계속 이런 식이라면, 우리는 목표를 향해 정확히 날아가고 있는 대륙간 탄도탄 핵미사일이 폭발할 때, 작은 뇌관이 사라져버리는 것처럼 동정을 받지 못한 채로 소멸해 버려야만 할 것이다."

사람들은 어머니 지구로부터 생명이 사라져 버리는 행동을 멈추는 것이 좋을 것이다. 사람들은 좋은 일들을 기념할 수도 있으며, 칵테일 파티에서 친구들이 쓰레기를 함부로 버린다고 핀잔을 줄 수도 있지만, 그러나 그들은 어머니가 머무르는 곳에 충동적으로 이를 버려 버리는 경우가 많다.

나는 예언자들의 지팡이가 이미 우리의 행동을 가리키고 있다는 것을 느낀다. 홍수처럼 많은 예언들은, 인간이 야기한 수많은 재난에 대해 가이아가 일으킨 자연적인 대응이 앞으로 수년 내에 급격하게 일어날 조짐을 보여주고 있다. 만약 우리가 변화를 두려워해서 매우 용감한 결단을 내리지 않아도 혼란을 회피할 수 있다고 환상을 갖는다면 좋다.

우리가 이제까지의 행동을 청산하는 데에 오래 걸리면 걸릴수록,

우리는 대심판의 두 번째 사자가 달려오는 발굽소리를 듣게 될 것이다. 그녀는 복수심에 불타서 잔인하게 되어 버린 어머니 가이아, 즉 자신과 인간을 연결시켜 주었던 중재자도 무자비하게 살해하고 미쳐버린, 공포스러운 자연력이다.

지구의 재난은 지구상에서 일어나고 있는 생태계의 재난을 극복하기 위해 균형을 잡는 것이다. 하늘과 땅을 마구잡이로 오염시키고, 삼림을 황폐화하고 방자하게 수백 가지 종의 식물과 동물들을 하루에 멸절시키고, 자연계에서 가장 위대한 존재가 되려고 하는 두발 달린 자들은 지구에서 생명이 탄생한 40억 년 이래 가장 빨리 집단적으로 멸절될 것이다.

> 점점 더 많은 사람들이 인류가 만들어낸 것이 매우 깨지기 쉬운 것이라는 사실을 발견하고 있다. 그러나 우리는 계속 무언가를 만들고 소비하기 위해 행성과 지표에 있는 존재들을 고갈시키고 있다. 부유한 나라들은 자신들이 물질적 수준을 유지하기 위해 대부분을 해치우고 있다. 그리고 가난한 나라들은 자신들의 우상인 부유한 나라들처럼 부를 축적하려고 한다. 이것이 악순환을 일으키고 있다.
>
> **암브레스(1986)**

> 산천은 메마르고 세상은 파리해지니 하늘도 땅과 함께 슬퍼한다. 주민의 발에 밟혀 땅은 더러워졌다. 그들은 법을 어기고 명을 거슬러 영원한 계약을 깨뜨린 때문이다. 그리하여, 온 땅은 저주를 받고, 주민은 처형된다. 세상의 주민은 거의 다 불에 타 죽는다.
>
> **이사야(서기전 783-387), IS 24:4-6**

이 성경 구절에서 가장 주목을 끄는 구절은 핵전쟁으로 지구를 남용한 죄로, 인류가 "불 타버리게 된다"고 지적하는 것이다. 그러나 냉전의 완전한 종말과 함께 전세계적인 온난화로 다음 세기에 대파국이 실현될지도 모르는 일이다.

아마겟돈 전쟁은 정치적, 민족적 갈등, 또는 종교보다는 생태학적 갈등으로 발발하게 될지도 모른다. 다음 세기의 더 더워진 기후는 식량 생산을 극소화시킬 것이며, 죽음의 방사능으로 오존층에 구멍을 내서 인간의 면역 체계를 감소시키고 있다. 지구 온난화 때문에 생기는 재난, 기근, 그리고 생태적 재난들은 지도자들이 지구의 평화를 위한 새로운 세계 질서를 세우게 만들 수도 있다.

엄청난 고통

〔칼리 유가에서〕 지구는 단지 광물과 보석을 위해서만 존중될 것이다.

힌두 푸라나스(서기 900), VIS-P IV 24:26, 27

1989년 유럽의 가장 뜨겁고 건조한 여름이 끝나는 무렵에, 수십만 명의 동독 사람들은 여름 휴가 때에 철의 장막이 찢어진 틈을 통해 빠져 나오기 시작했다. 이것은 마치 성경에 나오는 민족적인 환희가 실현된 것 같았다. 눈 깜짝할 사이에 동독에서 프롤레타리아의 꽤 많은 부분이 자신들의 집, 사무실, 그리고 더러운 공장으로부터 빠져나와 새로운 천국에 대한 꿈이 구름처럼 감싸여 있는 성으로 들어 왔다.

온실효과로 인한 기온이 상승한 바르트부르크나 스모그를 내뿜는 트라반트 차를 타고 철의 장막에 난 구멍을 통해 1990년에도 매일 서쪽으로 쏟아져 들어온 동독의 수십만 사람들에게 자유는 'ㅅ-ㅗ-ㅂ-ㅣ' 라는 철자를 의미했다! 그들은 4억 가량 되는 제2세계인의 일원이었지만, 과도한 포장을 벗겨내고 소외받지 않을 권리와 제1세계인 그들의 상대방과 같이 자동청소기와 풍부한 가스를 요구했다.

냉전이 시작된 이래, 미국인들은 민주주의, 자유, 그리고 낭비에 대한 전세계적인 역할 모델이었다. 미국인들은 세계 인구의 8퍼센트를 차지하고 있지만, 매일 평균 3.5에서 4파운드의 쓰레기를 버리고 있다. 그것은 연간 수천 개의 미식 축구장을 덮어버리는 33층 높이의 쓰레기더미를 만들어낸다.

연간 160억 개의 일회용 기저귀, 160억 개의 펜, 20억 개의 면도날, 그리고 2억 2천만 개의 타이어를 버리고, 석달마다 미국 전역의 상업용 비행기를 다시 만들 수 있을 정도의 알루미늄제 소다수와 맥주 깡통을 '아메리칸 드림' 은 요구한다. 1940년대 후반에 뉴욕 시 정부는 자유의 여신상이 바라다보이는 스테이튼 아일랜드의 계곡에 거대한 쓰레기 매립지인 프레쉬 킬즈(Fresh Kills: 시의 덤프 트럭으로부터 수송된, 엄청나게 많은 뉴욕 사람들이 마지막 남은 장소에 새롭게 버린 쓰레기를 처리하는 청소부들에 의해 붙혀진 별명)를 만들었다.

지금도 민주주의에 필요한 가장 거대한 쓰레기더미 위에 미국의 희망과 자유의 상징은 그녀의 엉덩이 그늘을 드리우고 있다. 신은 미국을 축복했고 프레쉬 킬즈에 쓰레기를 버리게 하셨다.

프레쉬 킬즈는 꿈의 투기장이 되어 버렸다. 만약 큰사과(Big Apple: 본래 뉴욕시를 말하지만 여기서는 한 입 베어물고 마구 버리는 음식을 뜻한다.)에 사는 황량한 시민들이 구덩이로 하루에 2만 4천 톤의 쓰레기를 계속 던진다면, 세기말까지 이것은 여신상 정도의 높이에 기자 대피라미드의 25배의 부피에 해당하는 쓰레기 성전이 될 것이다.

뉴델리의 외곽에 있는 키샹가스 마을에서 농사를 짓고 있는, 66세의 카란 싱은 자신이 성공할 자질을 가지고 있다는 것을 알게 되었다. 그는 흑백 텔레비전 수상기를 구매하였는데, 그의 세 아이들이 여기에 비친 포테이토 칩을 보게되자 상품에 대한 구매욕이 커지고 안달복달을 하기 시작했다. 싱은 TV 수리공인 아들이 너무 많은 돈을 담배, 옷, 그리고 영화에 지출한다고 한탄한다.

기후가 이상하게 되자—공중으로 해마다 뿜어져 나가는 70억 톤의 일산화탄소 공해의 직접적인 결과—싱은 전통적인 직업인 농업을 포기할 생각을 하고 있다. 농작지가 지속적으로 감소하고, 50억 톤의 표토가 매년 사라져가는 나라에서, 싱은 규제하지 않는 디젤 매연 속에서 자기 가족의 성장에 대한 욕구를 외면하려고 한다.

"나는 운송 사업을 시작해 보고 싶어요." 싱은 말한다.

트럭 운전사가 될 키샹가스의 농부는 소비자를 바람잡는 사람, 인도의 잘 나가는 중산층이라는 바다에 떨어지는 하나의 물방울이다. 그는 미국의 여피족들처럼 4억 명이 지구의 한정된 자원을 사치스럽고 파괴적으로 소비하는 생활을 꿈꾸고 있다.

민주주의에 대한 진정한 옹호자도 더 좋은 생활 기준, 더 좋은 음식, 그리고 더 좋은 상품에 대한 개인의 권리를 부정할 수 없다. 그러나 50 내지 60억 명이나 되는 세계의 모든 인구가 미국과 유럽과 같이 평균적으로 쓰레기를 배출하는 생활을 하게 되면, 다음 세기 중반까지 파국적인 악몽에 이르게 될 것이다.

비록 제1세계 국가들이 쓰레기와 공해에 대비, 공중위생규제를 하고 있다고 해도, 파이 조각을 공유하기 위한 소비 경쟁에서 제3세계는 기술자들을 훈련시키거나 쓰레기 배출을 적절하게 유지할 자본을 가지고 있지 않다. 기업들은 더 싸고 더러운 연료를 사용할 수밖에 없다. 중국의 20개 이상의 도시 가운데에 살고 있는 사람들은 시골에서 살고 있는 사람에 비해 4배에서 7배 가량 폐암 발병률이 높다. 왜냐하면 인민공화국의 대부분의 공장들이 낙후된 용광로와 보일러에서 석탄을 연료로 사용하기 때문이다. 붐을 이루고 있는 인도 캘커타의 산업 단지를 가로질러 있는 후그리(Hooghly) 어귀에는 150개 이상의 공장에서 배출되는 산업 쓰레기로 꽉 차 있다. 선진국에서는 금지하고 있지만, 개발도상국에 의해 만들어지는 또는 염가로 판매하는 4만 톤의 DDT를 인도에서는 강과 호수에 매년 뿌리고 있다.

제3세계 국가에 있는 46개의 도시 거주자들 중 반 이하가 위생 서비스를 받고 있다. 예를 들면, 3,119개의 마을과 시 가운데에 세계감시연구소는 단지 209개소만이 하수도 체계를 부분적으로 가지고 있고, 단지 8개 지역만이 완전한 하수 처리 시설을 가지고 있다고 평가했다. 세계감시연구소의 전직 연구원이었던 파얄 삼팟은, 갠지스 강 유역의 인구는 다음 세대에 거의 10억 명에 이르거나 "19세기 초의 전세계 인구보다 많아질 것"이라고 추산했다.

"이것은 2020년까지 매일 강에 부담이 되는 하수가 25억 리터나 처리되어야 하는 것을 의미하는데 이것은 현재의 두 배나 되는 양"이라고 삼팟은 덧붙인다.

아시아의 옥외 쓰레기더미와 강에 있는 모든 오물과 폐물들이 자국의 것은 아니다. 부유한 국가들은 종종 자기들의 쓰레기를 제3세계로 보낸다. 1988년에 미국과 유럽은 아프리카와 동유럽에 있는 항구로 3

백만 톤의 유독한 쓰레기들을 수출했다. 선진국의 마지막 쓰레기 매립지들이 다 차고, 처분할 장소가 급격히 메워질 것이다. 화물선들을 운항하는 선장들은 자신들의 폐기물들을 처리하기 위해 7개 해양을 배회하는, "영원히 저주받을 현 시대의 화란인"들이 되가고 있다. 고약한 업보를 짊어진 제3세계의 야만인들은 자신들의 유해한 화물을 바다로 던져버린다. 그들의 죄악은 결국 (프레쉬 킬즈의 시체처럼) 제3세계의 해변에 파도에 실려와 해변가에서 들락날락 흔들린다. 이미 몇몇 가난한 국가들의 입법자들은 공해(公海)에 그처럼 쓰레기를 폐기하는 것을 전투 행위에 해당하는 것으로 보고 있다.

사람들이 쓰레기통에 던져 버리는 플라스틱 샴프 통의 운명은 관심을 끌지도 못하며, 경계의 대상이 되지도 못한다. 인류와 인류 문화의 현 수준을 나타내는 물건들의 부산물들은 눈에서 사라져 버려야 하기 때문에 우리는 이를 방치하고 관심을 다른 곳으로 돌린다.

쓰레기가 범람하면 결국 우리 자신도 여기에 파묻히게 될 것이다.

진정으로, 인류가 가는 곳마다 뒤에 남는 것은 파괴와 공해이다. 산과 강들은 파괴되었고, 식물은 절멸되었고, 땅은 쓸모없게 되었고, 광대한 대양도 더럽혀졌다! 자연에 대해 인간은 적대감을 키웠고, 그래서 인간은 타락하게 되었다. 이 엄중한 상황에서 균형을 회복하기 위해서 마지막 움직임을 보이기 시작한 것이 바로 자연이다. 차례차례로 자연적인 종말과 재난이 있을 것으로 예상된다. 태초부터 인류는 자연계의 일부이고 앞으로도 항상 그러할 것이다. 그러나 사람들은 자연으로부터 자신들을 분리해서 생각하는 잘못을 범해 왔으며, 자연에 복종할 수밖에 없을 때까지 그에 대립했으며, 어느 정도는 자연을 경멸하기까지 했다. 사실 오늘날 인류는 거의 예외 없이 자연으로부터 징벌을 당하고 있다. 사람들이 자연을 더 많이 경멸하면 할수록 자연이 그에게 되돌려 주는 해는 더 클 것이다. 사람이 더 빨리 자연을 정복하려고 하면 할수록, 자연은 복수를 더 빨리 한다.

타모-산(1957), MOOR

대기가 오염된 행성

모든 자연은 사람들의 무질서와 악행 때문에 진노로 떨 것이며, 이것은 하늘에까지 이를 것이다.

라 살레트의 예언(1846)

공허한 평화의 시기〔냉전 후의 시대〕 동안에, 계절이 바뀔 것이다.

라 살레트의 예언(1846)

이들 검〔로켓〕으로 하늘〔오존층〕을 구멍내게 될 수도 있을 것이다.

바르톨로메오 신부(1642)

날씨는 이미 그러한 것처럼 계속 변화될 것이고, 1990년대 중반에 기후 형태가 폭력적으로 변화하게 될 것이다.

루스 몽고메리의 지도령(1986), HRD

드루이드 교도들은 거대한 참나무를 숭배했다. 조용한 여름 밤에 나무의 침묵에서 그들은 주의 깊게 지혜를 받았으며, 겨울 질풍 속에서 하늘의 신과 춤을 추며 가지가 들려 주는 시를 즐겼다. 참나무는 우주를 나타냈는데, 이것은 어떤 원초적인 씨가 뿌려진 것이라고 드루이드교도들이 믿었던 것이다. 뿌리들은 지옥의 어두움 속으로 깊게 뻗어 나가고, 밖으로 펼쳐진 가지들은 보석처럼 장식된 하늘을 향해 뻗어 나가 그 크기를 알 수 없었다.

보다 과학화된 시대에 살고 있는 우리는 고대의 원주민 문화(Cultus Arborum)를 비웃을지도 모른다. 우연히 또는 몇 가지 직관적인 통찰력에 의해서도 현대 세계는 나무들이 신성하며 지혜의 본질을 알려주는 선생들이라는 드루이드교도들의 믿음을 놓쳐 왔다. 농업이 존재하기 만여 년 전의 미신적인 수렵채취인들은 대략 62억 헥타르 이상에 뻗어 있는 원시림으로 덮여 있는 세계를 걸어다녔다. 그들이 숨쉬고 있는 공기는 나무 공장들이 만들어내는 광대한 대기로 신선하게 되었다. 밤에 숲은 장작불, 방귀, 호흡, 그리고 낮에 이산화탄소를 흡수하고 연금술적으로 이 배기 가스를 생명의 호흡으로 바꿔 냈다. 사람들이 숫적으로 늘어나게 됨에 따라 자만하게 되고, 생명을 주는 나무들에 대한 존경심이 사라지고, 삼림을 베어 내어 도시를 짓고 곡식을 심게 되었다.

수렵채취인들은 자연의 소비자이며 약탈자가 되어버렸다. 햄버거를 한 개를 만드는 데에 필요한 쇠고기를 얻기 위해서는, 모든 동물과 식물종의 40퍼센트를 보호하고 있는 열대우림의 55평방 피트를 파괴해야만 한다. 삼림들이 죽어가고 있으며 아마존, 콩고, 그리고 인도네시아의 열대 산소 제조소들은 불 타고 있으며, 나무의 소비는 조낭 2에이커, 분당 120에이커를 불도저로 밀어 버리고 있다. 세계감시연구소는 인류가 매년 대기로 방출하는 70억 톤 이상의 이산화탄소량 중에서 26억 톤 가량이 나무를 태워서 방출시킨다고 평가하고 있다.

지구의 자연 법칙에 무엄하게 도전하면, 결국 스스로를 태워 버릴 것이라는 예언자 이사야의 위협은 핵에 의한 대파국만을 지적하고 있지 않다. 열은 이미 올라가 있다. 과학은 이것을 온실 효과라고 부르는데, 이것은 인간이 산업용으로 사용하고 있는 화석 연료로부터 배출되는 이산화탄소(CO_2) 등의 가스가, 점차 감소되는 나무에 의해서 재활용되는 공기보다 더 빠르게 대기로 방출되기 때문이다. 이들 해소되지 않는 가스들은 열을 공중으로 다시 방출하는 역할보다는 대기에서 이들을 가두어두어 태양빛을 흡수해 버린다. 그래서 대기 오염은 행성의 열을 높이는 온실의 유리판과 같이 작동하게 된다.

과학자들도 인류가 지구의 자연에 미치고 있는 피해를 정확하게 계산해 낼 수는 없다. 그들은 전지구적인 온난화로 1990년대에서 다음 세기의 중반까지 섭씨 1.5도에서 4.5도(화씨 2.7도에서 8.1도)의 기온이 상승할 것이라고 예상한다. 대기의 기온 상승을 안정화하기 위해서는 1년에 20톤까지 CO_2방출을 삭감할 필요가 있지만, 현재의 모든 평가 지수는 방출량이 상승하고 있음을 보여 주고 있다.

산업 기술의 팽창은 곧 제2세계와 제3세계를 선진국들과 동등하게 만들 것이다. 중국은 최악의 온실 가스 제조 요소인 석탄을 가장 많이 보유하고 있다. 인민공화국은 2000년까지 석탄 생산을 두 배로 올릴 계획이다. 그렇게 되면, 석탄 발전 용량은 전세계적으로 32퍼센트 증가할 것이라고 국제 에너지국은 예상하고 있다.

1992년 리우 데 자네이로에서 있었던 정상회담은 세계의 지도자들과 환경운동가들이 이 문제들을 논의하기 위해 함께 모였지만, 대부분의 책임을 져야 할 경제 강대국들이 늦기 전에 지구 온난화를 막기 위해 필요가 있는 엄격한 조치에 대한 결론을 내리지 못했다. 간단히 말해 공해를 제한하기 위한 몇 가지 움직임과 강력한 수단에 대한 무성한 이야기에도 불구하고, 결국 더운 공기가 계속 유지되고 있다.

해법을 위한 세계 정상들 사이의 토론을 넘어 최종 협정을 맺는 것에 대한 두려움 때문에 대파국이 야기될 가능성은 얼마든지 있다. 네델란드의 국제 지구 회의에서 만들어진 선결 협정과 같이 지구 정상들의 조약은 일산화탄소 방출의 '안정화 필요' 를 인식하고 '많은 산업국가들' 은 2000년까지 감량 목표를 준수해야 한다는 데에 동의했지만, 안정화에 요구되는 방법을 마련하는 것은 말할 것도 없고 방출량 수준을 선언하는 것도 향후의 회의로 연기하고 있다. 앞으로도 더 많은 회의가 있을 것이며 감소를 위한 협정이 있을 것이라는 것은 의심의 여지가 없다. 그러나 이것은 가이아에 대한 착취자로부터 치료자로 변화하는 데에 필요한 사전 프로그램을 너무 천천히 마련하는 것이 될 것이다.

인류는 미래를 향한 전진을 지연하고 있다. 젊은이의 피부가 여전히 탱탱하고 흠이 없다면, 따뜻한 햇빛은 특별한 은총이며, 적당히 그을리는 것은 상당히 보기 좋을 것이다. 사람들은 선언하기는 고사하고 생명에 위협이 되는 가장 독한 온실 가스의 효과를 직시하려고 하지 않는다. 각 CFC(염화불화탄소) 분자는 수만 개의 오존 분자를 파괴할 수 있는데, 일 세기 동안 피부를 황색으로 그을리는 데에 쓰여왔다. CFC분자는 또한 열을 보존하는 데에 CO_2보다 2만배나 효과적이며, 방사능에 의해 피부 모공을 확장시켜 햇빛에 피부가 화상을 입게 만들고, 피부암, 백내장, 그리고 질병에 대한 내성을 약화시킨다.

냉전의 종식으로 수억의 새로운 소비자들이 새로 형성된 세계경제에 편입되고 있는 때에 전세계 모든 사람들은 자신이 엔진으로부터 나오는 배기 가스를 흡입하기를 원하며, 스프레이 통으로부터 나오는 냄새를 맡기를 원하고 있다. 그들을 비난해야만 할까? 누가 지저분한 것, 특히 명확히 알 수 없는 것에 대해 합리적인 예상을 할 것인가?

확고한 정치적 배경이 있는 사업가들은 근시안적 소비 경향, 소비 지상주의가 서서히 감소하기보다는 확산되는 것을 더 좋아할 것이라고 생각한다. 특히 생태계의 운명에 대한 가장 암울한 예측들이 예언서에서 공통적으로 발견된다.

> 열대 우림은 하늘을 지탱한다. 나무를 베면 재난이 따를 것이다.
>
> **남미 인디언 부족의 전설**

> 넷째 천사가 자기 대접을에 든 것을 해에다 쏟았습니다. 그 결과 해는 불로 사람들을 태우는 권한을 받았습니다. 몹시 뜨거운 열이 사람들을 지져 댔습니다. 그러나 그들은 자기들의 잘못을 뉘우치거나 하느님을 찬양하기는 커녕 그 재난을 지배하는 권세를 가지신 하느님의 이름을 저주하였습니다.
>
> **파트모스의 성 요한(서기 81-96), REV 16:8-9**

> 불은 삼림과 목초지를 태우며 전진할 것이며, 그곳에 있는 모든 것이 타오르는 화염에 휩싸일 것이다.
>
> **케살코아틀(서기 947)**

> 그 뒤 지구는 더 이상 흔들리지 않을 것이다 …… 신들의 모든 목소리들은 반드시 침묵에 빠질 것이며 벙어리가 될 것이다. 지구의 과일

들은 시들어 떨어질 것이다. 땅은 못 쓰게 될 것이며, 공기는 썩을 것이다. 땅은 불모지로 바뀔 것이며 공기는 뿌옇게 변해 시름시름 앓게 될 것이다. 이런 뒤에 옛 시대가 다시 세상에 올 것이다.

헤르메스 트리스메기스투스(서기 150-270), ASC III

공해가 계속되면, 순수한 물이 기름보다 더 값지게 될 것이고 훨씬 더 구하기 힘들게 될 것이다.

루스 몽고메리의 지도령(1976), WBF

가뭄 때문에 다음에 오게 되는 십 년 간의 초기에 기근이 생길 것이다. 이것은 아프리카나 중동에 제한되지 않을 것이다. 제3세계의 많은 사람들에게 빵바구니인 미국도 영향을 받을 것이며, 식량 원조 요구에 대한 해결책은 제시되지 못할 것이다.

루스 몽고메리의 지도령(1986), HRD

그 뒤 모든 세계의 자원들이 황폐하게 될 것이다. 공기, 땅, 바다, 화염, 그리고 하늘과 밤, 모든 날들이 하나같이 불탈 것이며, 황량하고 모습이 일그러진 덩어리가 될 것이다.

여 예언자의 신탁(서기전 2세기)

〔저자 개정: 뉴욕에 있는 NASA의 고다드 우주연구소장인 제임스 E. 한센은 1990년과 1995년이 전 지구의 평균 온도 중에서 가장 더운 해로 기록되었다고 발표했다. 최근에는 카리브 해에서 총 11개의 허리케인이 목격되었다. 천 명에 이르는 사람들이 시카고와 미국 중서

부를 관통한 열파에 의해 죽음을 당했다. 런던은 200년 동안에 가장 덥고 건조한 여름을 겪었다. 시베리아는 정상보다 5도 이상 더 더웠다. 알래스카에는 거의 눈이 내리지 않았다. 브라질의 북동쪽에서는 20세기 중 가장 심한 가뭄을 겪었고, 브라질 남부는 열대성 폭우로 홍수가 났다. 다음해에도 대다수 과학자들은 지구 온난화의 변덕스럽고 파국적인 효과가 나타나기 시작했다는 것을 인정해야만 했다.〕

대가뭄

큰 물줄기의 물이 말라 강바닥은 드러나 갈라지고 개천에서는 썩는 냄새가 풍기며 에집트 땅 개울마다 물이 줄어 바닥이 나리니 갈대와 왕골은 시들고 강가의 풀은 마르리라. 강가에 심은 곡식도 모조리 말라 바람에 날려 자취도 없이 사라지리라. 고기잡이들도 탄식하리니 강에 낚시를 던지는 자들이 모두 슬퍼하고 물에 그물을 치는 자들이 낙담하리라.

이사야(서기전 783-687), IS 19:5-8

액년(厄年)의 48도, 즉 게자리의 말〔7월 말〕에, 거대한 가뭄이 있다. 바다, 강, 그리고 호수의 물고기는 열병(熱病)으로 끓어버린다. 하늘의 불로부터 베른과 비고르〔프랑스 서남부〕는 재난에 빠진다.

노스트라다무스(1555), C5 Q98

(주: 노스트라다무스의 책, ≪예언들≫의 색인은 우리에게 1998년을 암시해 주는 것일 가능성이 있다. 다른 자료에는 1999년 7월에 올 종말을 지적하고 있다.)

화성, 목성, 그리고 달이 회합한다〔그것은 1987, 1991, 그리고 1993년에 발생했고 1994년 3월, 1995년 12월, 1996년 3월과 6월, 1998년 3월, 2000년 7월과 8월에 다시 있을 것이다. 미디〔남프랑스와 아프리카에서도〕 쪽에 거대한 가뭄이 닥칠 것이다.

노스트라다무스(1555), C3 Q3

〔저자 개정: 1990년대 초에 아프리카에는 파국적인 가뭄이 다시 들었고, 스페인과 프랑스의 리비에라 지역에서도 장기적인 가뭄이 지속되었다. 그러나 1990년대 중반에는 전례 없는 홍수를 겪었다. 20세기의 마지막 몇 해 동안 남부 유럽에서는 가뭄이 다시 들고 기온이 올라가고 있다.〕

온실 효과가 앞으로 기후를 얼마나 변화시킬 수 있을지 아무도 알지 못한다. 현재 수집되고 있는 모델들과 데이터들은 어머니 지구의 기후, 물, 그리고 땅이 앞으로 변화하게 될 복잡한 양상을 개괄적으로 보여 줄 뿐이다.

고려해야 할 여러 가지 변수들이 있다. 예를 들면, 어떠한 기후학자들도 구름의 변화를 일으키는 요인들이 기온 상승에 어떤 효과를 미치는지 결론을 내릴 수 없다. 세계가 온난화하면, 대양으로부터 더 많은 물이 증발하고 더 많은 구름을 만들어낸다. 증가하는 구름은 태양열을 우주로 반사시켜 버리게 된다. 만약 전세계의 모든 정부의 감시위원들이 미국의 지도를 따르기로 결정을 한다면, 그리고 컴퓨터 기술이 가이아를 덮고 있는 구름의 모든 상호작용을 작동하기 전에 변경할 수 있다면, 온실 효과는 훨씬 더 나빠질 수도 있다.

온실 효과는 농업과 해수면에 큰 영향을 미칠 것이다. 농업은 최초의 수렵채취인들이 곡물을 심기 시작했을 때부터 기후가 별로 변화되지 않은 상태에서 진화되어 왔다. 온실효과는 완전히 온실 가스를 제한해야 할 정도로 장기간의 기후 혼란을 야기하였다. 이제껏 상실한 것을 만회하려면 새로운 땅을 개척해야 할 것이며, 기후는 새로운 균형으로 나가고 있다.

비록 인도와 같은 나라에서는 음식에 대한 부담이 습한 몬순 기후 때문에 구제될지도 모르지만, 세계의 안정적인 곡물 공급지인 북미의 핵심지역은 계속적인 산출 감소를 겪게 될 것이다. 곡물을 성장시키는 데에 필요한 기후 양상들은 계속해서 수백 마일 북쪽으로 이동할 것이며 캐나다의 아북극(亞北極)의 척박한 땅 위로 이동할 것이다. 그리고 이곳에서 여름철 성장기에 수증기의 증발을 더 활발하게 만들어, 북반구의 가장 큰 곡물 재배 지역인 북미 지역의 습기를 감소시켜 버릴 것이다.

과학자들은 어떤 생활이 전세계적인 온실 효과가 야기되는 상황에서 적절할지에 대해 침묵하고 있지만, 예언들은 그것의 실제를 분명하게 설명하고 있다. 특히 노스트라다무스는 북위 48도 지역에서 천조각을 태워 버릴 정도의 가뭄에 대해 경고하고 있다. 그 정도의 위도에서 지도를 가로지르는 선을 그리면, 우리는 거의 모든 세계의 주요 곡창 지대가 영향을 받을 것임을 알 수 있다. 오늘날 북미와 우크라이나를 통해 뻗어 있는 밀의 곡창지대는 다음 세기에 흑토대와 온화한 스텝기후로 바뀐다.

겨울이 더 따뜻하고 습해지면, 겨울 밀의 풍작을 만들 수 있을 것이라고 몇몇 과학자들은 지적하고 있다. 즉 밀을 쓰러뜨리고도 남을 정도로 강력하게 된 토네이도가 변덕스러운 온실 폭풍 때문에 불어오지 않을 것이라는 예상은 반가운 뉴스일지도 모른다. 이에 더하여 CFC(염화불화탄소)에 의해 오존층 고갈과 자외선의 증가를 곡식들이 겪게 될 것이며, 온화한 폭풍조차도 우리의 음식을 날려 버릴 정도로 줄기가 허약해질 것이다.

지구의 재난에 대한 예언들은 인구과잉이라는 저승 사자를 불러오고 있다. 인간을 이 행성의 주인으로 만든 어떤 생물학적인 무기, 즉 연중 무휴 생식 능력을 가질 수 있다는 인류의 능력은 이제 우리의 생존에 제일 거대한 위협으로 되어버렸다.

인구과잉에 의해 문명은 스트레스를 받고 있다. 전세계 곡물의 비축분은 두 달 분 정도로 떨어지고 있으며, 온실 효과에 의해 세계의 곡창 지대에 가뭄이 연속적으로 생겨나고 있다. 만약 가뭄이라는 지구의 재난이 가라앉는다면 가족 계획을 할 필요가 별로 없을 것이며, 21세기에는 출산률 조절도 할 필요가 없을 것이다.

쓸려나간 삼림은 온실 효과의 폭풍이 점증하여 토양에 잔인한 영향을 줄 것이다. 1989년에 세계감시연구소는, 1980년대 초에 강에서 바다로 이동하는 총퇴적물이 연간 63억 6천 3백만 톤이었고, 대부분은 기름진 표토로 구성되어 있었다고 발표하였다. 표토를 1인치 만드는 데에 자연은 2에서 10세기가 걸린다. 다음 세기에 한 움큼의 표토는 글자 그대로 금과 같은 가치를 지니게 될 것이다.

1987년에 있었던 미국의 여름 가뭄 기간에, 미시시피 강의 수위는 최저점으로 떨어졌다. 미국의 가장 큰 강, 즉 식량과 소비 물품이 생산되는 곳에서 하물 수송용 배를 띄우기에는 수심이 너무 얕게 되었다. 21세기 초에 일어날 일련의 살인적인 여름은 유명한 미시시피 강의 진흙을 대부분 침식하거나 부식시켜 버리고, 세계의 가장 거대한 식량수송로를 막히게 할 것이다.

만약 유대의 옛 예언가들이 경고했던 것처럼, 비슷한 재앙이 이집트의 6천 100만 명과 말라버린 아프리카 사막 근처에 살고 있는 사람들의 생명선에서 생기는 것을 상상해 보라. 사실 나일 강에서 농업 용수를 끌어다 쓰는 곡물 생산 국가들과 그 둑을 따라 인구 팽창의 갈증을 가시게 만드는 것은 이 강을 급격하게 고갈시키고 있다.

앞으로 더 건조하게 될 온대 지역에 있는 해안의 도시들에서는 우물물을 마실 수 없게 될 것이다. 그러나 이것은 다음 세기에 해안 도시의 거주민들에게는 별로 관심을 끌지 못할 수도 있다. 그들은 행성에 대해 온실 효과가 미칠 두 번째 가능한 영향, 해양의 상승으로 방파제를 높여야 할지도 모르기 때문이다.

전지구적인 대홍수

해양의 파도가 해안선을 넘어올 때, 자연의 균형이 상실될 것이다.

케살코아틀(서기 947)

과학자들은 1980년대에 대재난 애호가들이 흥미를 갖고 있는, 예언적인 대홍수에 대한 경고에 많은 근거를 제공하는 새로운 이론을 도입했다. 몇몇 기후학자들은 점증하는 지구의 온도는 21세기 말까지 1.4에서 2.2 미터(4.7에서 7피트 이상)의 해수면 상승을 일으킬 것이라고 예측했다. 좋은 소식은 그러한 홍수가 갑작스러운 침몰보다는 점진적으로 나타날 것이라는 것이다.

이 시나리오에 대해 상상해 보자. 집행 유예 덕으로 세계의 여러 정부들은 분쟁을 멈추기로 결정하고, 인간이 겪고 있는 어려움에서 벗어나기 위해 엄청난 부와 기술을 집중한다. 먼저 지구 온난화 경향을 멈추기 위해 개발도상국들이 빈곤으로부터 벗어나기 위해 필요한 석탄 생산을 엄격하게 제한하는 한편, 과감하게 산업 공해를 일으키는 성장세를 줄여 나가기로 동의를 한다.

그런 뒤, 부유한 나라들이 자신들을 위해서만이 아니라, 제3세계의 수만 킬로미터의 해안선에 방파제와 제방을 만들기 위해 100조 달러를 출연한다. 지구 도처가 네덜란드처럼 될 것이다.

이제 나쁜 소식 차례이다.

인류는 제방을 만들 자원을 갖고 있지 않다. 어머니 자연의 인류에 대한 공격은 이미 가뭄, 오존층의 구멍, 그리고 기근을 통해 우리 문명을 압도해 버렸다.

잔잔한 파도가 계속치고 있다.

다음 세기의 40년 안에, 국가들은 익사해 버릴 것이다. 섬나라와 미크로네시아와 폴리네시아 지역은 최정상에 있는 야자나무를 볼 수 있는, 일련의 인도양 환초섬으로부터 수십만의 습한 몰다이브 사람들과 결합될 것이다. 그리고 막대한 노력을 들여 흠뻑 젖은 1억여 방글라데시인들을 소개시킬 필요가 있다고 생각하는 사람은 아무도 없다!

큰 강의 삼각주에 살고 있는 주민들은 다음 차례가 될 것이다. 말라버린 거대한 나일 강의 삼각주에서 파도가 치는 것을 막게 될 것이며, 지중해가 부유한 곡물 생산국을 보존할 수 있는 방법을 없애버릴 것이다. 뉴욕과 뉴올리언스와 같은 발전된 국가의 해안 도시들은 생존에 필요한 제방을 만들려고 한다. 2040년에 자원이 풍부한 뉴욕의 운전사는 노란 곤돌라로 노란색 택시를 대체하려고 하거나 뉴올리안스의 마르디 그라스(참회의 화요일)는 가라앉은 보트의 행진으로 끝을 장식하게 될지도 모른다. 마이애미, 플로리다와 같은 6개의 세계적 도시들은 가장 높은 방파제 아래에서 해양이 들어오는 삼투성 있는 땅에 서 있기 때문에, 사람들이 지금 보고 있는 것들은 마지막이 될지도 모를 운명이다.

아시아의 평평하고 혼잡한 해안선들에서 상하이와 봄베이와 같은 도시들은 바다 깊숙이 들어가버리게 될 것이다. 기후학자들은 해수면의 심각한 상승이 다음 세기말에 일어나기 전이라도 더운 대기가 1992년에 남부 플로리다를 가르고 쑥대밭으로 만든 허리케인 앤드류보다 50퍼센트 이상 파괴적인 허리케인과 강풍을 만들 것이라고 믿고 있다. 1970년에 방글라데시의 저지대를 황폐화시키고, 30만 명을 죽게 만든 사이클론은 2070년에 재발하여 더 뜨거운 해양으로부터 엄청난 천둥을 동반할 것이다. 그것은 수백만 명을 죽게 만들 것이다.

미국의 재난 구조기금은 허리케인 휴고의 연속적인 방문과 1989년 샌프란시스코의 지진에 의해 스트레스를 받고 있다. 만약 21세기의 허리케인이 2천억 달러의 손실을 야기했던 미국의 가장 막대한 자연재난이었던 허리케인 앤드류보다 50퍼센트 이상 파괴적이라면, 유럽연합이나 미국과 같은 강대국의 재정적이고 감정적인 고갈을 한 번 상상해 보라.

1907년에 11월의 추운 밤에 스웨덴의 예언자 안톤 요한슨은, 북유럽과 미국이 무서운 허리케인에 의해 큰 고통을 받는 것을 예견했다. 요한슨의 전기 작가인 A. 구스타프슨은 미래의 핵전쟁에 의해 야기되는 무서운 바람과 파괴에 대해 이 예언자가 은유로 이들 현상을 잘못 해석했다고 설명하려 했다. 구스타프슨은 지구 온난화에 대한 인식이 있기 전이었기 때문에 이러한 주장이 선입견을 갖는 것이라고 추측했었다.

요한슨은 난폭한 폭풍이 미래의 미국 정부를 파산시킬 수 있을 것이라는 시나리오에 대해 말했다. 그는 허리케인은 파나마 근처에서 자랄 것이며 북북동쪽 방향으로 진로를 틀어 미국 멕시코만 주변의 다섯 개 주를 강타하며 미시시피 계곡 위를 향하며, 오대호(五大湖) 위를 통과할 때 엄청난 파괴력을 얻어 뉴욕 시의 마천루들을 땅바닥에 곤두박질치게 만들 것이라고 말한다.

허리케인은 오슬로나 블라디보스톡 정도의 먼 북쪽으로 향하게 될지도 모른다고 예상하고 있다. 대양들이 행성의 가장 비옥한 삼각주들을 영원히 바꾸어 놓기 전에, 태풍과 조수들은 저지대의 섬과 광범위한 지역의 해안 농작지들을 앞으로 몇 년 뒤에 소금으로 뒤덮혀 못쓰게 만들 수도 있다. 쌀은 아시아의 주요 식량의 90퍼센트를 차지하는데, 그 대부분은 해수면 높이 정도에서 자라고 있다. 온실 효과에 의한 태풍과 바닷물의 범람은 아시아의 쌀 생산 지대 몇 군데를 쓸어가서 수십억 명을 기근으로 몰아가게 될지도 모른다.

몇몇 과학자들은 지구 온난화가 2040년 이전에, 대륙의 황무지로부터 남극 지방의 서쪽에 있는 빙하대를 녹아 버리게 될 수도 있다고 우려한다. 그 결과로 인한 빙하의 용해는 해수면을 16에서 20피트나 상승시킬 것이다! 대부분의 기후학자들은 해수면의 상승이 2050년 이후에 가속될 것이라고 믿고 있다. 작가이자 미래학자인 아이작 아시모프 박사는 남극과 그리인란드의 빙하대에는 얼어 있는 800만 입방마일 정도의 물이 있다고 계산했다. 만약 우리가 온실 가스를 계속 방출하면, 이것은 두 군데에 있는 빙하의 완전한 용해를 낳게 될지도 모른다. 수량이 추가되어 해양 바닥을 아래로 밀게 되어 실제 상승은 단지 170에서 200피트만 상승하게 된다고 할지라도, 해수면을 300피트 상승시킬 수도 있다고 아시모프는 믿고 있다.

콜롬비아 대학의 로데스 W. 페어브리지 교수는 얼음의 용해가 그러한 무게의 변화를 야기할 수 있다고 말하면서, 지구는 지축이 변경될지도 모른다고 말한다. 그리고 우리가 얼마 뒤에 알게 되겠지만, 많은 예언자들은 그것이 일어나고 있다고 확신하고 있다.

1996년 지구의 대홍수

꽃피는 아몬드 나무의 예언(19세기)

바다가 범람할 것이다.

실비아 부인(1948)

바다는 경계를 넘어서 도시들을 강력하게 삼켜버릴 것이다.

브리감 영(1860)

그때가 되면 해와 달과 별에 징조가 나타날 것이다.

예수(서기 30-33), LK 21:25

거대한 혜성(아마 1986년 핼리 혜성이나 2062이나 1997년의 헤일밥 혜성)이 출현한 뒤 …… 거대한 국가(그녀의 예언에서 미국을 설명하는 말)는 많은 결핍과 질병을 야기하는 지진들, 폭풍, 그리고 거대한 파도에 의해 황폐하게 될 것이다. 해양은 또한 모든 해변 도시들이 두려움과 많은 파괴를 동반하도록 많은 다른 나라를 범람시킬 것이다.

성 힐데가르트 폰 빙엔(1141)

지구는 흔들리고 바다는 둑을 범람할 것이다.

에멜다 스코치(1933)

…… 그리고 바다가 상승하는 때 …… 모든 영혼은 〔대심판의 날〕이 예비되었다는 것을 알 것이다.

모하메드(서기 620-630), QUR81 12,14

이전에는 듣지 못했던 허리케인이 두 대륙 위에 분노를 일으킬 것이다 …… 나는 영혼 상태에서 영국의 동쪽 해변의 거대 도시로 이끌렸다. 해변에 던져진 배를 보았고 많은 붕괴된 건물들과 바닷가에 떠 있는 난파선들을 보았다. 바다에 많은 배들이 난파되어 있었다.
그때 나는 네덜란드, 벨기에, 그리고 북해의 독일 해변을 보았는데, 이들 모두는 〔폭풍과 홍수가〕 쓸어갔다. 대부분의 괴롭힘을 당한 도시들 사이에서 나는 안트워프와 함부르크의 이름이 언급되는 것을 들었다. 덴마크의 서쪽과 북쪽 해변과 스웨덴의 서해안도 고통을 당했다.

안톤 요한슨(1918)

1994년 12월 …… 1996년 1월까지. 홍수, 태풍, 강풍, 허리케인, 산산조각난 배, 잠수함, 비행기, 차, 기차.

베잔 다루왈라(1986)

〔저자 개정: 1994～1996년 시기는 전세계에서 열대성 폭풍과 허리

케인이 극적으로 증가하는 것이 목격되었다. 1995년에 대서양에서 허리케인이 발생하는 계절은 62년 이래 최악의 것이었고, 거의 1933년에 21개의 폭풍 기록을 깨 버렸다. 몇몇 기후학자들은 그것이 위험한 미래의 동향이 시작된다는 것을 보여 주는 것이라고 걱정하고 있다.]

이제부터 조류와 사이클론은 엄청난 파괴를 가져올 것이다.

체이로(1931), CWP

온실 효과냐 빙고(氷庫) 효과냐?

"인류는 예측할 수 있는 것보다 훨씬 더 빨리 환경을 변화시키고 있다"고 콜로라도 주 보울더 시의 국립대기연구본부의 기상관측가인 스티븐 슈나이더가 말했다. "이것은 몇가지 놀라운 현상을 보여 주고 있다."

가이아는 10여 년이 아니라 대개 10여 세기 이상 지구의 기후를 변화시킨다. 현재 세계 종말기의 날씨 예측에 대한 잘 알려져 있는 시나리오는, 행성의 온난화가 지속되고 있으며 이것은 호모 사피엔스보다는 양서류나 공룡들에게 더 어울릴 것이라는 것이다. 다른 한편으로 현재 진행중인 지구 온난화는 얼음 위에 단테의 지옥을 실현할 수도 있다.

슈나이더는 1970년대 초에 온실 효과에 대한 이해를 환기시킨 최초의 기후학자 중 하나였다. 그는 기온이 상승하는 바다에서 물 증발이 증가하여 전세계적으로 구름이 지구를 덮는 현상이 벌어지는 것을 예측하고 인정한 최초의 사람 중 하나이다. 우리 머리 위에 따뜻하고 습기 많은 구름이 덮여 있고 또한 태양에 하얀 반사벽을 치고 있어서 태양 빛을 우주로 반사시키고 있다. 그래서 구름 덮개의 증가는 결국 지구 온난화를 감속시키고 그 효과를 중화시킬지도 모른다고 모든 과학자들은 주장하고 있다.

또는 우리는 놀라게 될 수도 있다.

슈나이더는 구름 덮개가 10퍼센트 증가하게 되면, 또 다른 빙하 시대를 야기하게 될 수도 있다고 평가한다.

남극의 서쪽 빙하의 용해는 해수면을 상승시키기보다는 하강시킬 수도 있다. 그래서 오스트레일리아의 과학자들은 제7대륙의 주변에 떠 있는 빙판을 감시하고 있다고 말한다. 빙하학자 이안 알리슨 박사는 극궤도를 도는 위성으로부터 온 데이터를 사용하여 1986년과 1988년 사이의 24개월 기간 동안 빙판에서 6개의 커다란 빙하가 균열을 일으켰다고 기록했다. 가장 큰 평판 빙하는 B-9로 기록되는데, 이는 160킬로미터의 길이, 50미터의 넓이 350미터 두께의 조각으로 로스 아이스 쉘프로부터 떨어져 나온 것이다.

〔저자의 개정: 대략 로드 아일랜드 주의 크기로 48 × 22 평방마일 되는 라슨 빙하의 평판 조각으로서 1995년에 대양으로 떨어져 나왔다.〕

대부분의 탁자형 빙산들은 남극 주위를 수년 동안 떠돌아 다닌다. 그러다 결국 조류와 바람에 의해 깨져 버린다. 얼음은 과거에 태즈매니아와 뉴질랜드 북쪽으로 가는 일이 별로 생기지 않았다. 그럼에도 불구하고 지구 온난화는, 상당한 크기의 조각으로 갈라져 남극 빙하가 떠 다니면서 바다에서 북쪽으로 밀려갈 수 있는 강풍을 증가시킬 것으로 기대된다.

이들 떨어져 나온 빙산은 해양 위를 떠 다니다가 결국 용해되면 해면에 어떠한 직접적인 영향도 미치지 않는다. 그러나 더 강력한 조류에 의해 밀린 B-9 크기의 빙판은 오스트레일리아 남부 해변가까지 떠밀려 온것이 발견되었다. 서쪽에서 불어오는 겨울비는 아델라이드시에 눈보라를 일으킬 수도 있다. 만약 빙판이 괴물같이 큰 산처럼 크게 분리되면, 남쪽 해양들의 바람과 해류들을 서늘하게 할 정도로 지독하게 춥게 만들 수 있으며, 지구 온난화와 상호작용하여 또 다른 빙하시대를 가져올 수도 있다.

1980년대 후반에 미국의 시플 해안 프로젝트에 참여한 많은 연구가들은 남극에서 미래의 빙하의 흐름을 컴퓨터로 알아보기 위해 자리를 함께 했었다. 그들이 검토한 모든 시나리오에 의하면, 전세계적인 기온 상승으로 빙하의 용해가 증가할 것이라고 예측했다. 검토한 예들은 해양 위로 증기를 증발시켜 기온이 상승되는 것을 보여 주었으며, 결국 빙판들 위에는 심한 폭설이 내리는 것으로 이어질 것이다. 이 배반적인 온실 모델에서 만들어진 얼음은 용해된 빙하의 양을 상쇄해 버릴 것이다.

불과 얼음이 기근을 초래한다.

이들 조건들〔미국에서〕은 변화되지 않았다. 식량에 대한 수요와 공급에 관한 한, 이 나라의 곤경이 아직 시작되지 않았기 때문이다.

에드가 케이시(1943), NO.257-254

거대한 고통이 올 것이다. …… 국가들은 화염 속에서 끝이나고, 기근이 수백만 명을 죽음에 이르게 할 것이다.

사보이의 프란체스카 데 빌리안테(20세기 초)

이전의 빙하기에는 해수면이 300피트 내려갈 정도로 상당히 많은 물이 얼었었다. 홍수때문에 해수면이나 그 근처에 살고 있는 인구의 70퍼센트가 높고 건조한 곳으로 이동하여 살아야 한다면, 21세기에 여러 국가들은 제방 대신에 새로운 항구를 만들 필요가 있을 것이다.

"이들 모델로 실험을 하기에는 너무 이르다."고 사이플 해변 연구팀의 빙하학자인 이안 윌리암스는 말한다. "그러나 그것을 심각하게 받아들이기에는 너무 이르다. 이는 최소한 5년 정도는 걸릴 것이다."

그래서 주의 깊고 이성적인 과학적 사고가 필요하다.

미래의 기후 형태와 온도를 파악하기 위해서, 예언자들은 현재 우리가 야기하고 있는 공해는 두 가지의 가능한 시나리오를 우리에게 제시해 줄 것이라고 본다. 즉 온실 효과 또는 빙고(氷庫) 효과가 그것이다. 어떤 운명(불이냐 얼음이냐)을 우리가 따르게 될는지 예언자나 과학자가 정확하게 예언할 수는 없다. 예언은 단편적인 모습만을 제시하는 것이고 자신의 선입견이 들어 있는 결론을 내릴지도 모른다. 종종 미래는 주관이 뒤섞이면서 나타난다. 아마 바바리아의 투시가 얼마이어 폰 프라이라싱에 의해 주장된 온난화된 유럽에 대한 전망은 마지막 단계는 아니지만 체이로가 경고한 새로운 빙하 시대를 향한 한 단계일 수 있다. 객관적인 증거에 따르면 빙하시대는 대략 10만 년의 주기를 따른다는 것으로 알려져 있다. 9만 년의 빙하기와 1만 년의 따뜻한 간빙기가 뒤따른다. 인류가 기후를 변경시키는 노력은 별도로 하고, 현재 우리는 새로운 9만 년으로 가는 어떤 시기에 놓여 있다. 새로운 발견물들에 의하면, 빙하기 전에 갑작스러운 지구 온난화에 의해 야기되는 호우(豪雨)가 있을 것이라 한다. 더욱이 새로운 증거는 온실로부터 빙하기까지 변화하는 데에, 지구 기후의 축의 이동이

30년 미만일 수도 있는 놀라운 가능성을 지지해 주고 있다!

어떤 예언자들이나 기후학자들도 21세기가 지옥의 불이거나 지옥의 얼음으로 끝나게 될지를 명확하게 말할 수 없다는 것은, 그 결과가 모두 동일할 것이기 때문에 별로 중요하지 않다. 우리가 땀을 흘리거나 추위에 떠는 것은 물론 배가 고플 것이다. 인류의 대부분은 굶주릴 것이다.

인류의 먹이 사슬은 우리가 믿고 싶은 것보다 더 빨리 깨질 위험이 많다. 그 약한 고리는 세계의 식량 창고인 북아메리카이다. 캐나다와 미국은 똑같이 변덕스러운 지역이다. 1980년대 후반 세계감시연구소에 의하면, 세계 식량 산출고는 1984년과 1989년 사이에 계속해서 개인당 14퍼센트나 감소했다. 이것은 토양의 과잉 산출과 지력 감소의 결과, 또는 관개용수에 의해 대수층이 감소한 결과이다.

미국 농산부는 최근에 농지의 11퍼센트를 포기했다. 왜냐하면 그것들은 너무 손상되어 농업을 유지하는 데에 부적절하기 때문이다. 전국 생산량의 6분의 1인 5천 7백만 톤이라는 곡물 생산의 손실이 더해지고 있다. 만약 전지구적인 생산물로부터 밀과 옥수수의 잠재적인 생산물을 축약해 보면, 1990년대의 농부들은 1980년대의 과잉 생산과는 결별하게 될 수도 있다. 큰 서리가 큰 충격을 주기 전에도 이 11퍼센트 손실은 전세계적인 생산물의 감소를 의미하는 것이다.

1950년대에는 대부분의 국가들이 북아메리카의 잉여곡물에 의존했던 유럽을 제외하고는 곡물 생산에 자급자족적이었다. 그때부터 인구폭발과 농지에 대한 과잉 산출 스트레스 때문에 백여 군데의 국가가 사람들의 생명 유지를 위한 식량을 북아메리카에 의존하게 만들고 있다. 그들 중 대부분은 제3세계 국가로 정치적 상황이 유동적이다.

세계의 식량자원들이 찜통 같은 온실 대기 안에 범벅이 되거나 얼음에 묻혀 있다면, 빙설선(氷雪線)이나 모래 언덕 근처에 밀밭이 있다면, 기후는 21세기 말 이전에 우리를 굶주리게 하거나 완전히 종말을 고할 정도로 개선할 수도 없고 인간의 통제를 넘어서게 될 것이다.

종말이 가까웠도다. 사람들은 살기 힘들고 잔인하며, 운명이 오는 것을 알지 못한다. 이제 북풍의 시대가 따라온다. 핑불의 겨울이 이제 오고 있다. 세계 도처에서 하늘은 폭설로 가득차고, 땅은 죽음의 서리로 가득 덮인다. 강풍이 결코 멈추지 않고 곡물을 키우는 동안 태양은 어두워진다.

고대 노르웨이 예언인 라그나록으로부터

…… 그리고 빙하기가 북유럽에서 반복될 것이다. 아일랜드, 영국, 스웨덴, 노르웨이, 덴마크, 러시아 북부, 독일, 프랑스, 그리고 스페인과 같은 나라에는 점차 사람들이 살 수 없게 될 것이다.
이 변화는 중국, 인도, 아프리카, 그리고 이집트와 같은 나라에 영향을 미쳐 온화한 기후를 변화시킬 것이며, 문명의 급상승은 이들 모든 나라에 계속 영향을 미치게 될 것이다.

체이로(1931), CWP

지진, 이동, 그리고 흔들림

지구는 살아 있는 존재이다. 높은 의식이다. 지구는 고통을 겪고 있다. 죽음의 발작을 하는 파동이 그녀의 몸을 통해 나오고 있다. 그녀의 울음 소리가 들리지 않는가? 그녀의 처지를 알 수 없는가? 그녀가

도와달라는 외침이 들리지 않는가? 그녀는 자기 아이들을 가엾게 여기고 있다. 그러나 자녀들은 그녀에게 등을 돌리고 있으며, 스스로 안개에 싸인 악몽을 만들어서 그 안에서 헤매고 있다. 선견지명은 근시안적이고 이기적인 사고에 의해 배척당하고 있다. 인류는 잠에서 깨어나야 한다. 그는 무엇이 일어나고 있는지 주변을 살펴야 한다. 그는 행동해야 한다. 너무 늦기 전에. 어머니가 자녀들을 데려가 시간의 흐름에서 사라지기 전에.

암브레스(1986)

그러나 그것이 마지막 순간까지 힘을 발휘하는 생명의 본성이다. 이제 지구는 마지막 순간에 왔으며 마지막 노력을 하고 있다. 만약 지구가 처해 있는 상황을 이해하고 있는 사람들이 전세계로 퍼져 나가면, 지구는 즉시 치유력을 발휘할 것이며 자신을 발휘할 것이다. 지구의 치유 과정에는 지진, 식량 문제와 같은 자연 재난도 포함되어 있다. 그런데 인간은 지구에 협조하기보다는 지구 자신의 치유 과정을 방해하려고 한다. 만약 우리가 힘을 가지고 협조하는 것을 배우면, 지구 자체는 사람들이 만들어낸 불필요한 것들을 깨끗하게 만드는 것을 도울 것이다.

타모-산(1989), TRSHR

스웨덴 말로 '인류'에 해당되는 말은 여성이다. 현대의 채널러 스투레 요한슨의 영적인 안내자인 암브레스는 대단히 공격적인 시로써 현대 사회가 여성적인 직관과 감수성을 상실하고 있다는 것을 알려주고 있다. 우리가 우리의 생명을 유지시켜 주는 가이아의 자궁으로 쓰레기를 계속 밀어 넣었기 때문에, 어머니 가이아는 우리에게 도움을 요청하고 있는 것이다.

현재 우리는 지구의 재난이 있을 것이라는 예언의 한 측면을 보아왔다. 그러나 성난 여신 지구는 또 다른 무기를 만들고 있다.

온실이나 빙하 시대가 일어나지 않을지도 모른다. 많은 예언자들은 세 가지 차원의 다가오는 생태계 재난을 예상하고 있다. 우리가 현재 경험하기 시작하는 극단적인 더위와 추위, 폭풍우와 성난 기후는 가이아의 무시무시한 분노의 전주곡에 불과할지도 모른다. 우리 어머니는 인간이라는 바이러스를 제거하기 위해 점증하는 격동을 최정점으로 밀고 가야겠다는 대응책에 이를지도 모른다. 이 미래의 생태계에서 만약 점증하는 자연재난을 완전히 근절하지 않으면, 그 구성원들은 완전히 제거될 것이다. 어떤 사람들은 1998년 이전에 지구 자전축의 이동이 있게 될 것이라고 말하고 있다.

흙으로 만든 병상에 누운 어머니 자연의 이동은 21세기 초반에 들어가면, 두드러지게 증가할 것이며 그 후반에는 더욱 복잡해질 것이다. 오늘날, 지구는 가축 우리 속에 들어가 있는 것 같다. 화산 폭발과 지진 활동이 과거의 80년보다 1980년대에 더 많이 있었다. 2천 년 이전의 마지막 십년대에는 지진과 화산 활동이 증가하는 것이 자주 목격되어 왔으며 계속 목격될 것이다. 1991년에 필리핀의 피나투보 화산 폭발은 80년 동안 가장 거대한 화산 폭발이었다!

미국의 예언자 에드가 케이시에 따르면, 만약 사람들이 지각 아래에서 무언가가 풀려 있고, 덜커덩거린다고 느끼고 있다면 그것은 옳다. 케이시의 14,256 번째 최면 상태의 리딩에서 언급된 주제인 극 이동은, 자연 재난이 증가하다가 마지막 절정이 될 때에 있을 것이라고 말한다. 그에 따르면, 지구의 극은 이미 1936년에 중력의 톱니가 미끄러지면서부터 시작되었다고 한다. 그 해는 지구의 자기극의 이동이 개시된 해라고 믿어지고 있는 해이다.

〔저자의 개정: 케이시가 예언한 지 정확하게 60년 뒤에 지질학자들은 최근 지구 핵이 이동하고 있다는 것을 확인했다. 그것은 분명히 1900년부터 지표를 기준으로 1/4 회전한 것이라고 한다.〕 케이시는 이 내부의 미끄러짐이 맨틀 층 표면 위에 영향을 줄 정도가 되려면, 가속된 진동이 오른쪽 나사산에 이르러야 하고, 그러려면 주변의 지각에서 일어나는 스트레스를 만드는 데에 수십 년이 걸린다.

앞으로 다가올 일련의 지진은 눈깜짝할 사이에 대륙을 재형성할 정도로 거대할 것이라고 에드가 케이시는 우리에게 경고했다.

이들 거대 지진은 이탈리아의 베수비우스—서기 71년에 로마의 폼페이 시를 매장시킨 것으로 유명하다—와 카리브 해의 마르티니크섬의 펠레 화산처럼 3개월 안에 모든 것을 재로 만들 것으로 예상할 수도 있다. 만약 로스엔젤레스에서 화산 활동이 일어나자 요행수를 믿고 라스베가스로 달려가 코인을 집어 가능한 한 빨리 떠나려고 하는 바로 그 순간에 거대한 폭발이 일어난다면…… 캘리포니아와 남부 네바다는 3개월 동안 연속해서 폭발할 수도 있는 곳으로, 태평양 쪽에서 오랫동안 곤경이 예측되었던 것이 결국 실현될 곳이다.

베수비우스와 펠레는 언제 폭발할 것인가? 지각변동은, 가장 믿을 만한 예측가에 따르면 현재 어느 순간에라도 그 가능성이 있다. 그는 거대한 지진은 1998년 이전에 자기핵이 이미 이동한 것에 상응하는 것이라고 말했다.

그러면 사람들은 보물을 어디로 옮겨야 할까? 에드가 케이시는

1945년에 시작된 버지니아 해변의 부동산 붐에 영향을 미쳤다고 말할 수 있다. 비록 미국 동쪽의 해안 지대인 이 지역이 해수면 위의 모래 제방보다 별로 높지 않다고 해도, 케이시는 이곳이 마지막 휴식 장소가 될 것이며, 대륙의 홍수와 갑작스러운 가이아의 기울어짐에 의한 핵풍에서 살아남을 곳이라고 확신하고 있었다. 1941년에 조용한 대서양 해변으로부터 별로 멀지 않은 곳에서 한 시간에 수천 마일로 해변의 도시들에 불어올 수천 피트의 파도에 대해 많은 투시를 한 그는 다음과 같이 예언한다.

〔버지니아 해변〕은 지금 오하이오, 인디애나, 그리고 일리노이와 캐나다의 대부분의 남부만큼 안전한 땅에 속할 것이다. 반면 서쪽 땅은 침해될 것이며 〔미국 북서부〕 이것은 다른 나라에서도 마찬가지일 것이다.

(No.1152-11).

케이시의 지구 변화에 관한 예언을 계승하고 있는 루스 몽고메리는 이전에 워싱톤의 저널리스트였는데 그 후 심령주의자가 되었다. 그는 여러 영혼의 목소리를 들려 주고 있는데, 그 중 하나는 유명한 영매 아더 포드라고 주장하고 있다. 인류 역사와 사후의 삶에 대한 그들의 견해에 따르면, 이 믿음을 연장시킬지도 모른다. 그녀의 책 ≪이전의 세계≫에는 인간과 공룡이 동일한 선사 시대의 층을 공유했다는 주장이 있다!

이 심령학적 오류에도 불구하고 몽고메리의 지도령들은 지침은, 그들이 그녀의 무의식의 인격화인지 아닌지는 분명하지 않지만, 1972년에 닉슨의 재선출, 정맥염으로 인한 발작, 그리고 사임을 예언했다.

그들은 이집트의 안와르 사다트 대통령의 암살, 베트남 전쟁의 발발, 경제 강국 일본의 부상, 그리고 에티오피아의 기근 등을 예상했다.

마지막 판결은 세기의 전환 직전에 가속되고 있는 자연의 재난, 즉 궁극적인 전율, 지구 자전축의 이동에 대한 그녀의 예언에 달려 있다. 몽고메리가 1971년에 이 전조를 출판하기 시작한 이후, 예상되는 대지진과 화산 폭발의 전주곡이 1990년대 초에 시간이 경과함에 따라 고드질라(일본 SF영화에 나오는 공룡같은 괴물)와 같이 언제 나타날지 모른다고 할지라도 영혼들은 극이 이동할 것이라는 메시지를 강력하게 전달해 오고 있다.

1986년에 몽고메리 여사는 그녀의 타자기 앞에서 트랜스 상태로 앉아 손가락으로 아카식 레코드를 향해 걸어갈 준비를 하였다. 그녀의 아스트랄계의 영적 안내자들은 큰 파도와 해일로 세계가 종말을 고할 것이라는 어두운 메시지를 치게 했다. "실제로 이 때에는 어떤 해변도 파도 때문에 안전하지 않을 것이다."(Hrd). 파도가 몰려와 해변 고산 지역의 내륙 경사면을 분쇄해 버릴 것이다. 하와이에 살고 있는 사람들은 휴화산 꼭대기(험난한 폭발이 없다면)로 올라가 분화구 주변의 높고 건조한 지역에 정착할 충분한 시간이 없기 때문에, 섬들은 절대로 안전하지 못 하다. 몽고메리의 지도령들은 오스트레일리아와 뉴질랜드는 이동 뒤에 땅의 면적이 증가할 안전한 지역으로 본다. 미래에 대한 그러한 통찰들은 틀림없이 1990년대 후반에 오스트레일리아와 뉴질랜드의 이민국 사람들의 골머리를 앓게 만들 것이다.

유럽의 저지대들은 위험한 상황에 빠질 것이라고 그녀의 지도령들은 계속 경고한다. 그러나 캐나다, 러시아, 시베리아, 아프리카, 그리고 중국으로부터 떨어진 보다 큰 땅들은 상대적으로 안전할 것이다.

극이동에 대한 경고가 있을 것이라고 몽고메리의 초월계의 친구들이 1979년에 말했다. 폭설, 강한 질풍, 그리고 증가하는 습도를 동반하는 기후는 점점 난폭해질 것이다. 1990년은 이미 기록 상으로 가장 난폭한 기후를 보이고 있다. 유럽은 1990년에 허리케인에 의해 넓은 지역이 타격을 입었다. 북아메리카에서는 기록적인 토네이도의 질주가 있었다. 그리고 1991년에 방글라데시는 20세기에 가장 지독한 사이클론의 재난을 경험했다. 1992년에 괌 섬은 한 계절에 5개의 태풍에 유린되었고 플로리다와 멕시코만 해변을 강타한 허리케인 앤드류 강력한 온실 효과때문에 허리케인들이 예상보다 더 일찍 나타나고 있지 않을까 의심하게 만들었다.

극이동 직전에 지도령들은 유럽, 아시아, 그리고 남미를 강타하는 대륙 전역의 지진뿐만 아니라, 지중해의 섬들(아마 베수비우스?), 남미, 그리고 캘리포니아에서 일어날 무시무시한 화산 폭발을 예언했다. 그래서 이들은 이동의 전조가 될 것이고, 그들은 또한 마치 침대 안에 있는 아이를 굴려서 달래듯이 지구가 평온해지기 며칠 낮과 밤 동안 계속될 것이다.

지질학과 기후학자들이 10에서 50도 사이로 정상에서 벗어나는 이론적인 악몽에 대해, 이사야에서 계시록의 성 요한에 이르기까지 성서의 예언자들은 최악의 파국적인 전망을 자세하게 보여 주고 있다.

가이아의 관점에서 보면, 극이동은 새롭지도 파국적이지도 않지만, 그것은 그녀의 자연적 운동의 필수적인 것일 뿐이다. 지구 대륙의 지층을 조사해 보면, 갑작스러운 극이동에 의한 행성의 대정화는 적어도 지난 10억 년 동안 100여 차례 발생해 왔다. 지질학자들은 해양 지대에서 더 현저한 증거를 수집해낼 수 있다면, 그 수는 아마 훨씬 더 많을 것이라고 주장한다.

뉴 햄프셔 주 키네 대학의 과학 교수이자 ≪지각 이동≫의 저자인 찰스 햅굿은 어머니 자연은 과거 1천 세기에 3회 정도 지각을 변경시켜 왔다는 이론을 제시한다. 북극은 유콘 지역 너머의 장소로부터 노르웨이 북쪽 해변 근처의 한 지역으로 이동했으며 5만년 전에는 캐나다의 허드슨 만 지역으로 되돌아 왔고, 마지막으로 서기전 약 1만 3천년경에 북극성 아래의 현재 위치로 이전되었다.

햅굿은 녹은 용암의 흐름의 변화를 통해 극의 배치를 알 수 있다는 이론을 제시했다. 또한 극이동으로 인한 충격 때문에 북극 빙산이 성장한 것으로 보고 있다. 이와 아울러 지구 온난화와 새로운 수면 상승으로 인한 하중으로 야기된 해양 바닥의 침하로 해수면 상승의 압박이 가해지고 —또는 빙하기 초기에 빙산의 갑작스럽고 불균등한 형성이라는 대립하는 시나리오— 지표가 자기 핵을 넘어 30에서 90도 이상 미끌어질 수도 있다.

그 축의 이동으로 지구에서 발생되는 현상에 대해 많은 성경 기사(記事)들은 하나님의 악몽을 완벽하게 목격하고 있다. 이번을 마지막으로, 과학자와 기독교 근본주의 전도자는 이사야, 예레미아, 그리고 파트모스의 성 요한에 의해 수천 년 전에 기록된 현상을 직접 목격하게 될 것이다. 즉 별들이 위치를 벗어나 흔들리는 것처럼 나타나고 낮에 태양이 활동을 멈추거나 하늘 뒤쪽으로 이동하는 것 등을……. 대기의 충격파에 의해 물이 응집되면 상복처럼 검은 수의에 싸이게 되는 달, 태양, 그리고 별들이 매장되기 전에 지주는 상승하는 먼지로 피처럼 붉게 될 것이다. 한 시간에 천 마일의 빠르기로 대양과 대륙을 가로질러 달려가는 사악한 바람은, 해양이 천여 피트 이상 파도치게 만들고 저지대를 휩쓸어 버려 근저로 내려 앉게 만드는 동안, 모든 도시를 모래 바람 아래에 묻어버린다. 화산이 뒤뜰에서 폭발하고, 우박이 소풍을 망치고, 하늘과 땅이 제 위치에서 벗어나 움직이면, 몸은 피범벅이 될 것이다.

이것이 신의 징벌일까? 사람들은 배신자 혜성이 지구와 충돌하고, 후기 백악기를 빨리 종결짓게 했던 때 공룡의 작은 뇌에 떠오른 것이 무엇일까 하고 생각한다. 티라노사우러스의 영혼은 어떤 죄를 범했을까? 복수의 신들에게 그들은 무슨 짓을 했을까?

그것이 무엇이든, 몽고메리의 초월적 교신자들은 이동이 발생하여 전지구적으로 얼음 지옥이 되거나 높은 온난화가 올 것이라고 확신한다. 그들은 2000년 직전에 새로운 시대가 갑자기 나타나게 될 것이라고 알고 있다. 노스트라다무스는 하늘이 1999년 7월경에 갑자기 무너져 내릴 것이라고 예언했다(C10 Q72). 노스트라다무스의 또 다른 예언들에는 이름을 붙이지 않은 미래의 봄 언젠가에 있을 전지구적인 뒤집힘 현상에 대해 언급하고 있다. 1557년이라는 안전한 거리를 두고 글을 썼지만, 이 프로방스의 투시자는 이전에 작성했던 7천 년의 끝에 일어날 것이라고 계산한 지축의 이동에 대해 프랑스의 왕 앙리 2세에게 편지를 보냈다. 그것은 2000년을 의미한다고 그는 말한다.

봄에 징조가 있을 것이고, 그 뒤에 특별한 변화가 여러 국가에서 있게 되고 강력한 지진이 있게 된다. …… 그리고 10월에는 지구의 거대한 움직임이 있으리라, 그리고 그것은 지구가 고유한 자연적인 중력 운동을 상실한 것처럼 보일 것이며, 영원한 어둠의 심연으로 빠져들게 되는 것처럼 될 것이다.

행성의 대 정렬은 2000년 5월(봄)에 있을 것이 기대된다. 객관적인 태도를 확고하게 갖는 천문학자들조차 지진활동이 낡은 천 년의 마지막 봄 최정점에 이를 것이라는 것을 인정한다. 어떤 해석들은 2000년 봄과 가을 사이에 두 번의 갑작스러운 흔들림과 6개월간 지속되는 파국적인 미끌어짐이 일어날 것으로 보고 있다. 칼데아의 점성술사 베로수스는 세계의 종말을 그 다음해 10월로 계산했다. 그리고 그것은 피라미드의 예언자(건축자)는 시간이 2001년 10월에 종말에 이르게 될 것이라고 말한 바 있다.

2000년은 1만 2천 년이나 1만 3천 년 전에 지축의 이동기 즈음에 발생했다고 평가되는 아틀란티스 대륙의 몰락 이래 가장 큰 정화를 하게 될 것이다.

> 이제 약속된 시기에 미드가르드의 뱀(노르웨이 신화에서 이는 지구와 바다를 애워싸고 있다)은 무서운 진노로 흔들린다. 그것이 떨면 해양의 진흙투성이의 바닥에서 지진이 일어나고, 그 움직임이 …… 산만한 파도가 지구를 쓸어 버릴 정도로 난폭하게 칠 것이다 …… 동시에 세계의 산들은 흔들리고 바위는 떨 것이며 …… 죽을 수밖에 없는 인간들은 엄청난 숫자로 죽임을 당하며, 그들의 그림자는 헬(바이킹의 하계)까지 이른다. 하늘이 펼쳐지며 결국 반으로 깨진다 …….
>
> **고대 노르웨이 예언인 라그나록으로부터**

> 세계는 도움을 받지 못한다. 세계의 심장이 깨졌다. …… 지구의 숨, 무서운 파국의 때에 바퀴가 돈다. 대륙들은 부스러지고, 씻겨져 버리

지만, 또 다른 대륙과 섬들이 다시 나타난다.

실비아 부인(1948)

지구는 술 취한 사람처럼 비틀거린다. 그것은 바람 속의 오두막과 같이 흔들린다. 그 위로 떨어진 반역죄가 너무 무거워 결코 다시는 일어나지 않을 것이다.

이사야(서기전 783-687), IS 24:20

전주곡

다음에 제시한 것들은 예상되는 극이동 이전의 마지막 지구 지진과 폭발의 징조들이다.

만약 베수비우스나 펠레〔화산〕의 활동이 더 커지면 …….

에드가 케이시(1936), NO. 270-35

그 뒤 캘리포니아의 남부 해변,그리고 솔트 레이크와 네바다의 남부 지역 사이의 지역은 지진에 의해 몇 번의 침수 뒤 3개월 이내에 예상된다. 그러나 이들은 북반구보다는 남반구에서 더 할 것이다.

에드가 케이시(1936), NO. 270-35

남쪽〔아마 프랑스 남부와 아프리카를 의미한다〕으로 거대한 가뭄이 일어날 것이다. 지진은 아시아의 바닥 쪽에서 보고될 것이다. …… 코린트〔그리스〕와 에페수스〔소아시아〕는 고통스러운 상태에 빠진다.

노스트라다무스(1555), C3 Q3

며칠 밤 동안 지구가 흔들릴 것이다. …… 코린트와 에페수스는 2개의 바다〔파도에 의해 밀려오는?〕 속에서 헤엄치게 될 것이다.

노스트라다무스(1555), C3 Q52

모르타라에서 지구가 흔들려 세인트 조지 섬이 반 정도 가라앉는다〔영국의 남서쪽이 가라앉는다〕.

노스트라다무스(1557), C9 Q31

종말 이전의 7년 동안 바다가 한 차례의 범람으로 에이린〔아일랜드〕을 침몰시킬 것이다.

성 콜롬브실(서기 522)

지구는 파괴될 것이다. …… 지구의 상반부는 눈깜짝할 사이에 변화될 것이다.

에드가 케이시(1934), NO.3976-15

일본의 더 큰 부분은 틀림없이 바다에 가라앉을 것이다.

에드가 케이시(1934), NO.3976-15

날씨는 이미 그런 것처럼 계속 변화될 것이며, 북아메리카와 하와이만이 아니라 미국 남부에서 화산 폭발로 1990년대 중반에 기후 양상이 폭력적으로 변화될 것이다.

루스 몽고메리의 지도령들(1986), HRD

지구는 미국의 서부에서 파괴되어 버릴 것이다.

에드가 케이시(1934), NO. 3976-15

산 안드레아스 단층은 앞으로 몇 년 안에 쪼개지기 시작할 것이며 그 곳에 세워둔 몇몇 아름다운 현대의 건물들은 크게 파괴되어 버릴 것이다. 사람들은 거기에 건물을 세우지 않는 것이 더 좋을 것이다. 그것은 분리되기 시작할 것이며 캘리포니아의 일부는 무너져 바다로 들어갈 것이다. 많은 생명들이 상실될 것이다. 〔그것은 샌프란시스코에서 1989년에 있었던 로마 프리에타 화산이 일어날 것이라고 예상한 것처럼 보인다.〕

루스 몽고메리의 지도령들(1986), HRD

몇 년 뒤에 땅들이 태평양에서만이 아니라 대서양에서도 나타날 것이다.

에드가 케이시(1941), NO. 1152-11

1996년에 지진이 전세계를 흔들어 이탈리아의 여러 부분들, 즉 나폴리, 시칠리아, 포르투갈, 그리고 스페인이 땅으로 사라질 것이다.

바르샤바의 예언(1790)

〔저자 개정: 나는 새로운 판을 1996년을 한 달 남겨 둔 상태에서 끝마쳤다. 예언에 책임이 있는 폴란드의 수도승은 대심판의 날에 대해 처음으로 부정확한 날짜를 제시하고 있다.〕

거대한 도시〔파리?〕는 물에 의해 엄청나게 피해를 볼 것이다.

노스트라다무스(1555), C2 Q54

티베르 강 근처에 죽음의 여신이 서두른다. 대홍수〔파도?〕 앞에 배의 선장〔교황〕이 더러운 물에 빠진다. 성〔산 안젤로〕과 왕궁〔바티칸〕이 불타 버린다.

노스트라다무스(1555), C2 Q93

축의 이동

날짜가 기만하지 않으면, 그리고 인류가 지구의 비우호적인 운명을 변경하지 않으면, 우리는 1998년에서부터 2012년 사이의 언젠가에 우리의 행성이 기울어질 것이라고 예상할 수 있다. 그리고 이것은 이처럼 보일 것이다.

밤의 지역에서 별들이 하늘에서 아찔하게 흔들리는 것처럼 보일 것이며, 새벽이 되면 태양은 지평선 상에서 전혀 다른 지역으로부터 떠오르는 것처럼 보일 것이다. 햇빛이 비치는 지역에서 태양은 머리 위에 조용히 머물러 있는 것처럼 보이며, 지구는 태양과 비교하여 새로운 위치로 들어서는 동안 후진하는 짧은 시기가 있을 것이다.

루스 몽고메리의 지도령(1979), AMG

또 번개가 치고 큰 소리가 나며 천둥이 울리고 큰 지진이 일어났습니다.

파트모스의 성 요한(서기 81-91), REV16:18

안전한 곳에 있는 사람들은 지표가 떨고 전율하는 것을 볼 것이며, 어떤 장소에서는 대양이 땅 위로 쏟아질 때에 바다에 물이 끓고 있는 것을 볼 것이다. 지각 아래의 동시 폭발로 다른 지역들은 바다 속으로 들어가는 반면, 새로운 땅이 해면 위로 나타나게 될 것이다.

루스 몽고메리의 지도령들(1979), AMG

…… 이런 큰 지진은 사람이 따위에 생겨난 이래 일찌기 없었던 것입니다. 그리고 그 큰도시가 세조각이나고 모든 나라의 도시들도 무너졌습니다. ……

파트모스의 성 요한(서기 81-96), REV 16:18-19

우리는 당신들이 해변에서 돌진하는 10층 건물보다 더 높은 파도를 묘사해 보라는 요청을 했다. 탈출하기가 불가능하면 공포의 그 순간에 두려움에서 벗어나서 영혼으로 바뀔 수 있는 좋은 것만을 생각하기를 바란다.

루스 몽고메리의 지보령들(1979), AMC

지축 이동 이후의 세계 지도

남쪽은 북쪽이 되고 지구는 뒤집힌다.

이집트의 파피루스로부터(서기전)

루스 몽고메리의 탈육화(discarnates)는 새로운 극이 위치한 곳을 우리에게 말해 주고 있다. "극이동의 정확성을 지적하는 것은 불가능하지만, 그러나 우리가 이미 말한 바대로, 한 쪽 극은 태평양과 남쪽 끝을 바라보는 남아메리카의 다른 어떤 곳에 있게 될 것이다"(Hrd).

그들이 제시한 지도를 사용하면, 3천년대의 아이들은 반에서 공부하게 될 지도를 그리게 될 것이다. 새로운 남극은 태평양이 완전히 없어지고, 남미의 남쪽 지역 근처에 가깝게 배열되기 위해 북동쪽으로 40도 이동될 것이다. 이것은 새로운 남극을 현재의 지점에서 브라질의 포르트 알레그레 시 바로 옆의 우르과이 북쪽으로 이동한다. 그것은 북극을 토쿄 동쪽 수백 마일 떨어진 곳에 놓을 것이다.

몽고메리의 지도령들이 미래를 정확하게 보았다면, 지진과 홍수 뒤에 일본의 왼쪽은 얼음더미에 의해 봉쇄될 것이다. 뉴기니아, 인도네시아, 필리핀, 그리고 동아시아의 태평양 해변들은 오늘날의 북극 알라스카와 시베리아의 해안선과 유사한 날씨를 경험하게 될 것이다. 중국 동쪽과 남부 바다는 수 세기 동안 얼음 속에 남게 될 것이다. 가장 인구 밀도가 높은 아시아 지역의 몇몇 지역은 마지막 거대한 기울어짐 속에서 맘모스 떼와 동일한 운명이 될 것이다. 수십만 년 뒤에 고고학자들은 지구의 재난으로 파국을 맞이한 장면을 그 속에서 발견할 것이다.

동일한 것이 사웅 파울로에서 부에노스 아이레스에 이르기까지, 안데스의 낭떠러지 서쪽에 뻗어있는 지역에 살고 있는 수백만의 남미인들의 운명이 될 것이다. 향기로운 리우 데 자네이로는 하루 사이에 알래스카 주의 혹독하게 추운 지역처럼 바뀔 것이다. 지축 이동에 뒤따르는 난기류와 이상 기후는 안데스에 거대한 폭설을 내려 수 마일 높이의 빙벽을 만들게 될 것이다. 이것은 남쪽의 파타고니아로부터 페루 북쪽에 이르기까지 동쪽을 향해 미끌어질 것이며, 아르헨티나, 파라과이, 볼리비아의 대부분과 브라질의 반 정도를 산더미 같은 얼음

담요에 덮이게 할 것이다. 시간이 가면서 아마존의 파괴되지 않은 우림은 남극 소나무 삼림과 툰드라로 될 것이다. 아마존 강의 황갈색 가늘고 긴 물의 흐름은 회색의 빙하로 변하게 될 것이다.

이전의 북극 지방은 더 뜨거운 지역으로 완전히 변해 버릴 것이다. 남극은 거대한 얼음 코트에서 벗어나 거대한 군도, 즉 일련의 섬들에 지진의 흔적을 남기게 될 것이다. 땅의 대부분은 1마일 정도의 빙붕(氷崩)때문에 이미 해수면 아래로 가라앉게 될 것이다. 다음 천년기에는 몹시 춥고 접근할 수 없는 대륙이 그 산호초와 모래 많은 하얀 해변 근처에서 보게 될 것이다. 불모의 회색 섬들이었던 곳은 한때 타히티와 보라보라의 열대(그러나 이제 아북극)섬들과 견줄 만한 무화과 나무와 우림의 잎에 감싸인 것을 보게 될 것이다. 스코트가 탐험한 남극의 얼음 많은 무덤 지대는 다음 시대에는 열대 낙원이 될 것이다.

시간이 지나면서, 새로운 열대림이 자라나 허드슨 만 주변에서 아름다운 열대의 하늘을 보게 될 것이다. 캐나다의 포트 레리언트와 포트 처칠의 북극 기지들은 현재의 싱가포르처럼 무덥게 될 수도 있다. '몽고메리의' 이동 직후 첫 주간에, 그린랜드의 에스키모 땅은 바위 많고 산 많은 해안선을 따라 큰 폭포 아래 부분은 빙붕 진창이 될 것이다. 자연은 마지막으로 바이킹 탐험가인 붉은 에릭에 대한 유명한 잘못된 기록을 수정할 것이다. 미래의 '그린 랜드'는 수천 평방 마일의 석호에 둘러싸인 거대한 산호섬으로, 대륙붕을 갖는 열대 섬의 모습을 갖게 될 것이다.

사람들은 아라비아의 사막이 빽빽한 숲의 아마존 정글로 변하는 것을 볼 것이다. 폴란드는 파라과이처럼 보일 것이다. 중앙 유럽과 러시아의 서부 접근로들은 우림에 의해 덮혀 버릴 것이다. 이전의 북아메리카(이제는 적도)의 로키 산은 이제(남극이 되어) 남미의 안데스 산맥을 닮게 될지도 모른다. 이전에 로키 산맥 서면의 경사지는 한때 북아메리카 온실에 의해 말라 버린 곡창지대였던 곳을 가로질러 남동쪽으로 뻗은 우림으로 덮이게 될 것이다. 새로운 몬순 기후의 우림들로 미시시피 강은 한때 거만한 아마존의 열대림과 경쟁하게 될 것이다. 만약 루스 몽고메리의 지도령들이 옳다면, 파국적인 생태계 재난에서 생존하는 오스트레일리아 사람들은 호주 대륙이 현재의 미국의 위도에 존재하게 되기 때문에 '아래쪽'에서부터 올라왔다는 이야기를 철회해야만 할 것이다. 퍼스, 시드니, 그리고 멜버른은 해마다 있는 여름 대홍수 기간의 서쪽 바다에서 불어오는 춥고 습한 서풍—매년 6월에서 10월 동안에 뭄바이(봄베이)를 범람시키는 것과 비슷하게 새롭게 형성된 몬순 기후의 선물을 변화시킨다.

중앙 아프리카는 캔사스와 같은 기온이 된다. 세네갈과 자이레는 영국의 날씨처럼 되고, 에티오피아로부터 더반까지의 동쪽의 해안이 아열대로부터 열대로 변화된다. 온화한 중앙 아시아는 세계의 새로운 식량 바구니가 될 것이다. 한때 적대적인 북부 캐나다와 시베리아 툰드라 지역과 북극 삼림들은 대부분 열대 지방이 되며, 인류의 미래 문명은 이곳에 휴양지를 세워 적도(북극)해의 따뜻한 바다를 관람하면서 해변에서 선탠을 하는 거대한 처녀지를 개척하게 될 것이다.

> 지구는 거대한 평형추와 같을 것이다. 사악한 자와 정의로운 자의 시신이 그것을 덮을 것이다. 지구는 그 기초에서 흔들릴 것이며, 거대한 파도가 바다를 자극하고 대륙을 침범할 것이다.
>
> **마리 줄리(1880)**

많은 사람들이 이 극이동에서 살아남지 않을 것이지만, 바다가 뒤틀리고 무서운 바람이 분 뒤에 동란이 멈출 것이기 때문에, 그리고 북쪽에 있는 것이 열대 기후에서 살고, 그 반대도 마찬가지로 될 것이기 때문에 이제까지 있었던 것과는 다른 것들이 살게 될 것이다.

루스 몽고메리, 아더 포드와의 채널링에서(1971), ABY

지구가 폭력적인 지진으로 흔들리고 지구가 새로운 부담을 지게 만들 때, 사람들은 말한다. 그녀에게 무슨 일이 일어났나? 그날에 그녀는 소식을 전할 것이다. 왜냐하면 당신의 주님이 그녀에게 영감을 주었기 때문이다. 어느 날 사람들은 자신들의 할 일을 제시하게 될 태양 빛 아래에서 몸을 말리기 위해 나올 것이다. 그러면 티끌만한 선을 행한 사람들은 그것을 보게 될 것이다. 그리고 티끌만한 악을 행한 사람도 그것을 보게 될 것이다.

모하메드(서기 620-630), QUR XCLX

세번째 저승 사자: 나그네쥐 신드롬(Lemming Syndrome)

내가 대심판의 사자에 대해 말했던 것을 기억할 것이다. 만약 여러분들의 거주지에 너무 가깝게 퇴비 말뚝이 있어서 파리가 들끓는다면, 부엌에 초대하지 않은 방문객들로 붐비고 있다면 어떨 것인가. 또는 개미집이 야영지에 근처에 있고, 개미들이 휴가 나온 사람들의 발끝에 올라가기를 즐긴다면 말이다. 또는 주부를 위협하고 식품 보존용기에 구멍을 내면서 저녁 찌꺼기 주변에서 질주하는 사막의 작은 설치류 중 하나라면 말이다.

독자들은 내가 전에 임시 페스트 검사관이었고 미국 서부에서 목장 일을 했다는 것을 알 것이다.

대심판의 시나리오를 연구하는 학자가 되기 전에 페스트 검사관이었다는 것은 어떤 아이러니가 있다. 동물의 수를 규제하는 자연의 근원적인 원인을 관찰하는 동안, 그리고 그 자연을 확인하고 균형이 깨졌을 때 대파국과 같은 것이 일어나는 동안, 나는 하위의 생명 형태의 과잉과 인간의 습관 사이에 유사성을 인식하게 되었다.

특정한 예언들이 실현될 조짐들이 기다리고 있다. 우리는 자연의 궁극적인 페스트, 즉 파국이 가까웠다고 볼 수 있는 운명에 접근해 가고 있다.

미국 북서부의 케스케이드 산맥 동쪽의 사막 고원 지대에 몇 천 명의 사람들은 이동용 간이 건축물을 설치류의 서식지 위에 설치하기로 결정했다. 사람들의 침략을 받기 전에 빈곤한 음식과 극단적인 기후를 통해 들쥐와 다람쥐의 수를 제어했던 자연은 삶의 양식을 완전히 바꿔 버렸다.

조립식 가옥들은 견고하고 초라한 들짐승들에게 포식자들로부터 숨을 수 있는 따뜻한 기지를 제공했고, 더운 여름과 추운 겨울에 깔짚을 얻게 되었다. 쓰레기통에는 음식이 가득 차 있었고, 만약 밤참이 필요하면 인간의 저장물들이 차 있는 부엌 찬장으로 종종걸음을 하여 올라가기만 하면된다.

새로운 입주자들은 자연의 균형을 혼란시켰다. 쥐들의 수는 폭발했다. 번식할 나이에 이른 수 없이 많은 작은 동물들은 장수와 풍요로운 삶을 살 수 있었다. 행복한 설치류들은 생식을 조절할 수 없다는 것과 허약해진 면역 체계가 후대에 유전된다는 것이 자기 종족의 건강에 어떻게 작용할 것인가에 그들은 관심을 기울이지 않았다. 그들의 통제되지 않은 성장률은 결국 일련의 파국적인 질병에 노출되게 만들었고, 유전적으로 허약하게 만들었다.

더 높은 진화적 관점에서 보았을 때, 우리는 동일한 운명에 처해 있다고 생각된다. 성경의 가르침을 덧붙인다면, 우리는 과거처럼 설치류의 눈에서 티끌을 볼 수 있지만, 우리 자신에게 있는 들보를 볼 수 없다. 왜냐하면 우리는 자연의 법칙을 무시해 버리면, 어떤 효과가 생기는지 주시하지 않고 있기 때문이다.

인구가 10억 명에 이르는 데에 수백만 년이 걸렸다(대략 1820년경). 의약품과 위생시설도 없이 단지 강심장만을 다음 세대로 이전시키기는 것만으로 충분할 정도로 삶을 유지하기가 가장 어려웠던 때였다. 그 뒤 산업 혁명이 일어났고 갑자기 생활 수준이 향상되었다. 의학이 꽃피었다. 새로운 백신과 경이로운 의약품들과 영양의 증가는 수명을 늘렸다. 녹색 혁명은 식량을 산더미같이 생산했다.

우리는 자신의 피난처를 만들어 인구 통제의 고난을 완화하게 된 쥐와 같다. 그리고 지금 우리는 설치류의 폭발같은 인구 증가를 경험하고 있다. 뭄바이에서 보스톤에 이르기까지 인간이 살고 있는 거주지에서 이전 시기라면 5살도 넘지 못할 사람들과 함께 섞여 살고 있다. 그들은 자신들의 허약한 면역성을 21세기로 전파해 주고 있으며, 2011년에는 바퀴를 돌리는 비단털쥐처럼 70억의 사람들이 존재할 것이다.

우리는 과거와 같은 가슴이 따뜻한 동굴인이 아니다. 산업적, 기술적인 약진은 공해, 독성 쓰레기, 도시의 황폐화, 그리고 이전 사람들의 기억이나 인류의 면역 체계에서 알지 못하던 사회적인 스트레스를 낳고 있다. 설치류와 비견될 수 있는 인류는 끊임없이 뭔가를 씹어서 크기를 작게 만들고 있다. 기술적인 성취에서 오는 고통과 스트레스를 줄이기 위해 소비되고 있는 약물과 술과 이로 인해 생기는 병들은 현대인의 새로운 '질병'에 대한 저항력을 감퇴시키고 있다.

오존층에 구멍을 내는 CFC와 같은 온실 가스는 생물에게 드는 만족의 비용으로 자외선을 차단하며 곡물, 가축, 그리고 인간의 면역학적인 방어 체계를 약화시키는 대표적인 것으로 알려져 있다. 지나치게 많은 설치류와 같이 우리는 어느 때보다 높은 암발생에 시달리고 있다. 우리가 지구 땅밑에 묻은 독성의 쓰레기는 천천히 우리의 식수로 침투해 들어오고 있다. 제3차 세계대전의 예행연습으로서 공중으로 쏘아대는 수백의 공중 핵 실험에서 나오는 방사능은 음식과 공기를 통해 우리의 몸으로 스며들고 있다. 허섭쓰레기와 같은 음식에 숨어 있는 발암물질로부터 암세포의 소리 없는 복제가 일어나는 등 부정적인 효과가 나타난다. AIDS 바이러스가 간으로 침투되면 죽음에 이르게 된다.

사람들은 자기 파괴적인 스트레스와 억압된 욕망 때문에 대심판의 세 번째의 사자가 다가오는 것을 볼 수 있다. 그는 나그네쥐 신드롬이라고 부르는 반설치류, 반인간 현상을 은유적으로 표현한 것이다. 그는 마지막 공포, 즉 생태학자들과 질병 감시자들이 인식하기 시작하고 있는 해독이라는 기차를 타고 오고 있는 사회의 파국을 말하고 있다.

7개의 마지막 질병들

> 나는 또 크고 놀라운 다른 다른 표징이 하늘에 나타나는 것을 보았습니다. 일곱 천사가 각각 한 가지 재난을 내릴 권한을 가지고 있었는데 그 재난은 최후의 재난으로서 하느님의 분노의 마지막 표현입니다. …… 그 성전으로부터는 재난을 하나씩 손에 든 일곱 천사가 나왔습니다. 그들은 깨끗하고 눈부신 모자 옷을 입고 가슴에는 금띠를 두르고 있었습니다. 그때에 네 생명중 하나가 그 일곱 천사에게 금대접을 하나씩 주었는데, 거기에는 영원무궁토록 살아 계신 하느님의 분노가 가득 차 있었습니다. 그 성전은 하느님의 영광과 권능에서 나오는 연기로 가득 차 있었으며 일곱 천사의 일곱 가지 재난이 다 끝나기까지는 아무도 그 성전에 들어 갈 수 없었습니다.
>
> **파트모스의 성 요한(서기 81-96), REV 15:1, 6-8**

≪구약 성서≫의 전도서는 우리에게 "하늘 아래 모든 것에는 시간이 있고 모든 행동에는 때가 있다."고 우리에게 들려준다. 성경의 예언자들은 두 번째 밀레니엄의 마지막 여러 해를 7의 역병으로 고난을 당할 때로 지적하고 있다.

그것은 성경의 예언자들이 고대 이스라엘의 제도에 대해 하나님이 진노했다고 표현한 것의 옛날판이라고 말할 수 있다. 헤롯의 궁전에서 있었던 잔치 때에 지하 벽돌 감옥에서 심판의 날이 가까웠고 회개하라고 세례 요한은 외쳤다. 솔로몬의 왕궁에서 다윗의 측근들에게 보낸 잔치용 동물들은 신성한 불청객들의 몫으로 남겨졌다. 사람들은 통곡하는 아모스나 즈가리야와 같이 원한이 있는 랍비의 말을 귀가 빨개지도록 들어야 했다. 전통에 따르면, 사람들이 애도의 뜻을 담은 성스러운 표현은 장래식의 재를 머리에 발라 미래를 생각하게 하고 상복용 정장을 입었다.

지정학적으로 중동 지방의 사막 안에 있는 시온의 땅은 모두 적대적인 이방 세계에 정복 대상이 빈번하게 되어 왔기 때문에, 사막의 야만적인 거류민들은 형제들이 주는 기쁨을 누렸다. 예수와 같은 순수한 예언자들은 서기 33년에 예언을 통해서, 서기 69년에 일어날 징조에 대해 제시했지만, 예루살렘은 여러 번 약탈되었고 분쇄되었다.

현대의 이야기는 모든 예언자의 정확한 지적을 운이 좋은 탓으로 돌릴 수도 있고, 폭력적인 시대에 살았던 몇 가지 민족적인 선입견에 따른 현명한 추측 탓으로 돌릴 수도 있다. 그러나 진정한 비교주의자들은 이러한 오해가 사람들의 희미한 예측 가능성이 걱정될 정도로 미미하게 만들었다고 지적한다.

유대 성경의 계보에서 마지막에 등장하는, 가장 이단적인 예언자인 〈계시록〉의 저자 성 요한은 기독교의 십자가를 위한 7가지를 가진 촛대를 포기하고, 이방 세계의 선택된 소수의 예언 전통을 받았다. 오늘날 많은 기독교인들은 우리의 20세기 후반의 번성을 파괴시키려는 성 요한의 미래에 대한 기도의 암송을 배운다. 지붕에서 외치던 것은 라디오 송신탑이나 TV 안테나를 통해서 들어온다. 신의 진노에 대한 메시지는 메시아에 의해 성 요한이 개인적으로 선택받은 것으로, 재림 전에 인류 위에 내려질 것이다.

로마인들에 의해 동굴에 갇힌 나이든 성 요한은 양피지, 펜, 그리고 거친 상상력만으로는 영적인 포도를 잔치집 포도주로 바꿀 수는 없었을 것이다. 제15장과 16장 이하에 나오는 귀절들은 7개 차원 중에 세 번째 사자, 즉 나그네쥐 신드롬이라는 질병이 담겨진 주머니에 대해 설명한다. 요한의 많은 걱정은 현대 기독교 투시자들만이 아니라 비기독교 예언자에 의해 지지를 받고 있다. 그들은 스트레스와 부정성을 만드는 쥐 현상 또는 더 나쁜 현대인의 나그네쥐 증상에 대해 지적한다. 그리고 여기에 우리가 걱정할 만한 일곱 가지가 있다.

"질병" 1: 피, 질병

첫째 천사가 나가서 자기 대접에 든 것을 땅에 쏟았습니다. 그러자 짐승의 낙인을 받은 자들과 그 짐승의 우상에게 절을 한자들에게 끔찍하고 독한 종기가 생겼습니다.

파트모스의 성 요한(서기 81-96), REV 16:2

최고의 상승점에서 전갈〔통과〕 자리와 결합된 토성:질병 …… 세기만이 아니라 시대의 갱신이 가까워진다.

노스트라다무스91555-1557), C1 Q16

……그 중 세계의 2/3가 죽게 될 질병이 광범위하게 〔나타난다〕. 아무도 들판과 집의 진정한 주인을 알지 못할 정도로 많은 사람들이 죽고 성직자들은 완전한 비통함에 젖어 있게 될 것이다.

노스트라다무스(1557), 앙리 2세에게 보내는 편지

먼 나라로부터 피가 묻은 축축한 검들〔남근에 대한 비의적 상징〕. 대단히 거대한 역병이 거대한 악당과 함께 올 것이다. 구원은 가까웠지만 치료는 멀다.

노스트라다무스(1555-1557), C3 Q75

편안하게 지내던 사람들은 갑자기 버려질 것이다. …… 배고픔, 불, 피, 질병, 그리고 모든 악이 더해질 것이다.

노스트라다무스(1555-1557), C8 Q17

노스트라다무스의 실마리는 우리가 피의 죽음이라고 불러도 될 천벌(또 다른 중세의 흑사병)이 나타날 때를 가리키고 있는 것 같다. 예언은 토성이 전갈자리로 들어갈 때 그것이 내려올 것이라고 경고한다. 사건이 세기말 언젠가에 발생한다고 되어 있기 때문에 의사들과 신문들은 처음에 AIDS를 역사상 가장 위험한 전염병으로 인식했다.

16세기의 뛰어난 전염병 의사인 노스트라다무스는 AIDS 증상에 대해 대단히 상세한 설명을 했을 뿐만 아니라 그것을 치료하는 데에도 실패할 것이라고 예언하고 있다. AIDS에 걸린 사람들이 겪게 되는 피부암의 일종인 카포시의 검붉은 상흔은 노스트라다무스가 말하고 있는 거대한 딱지일 수도 있다.

치료법의 개발은 얼마 남지 않은 것처럼 보인다. 의학은 계속해서 AZT이나 ddl과 같은 증상 억제제가 계속 개발되고 있다. 그러나 예언자는 AIDS에 대한 치료나 완치는 아직 멀었고, 인간의 능력을 넘어선다는 것을 강조하고 있다. 가까운 장래에 대책이 마련될 수 있다고 예견하고 있는 의사들은 별로 없다. AIDS 연구의 선구자 중의 하나인 파스퇴르 연구소의 뤽 몽테뉴는 인류가 치료책을 발견하는 데에 10년이 채 걸리지 않을 것(1999)이라고 믿고 있다고 말한다. 그러나 2010년 경으로 낙관하고 있는 과학자들은 별로 없다. 1990년에 영국 정부의 수석 의무관인 도널드 애치슨경은 "AIDS와의 100년 전쟁"을 예상하고 있다.

우선, 인류의 2/3가 '피, 질병'으로 죽을 것이라는 노스트라다무스의 주장은 구두점이 중간에 들어가 있는데, 이는 비밀스러운 의미를 모호하게 하기 위해 이 예언자가 즐겨 사용하는 기법의 예로 보인다. 피와 질병 사이의 쉼표는 독자의 통찰을 의도적으로 유도하기 위한 것일 것이다. 그러나 사실 AIDS는 죽음에 이르게 되는 침대차를 남긴다. 섹스의 문화적인 터부에 대한 태도를 변화시키지 못하는 우리의 무능력은 그것이 지속적으로 퍼지게 할 뿐만 아니라, AIDS에 대한 땅에 머리박기식 태도를 방치하고 있다. 이 성적인 망상에 대한 근본적 치료는 5년에서 10년 일찍 감염된 수백만의 AIDS 감염자에 대해서 5년에서 10년 더 늦게 이루어질 것이 뻔하다.

세계보건기구(WHO)에 의해 1991년에 수집된 데이터에는 AIDS에 의해 감염된 사람들의 수가 전세계적으로 5백만에서 천만 명에 이른다고 한다. 1992년에 하바드의 공중보건학부에 따르면, 2000년에는 1억 천 명의 성인과 천만 명의 어린이들이 감염될 것이라는 새롭고 충격적인 평가를 발표했다. 이 보고서에는 다음 세기의 처음 십 년 안에 제3세계, 주로 아시아에서 질병이 급속한 발병이 있을 것이라고 덧붙였다. 인도는 중앙 아프리카처럼 심각하게 질병에 의해 정복될 수 있다. 세계감시연구소는 AIDS는 서구를 훨씬 능가하는 정도로 제3세계에 사회경제적인 영향을 미칠 운명에 있다고 밝혔다. 서구에서는 의학적 재정적 자원이 더 풍부하기 때문이다. 그러나 만약 질병의 예언들에 대한 이러한 해석들이 과장된 것이 아니라면, 아이티와 사하라 이남의 아프리카에서 볼 수 있는 질병에 희생되어 병원 복도에서 죽어가는 광경은 시간이 갈수록 더 많은 국가들로 번져 나갈 것이다.

AIDS는 한 세기 동안 우리와 함께 있게 될 것이다. 이것은 틀림없이 가장 악독한 질병 중 하나가 될 것이지만, 특히 새로운 백신을 만드는 과학자들의 능력을 넘어서 돌연변이를 일으키는 경우 특히 그러하다. 피와 관련된 더 나쁜 질병이 오게 될 것이다. 몸에 침투하여 죽음을 야기하는 높은 감염성과 무시무시한 초강력 질병인, 중앙 아프리카에서 발생한 에볼라 바이러스는 이제까지 발견된 것 중 가장 살인적인 3개의 바이러스 중 하나이다. 현대 항공 여행의 진전으로 감염된 희생자가 멀리 떨어진 중앙 아프리카의 비행기를 타서 그 질병이 10에서 20시간 안에 세계의 다른 지역으로 퍼져나갈 가능성은 얼마든지 있다.

AIDS로부터 야기된 혈액 관련 질병이나 에볼라 바이러스 등은 단지 면역체계를 맹렬히 공격하는 많은 천벌 중 하나일 뿐이며, 처음으로 떨어지는 도미노의 한 조각일 뿐이다. 노스트라다무스에 의해 예언되고 오쇼에 의해 확인되었듯이, 생명을 받은 자만이 아니라 태어나지 않은 자들에게도 인류의 2/3가 2100년까지 죽음에 이르게 될 것이다. 많은 피/면역학적 질병은 21세기 내에 올 수 있으며 미래 세대에 예상되는 성장 곡선을 압도해 버릴 수도 있다. 21세기에 우리 행성의 120억 이상의 영혼이 30억 정도로 감소할 수도 있다.

"질병" 2. 죽음의 물

둘째 천사가 그 대접을 바다에 쏟았습니다. 그러자 바닷물이 죽은 사람의 피처럼 되었고 바다에 있는 모든 생물이 죽었습니다.

파트모스의 성 요한(서기 81-96), REV 16:3

이것은 거대한 파괴가 오고 있는 징조이다. …… 너희는 바다가 검어지고 많은 생물들이 그 때문에 죽는 것을 듣게 될 것이다.

호피 곰족의 하얀 날개(1958), 데이비드 영 목사의 기록

1994년 12월 10일 토요일에서 …… 1996년 1월 3일, 화요일까지 무시무시한 크기로 바다에서 사건이 있다. 바다의 생선, 하늘의 새의 죽음과 파괴, 그리고 전례 없는 광범위한 공해 …… 인류와 동물, 삼림과 바다 생물에 대한 야수적이고 잔인한 행동들.

베잔 다루왈라(1989)

〔저자 개정: 1994년에 시베리아의 바다에서는 코미 반도의 송유관으로부터 거대한 기름이 흘러나와 시베리아의 강들이 검게 되었고 알래스카 근해에서 벌어진 엑슨 발데즈 호의 재난보다 8배나 많은 원유가 시베리아 툰드라 지대에 넘쳐났다.〕

시체의 피는 두껍고, 검붉게 흘러나왔다. 그것은 파열된 거대한 탱크로부터 기름이 나오는 것과 같았다. 1989년 3월 24일에 원유가 유출된 지 수 분 뒤에 바다 수달과 새들이 알래스카의 프린스 윌리암 사운드의 해상에 떠올랐다. 바다로 쏟아 부은 분노의 사발은 전혀 염두에 두지 않고 있었다. 엑슨 발데즈 호의 운명의 바퀴를 이끄는 손은 경로에서 이탈하여 방향을 바꿨고, 유조선은 좌초되어 원유 전백반 갤론을 천연 그대로의 바다에 쏟아 부었다. 수달과 바다 새들이 깨어나자 석유를 뒤집어 쓰고 숨 막혀버린 자신들을 기름이 뒤엉킨 바다에서 발견했다.

정유탑의 그림자가 드리워진 북해의 바다표범들은 지구에서 가장 독한 해수에 살고 있기 때문에 그 수가 감소하고 있는 것이 관찰되고 있다. 그들은 처음으로 독극물이 해안으로 밀려오기 시작했던 1988년 이전에 북유럽의 해변에 매우 많이 서식했다. 1988년 여름에는 위장에서 상당한 양의 독극물이 발견되었다. 사람들이 만났던 그 해 여름 동안 바다표범들은 죽어서 썩어가고 있었다.

네덜란드의 바이러스학자 알버트 오스터라우스에 따르면 그 뒤 북해와 발트해에서는 대략 70퍼센트에 해당하는 바다표범들을 죽일 정도로 재난이 엄청났는데, 이는 개에게서 질병을 일으키는 어떤 바이러스 때문이었다. 오스터라우스는 유럽 해변의 심각한 공해가 면역체계를 약화시켜 바다표범의 죽음을 야기했을 것이라고 믿었다. 1990년대 중반에 해양 생물학자들은, 독성을 지닌 공해원들이 고래 AIDS라고 부를 수 있을 정도로 모든 해양에 살고 있는 포유류의 면역체계를 공격하고 있다는 징조를 보고 있다.

모든 실제적인 증거들은 인류에게 바다 위로 죽음의 사발을 퍼붓는 성 요한의 죽음의 천사를 지적하고 있다. 만약 우리의 쓰레기가 계속 해양 생물의 면역 체계에 공격을 가한다면, 1970년대 초에 해양학자 자크 쿠스토가 출간한 ≪놀라운 예언≫이 요한 계시록의 16장 3절과 일치하게 될지도 모른다. 간단히 말해 쿠스토는 공해가 해양 생물의 광범위한 멸종을 야기하게 할 수도 있으며, 지구에 있는 해양의 사멸을 야기하게 될지도 모른다고 선언했다. 살아 있는 바다가 없다면 생물은 질식당하며, 천천히 죽음에 이르게 될 것이다. 왜냐하면 해양 플랑크톤은 우리 행성을 위해 산소를 제공하는 제1차 제공원이기 때문이다.

"질병" 3: 여러 가지 숨은 독

셋째 천사가 그 대접을 강과 물 안에 쏟으매 피가 되더라

파트모스의 성요한(서기 81-96), REV 16:4

1994년 12월 10일 토요일에 목성-토성, 죽음의 사각 또는 물고기자리에서 달의 1/4과 함께 동반하는 흉성〔모양〕의 별. 그것은 1996년 1월 3일 화요일까지 계속될 것이다. 가네샤〔코끼리 얼굴을 한 인도의 신-이 예언자의 성스러운 영〕는 이들은 독가스 살포, 마마도 핵 누출 사고 등 때문일 것이라고 말한다.

베잔 다루왈라(1989)

〔저자 개정: 1996년에 광범위한 납관이 급히 체르노빌의 제4호 원자로 주변에 세워져 방사능 낙진을 누출시키기 시작했다. 많은 소련식 핵원자로들은 붕괴될 새로운 조짐들을 보이고 있다. 십여 개의 낡고 위험한 원자로들은 1996년에 한계 수명이 끝나게 만들어졌다.〕

셋째 천사가 나나팔을 불었습니다. 그러자 하늘로부터 큰 별 하나가 횃불처럼 타면서 떨어져 모든 강의 삼분의 일과 샘물들을 덮쳤습니다. 그 별의 이름은 쑥 〔Wormwood, 체르노빌〕이라고 합니다. 그 바람에 물의 삼분의 일이 쑥이되고 사람이 그 쓴 물을 마시고 죽었습니다.

파트모스의 성 요한(서기 81-96), REV 8:10-11

시클라데스에서, 페린투스와 라리사에서, 스파르타와 펠레폰네수스

〔발칸 반도와 그리스의 남쪽〕에서 나쁜 먼지에 의한 대단히 심한 기근, 질병. 그것은 반도 전체에서 9개월간 계속될 것이다.

노스트라다무스(1555), C5 Q90

다음의 거대한 전쟁〔제2차 세계대전〕에서 독일이 완전히 패배한 뒤, 사람들이 먹을 빵과 동물의 먹이가 없을 것이다. 인간의 손에 의해 만들어진 독이 있는 구름이 내려와 모든 것을 종식시킬 것이다. 인간은 광기에 휩싸일 것이다.

마리아 라크의 예언(16세기)

1986년 3월 26일 이른 아침 시간에 별들의 신기한 힘이 체르노빌 발전소의 제4호 원자로에 세워진 두발 달린 지붕을 폭발시켜 버렸다. 1945년 이래 땅 위에서 폭발한 모든 원자탄과 수소탄보다 훨씬 더 많은 방사능을 대기로 날려 버렸을 것이다. 소련의 재난은 곡식에 영향을 미쳤으며, 음료수에 스며들었고, 인간의 조직에 암을 유발하는 등 방사능 질병을 낳았다.

몇몇 과학자들은 미래 세대의 1/3—기본적으로 유럽— 은 체르노빌로부터 온 낙진에 의해 야기되는 암으로 고통을 당하게 될 것이라고 예상하고 있다. 우크라이나에서 불어온 죽음의 라듐에 의한 암으로 의해 죽어가게 될 생명들이 얼마나 많을지 예상하기는 불가능할 것이다. 몇몇 의사들은 백만 명 이상의 사람들이 죽게 될 것이라고 보고 있다. 아마 성 요한은 '쑥(Wormwood)'에 대해 말한 계시록 8:10~11에서 이 질병을 예시한 것으로 보인다. '체르노빌'은 우크라이나 말로 '쑥'에 해당한다.

콜롬비아의 지도적인 환경주의자 곤잘로 오리츠는 한때 "우리는 우리 행성에 대항하여 핵전쟁을 하고 있다. 그리고 그중 가장 나쁜 것은 우리가 이기고 있다는 것이다!"라고 말했다. 1975년부터 30년 동안, 원자 핵융합반응 전쟁에서 인류를 몰살할 만한 수단들을 가지고 있는 국가들은 이미 인류의 건강을 허약하게 만들었다. 노스트라다무스가 독이 들어 있는 먼지로 인한 질병이라고 부른 것을 인류는 수백 번의 대기 실험을 통해 대기 중으로 발사해 왔다. 이것이 암에 걸릴 기회를 급격히 증가시키고 있다.

이러한 부정성이 계속되는 한, 수백 갤론과 수백 톤의 방사능 폐기물이 인간의 면역 체계를 약화시킬 것이다. 우크라이나 공무원들은 3천 3백 5십만 톤(10억 입방미터가 넘는)의 방사능이 거주가 금지되어 있는 체르노빌 근처 30킬로미터 내에 남아 있는 것으로 보고 있다. 또한 185톤의 핵연료와 35톤의 방사능 먼지가 파괴된 원자로에서 퍼져 나가, 콘크리트와 강철관 안에 묻혀 있다. 쿠웨이트의 전장에 참여한 병사들이 이라크 탱크를 파괴할 때, 공중으로 우라늄이 방사되어 독이 퍼져 나가는 것을 목격했음에도 불구하고 국방성은 우라늄 탱크탄의 제조를 계속 허가하고 있다.

독극물과 화학 쓰레기더미는 사람들에게 암을 유발시킬 가능성이 많다. 프린스 윌리엄 사운드 주변의 바다에 쏟아진 신의 진노는 수천 가지 발암성 물질을 포함하고 있는 쓰레기 매립지로부터 주변의 상수도로 스며들어 수도꼭지를 통해 나오고 있다. 그리고 만약 세계 도처에서 납에 오염된 물이 파이프를 통해 들어온다면, 중금속이 사람들의 몸에 누적되는 결과가 된다.

땅과 물의 오염은 전세계적인 규모로 측정되기 어렵지만, 여러 연구에 의하면 대부분 질병에 걸린 체르노빌 사람들은 극단적인 핵 폐기 독극물을 참아내야만 하는 권리를 갖고 있다. 동유럽은 세계에서 가장 높은 산업 쓰레기에 감염되어 있는 지역이다. 폴란드 땅의 1/4이 곡식에 적합하지 않은 곳이고, 음료수의 1퍼센트만이 더럽혀지지 않은 상태에 있다. 40에서 60세 사이의 사람들은 평균 수명이 1952년 수준으로 떨어졌다. 세계 보건기구는 폴란드의 4천만 인구 중 1천 300만이 가까운 장래에 환경에 의해 야기된 질병에 걸리게 될 것이라고 예상하고 있다. 호흡기 질병, 암, 피부 질환, 또는 중추 신경계가 손상될 가능성은 유럽의 나머지 국가나 제3세계의 공업 중심국보다 약간 낮을 뿐이다.

그리고 만약 그것이 성경에 나오는 '복음'이 아니라면, 체르노빌(쓴쑥)보다 위험이 더 커질 것으로 예상된다. 우크라이나의 원자로가 방사능을 유출시키기 전에 미국 핵규제 위원회는 천만분의 일로 핵 재난의 기회를 낮추어야 한다고 주장했다. 이제 우크라이나와 벨로루스의 농부들은 암 발생이 30퍼센트 증가했다는 사실과 머리 없이 태어난 가축이 보고되고 있다. 핵규제위원회는 자신들의 주장을 포기해서는 안된다. 그들은 새로 1990년대에 미국에서 심각한 핵 사고가 발생할 가능성이 "50 대 50"이라고 발표했다.

이 평가는 안전성이 제일 좋은 나라에서 나온 것이다. 현재 세계에서 작동되고 있는 400개의 상업용 원자로의 핵 재난 가능성을 고려해 보면, 우리는 1990년대 중후반 이전에 세계적인 방사능 질병으로 인한 체르노빌 규모의 핵폭발이 있을 가능성이 높다.

"질병" 4: 하늘로부터 온 질병

넷째 천사가 자기 대접에 든 것을 해에다 쏟았습니다. 그 결과 해는 불로 사람을 태우는 권한을 받았습니다. 몹시 뜨거운 열이 사람들을 지져 댔습니다. 그러나 그들은 자기들의 잘못을 뉘우치거나 하느님을 찬양하기는 커녕 그 재난을 지배하는 권세를 가지신 하느님의 이름을 저주하였습니다.

파트모스의 성 요한(서기 81-96), REV 16: 8-9

신의 검이 마침내 움직여 인류 위에 번개같이 떨어질 것이다. 모든 산들과 바다는 무질서와 악행 때문에 인간은 바로 하늘로 올라갈 것이다.

라 살레트의 예언(1846)

적도의 태양보다 더 깊게 타는 독성 구름과 빛이 생겨날 것이다.

바르샤바의 예언(1790)

거대한 변화가 다가올 것이다. 어떠한 인간도 그러한 것은 예상하지 못한 것이다. 천국과 지옥은 서로 맞붙어 서로 싸움을 한다. 오래된 국가들은 망하고 빛과 어두움은 검으로 대적할 것이지만, 그러나 다른 모양의 검일 것이다. 이들 검으로는 하늘도 날려 버릴 수 있으며 지구도 쪼개 버릴 수 있을 것이다. 모든 인간은 비통에 잠길 것이며 소수만이 격동, 역병, 공포에서 살아남을 것이다.

바르톨로메오 신부(C. 1642)

연필 모양으로 생긴 비행기가 인간을 우주로 데려갈 것이며, 대기에 구멍이 나서 치명적인 우주광선이 많은 사람들을 죽일 것이다.

엠마 쿤츠(1938)

처음에 거대한 전쟁과 같은 몇 가지 재앙이 지상올 덮을 것이다. 그 과정에서 수백만이 파괴될 것이다〔제1, 2차 세계대전, 또는 제3차 세계대전〕 그 뒤에 이제껏 없었던 재앙이 가차 없이 지상에 내려올 것이며 인류의 대부분은 죽임을 당하게 될 것이다.

마리아 타이지(1835)

치명적인 파동 때문에 대기근이 북극을 넘어 비를 확장시킬 것이다.

노스트라다무스(1555), C6 Q5

말은 본래의 의미에서 달라질 수도 있다. '죄' 라는 말에 해당하는 히브리어는 '잊음' 이다. 그리고 '회개' 는 단지 '기억함' 이다. 이것은 지옥불이나 유황불을 설교하는 설교자보다는 소크라테스("너 자신을 알라")나 붓다("정각(正覺)")와 같은 이교의 가르침에 더 어울리는 것처럼 들린다.

이것을 고려하면, 성 요한의 예언을 달리 볼 수 있다. 영적인 관점에서 보면, 요한이 말하는 아버지의 모습은 자연력을 의인화한 것이다. (아마 제임스 러브록에 의해 이론화된 가이아 모델과 같은 생명을 갖는 의식적인 기계와 같다. 그것이 어떤 종류의 "주(主)"라고 할지라도, 우리는 지구를 보호하는 역할에서 죄(잊음)를 짓고 있다.)

성 요한의 명명에 대한 의견을 고려하지 않아도, 예언은 여전히 정확한 것이다. 만약 우리가 지구의 자연적인 순환 질서 속에서 우리의 위치를 '회개' 하고 재발견하기를 앞으로도 거절한다면, 하늘로부터 질병을 겪게 된다는 경고일 것이다.

인류의 나그네쥐 현상을 근절하기 위해 재난을 내리는 방법이 가이아에게는 여러 가지가 있다. 하늘이 내리는 재앙. 세계의 여러 산업들이 1990년대 초에 CFC 생산을 줄일 수 있다고 할지라도, 이미 충분한 CFC가 오존층을 잠식하여, 21세기에 이르면 인간과 동물과 식물의 면역 체계를 적외선으로 파괴하기에 충분하다. 방사능 실험을 당하는 쥐와 같지 않을까?

질병이라는 검은 보이지 않는 검으로 희생물을 가차 없이 처단하는 무시무시한 악마나 천사 군단으로부터 재앙이 왔다는 중세적인 믿음에서 온 것이다. 17세기 독일의 예언자 바르톨로메오는 서로 다른 모양의 검들에 대해서 전통적인 중세적 표현을 사용하여 미래를 언급하고 있는 것이다. 이것은 현대의 로켓에 대한 해석일 수도 있다.

세계에서 가장 강력한 우주선인 러시아 에네르기아 로켓의 디자인 책임을 맡았던 V. 필린 박사는 로켓이 발사될 때 엄청난 양의 오존층을 파괴하는 화학 물질을 방출한다는 주장을 '크라쉬나야 크베즈다' 지 상에 발표했다. 미국의 우주선들이 발사될 때 200미터톤의 염소와 염소 함유 화합물들이 대기에 방출된다. 과학자들은 앞으로 백 년이 지나면 모든 대기 오존의 0.3퍼센트가 로켓 발사로 파괴될 것이라고 계산했다. 로켓의 배기가 흑사병이나 AIDS보다 더 해로운 요소라는 것은 더 이상 의심할 수 없다.

그래서 만약 NASA가 향후 수 십년 동안 수백대의 우주선 발사 계획을 가지고 있다면, 21세기 중반까지 그들은 대기권을 파괴하고 지상에 적외선과 관련된 질병을 만들 수 있다는 것을 명심해야 한다. 우리는 자신이 만들어낸 질병의 검들이나 스위스의 투시자 엠마 쿤츠가 로켓를 지칭했던 연필처럼 생긴 비행기가 간접적으로 우리를 타격하여 가축과 곡물을 질병에 빠지게 만들 미래에 직면해 있다. 결국 이들은 노스트라다무스의 무시무시한 기근을 북반부 전체에 불러올 것이다.

"질병" 5: 우울, 절망

다섯째 천사가 자기 대접에 든 것을 짐승이 앉은 자리에 쏟았습니다. 그러자 짐승의 나라가 어둠의 세계로 변하였고 사람들은 괴로움을 못 이겨 자기들의 혀를 깨물었습니다. 그러면서도 자기들의 악한 행위를 뉘우치지 않고 도리어 고통과 쓰라림 때문에 하늘에 계신 하느님을 저주하였습니다.

파트모스의 성 요한(서기 81-96), REV 16:10-11

사람은 성숙되고 있으며 성직자와 정치가들의 거짓 약속에 속아왔다는 것을 깨닫는다. 사회는 거짓 희망을 심어 주었다. 그가 성숙하고 이를 깨닫는 날, 삶의 희망은 없어질 것이다. 그리고 거기에 제일 먼저 상처를 입는 것은 성욕이다. 그것은 AIDS다! AIDS는 동성애나 이성애와는 아무 상관이 없다. 그것은 인류가 단지 삶의 의지를 상실하고 있다는 것을 의미한다. 한 사람이 삶의 의지를 상실하는 경우에는 언제나 저항력이 감퇴된다는 것이다. 왜냐하면 몸은 마음을 따르기 때문이다. 몸은 대단히 보수적인 마음의 종이다. 만약 마음이 삶의 의지를 상실한다면 그것은 질병에 대항하고 죽음에 대한 저항력을 떨어뜨려서 몸에 반영될 것이다. 그리고 현대인들은 결국 삶이 의미가 없다는 것을 발견하고 있다. 그는 갑자기 자신이 실존적인 고아라고 느끼고, 이 느낌은 삶의 의지를 소멸시키게 만든다.

오쇼(1985), DTOL

미국의 어떤 과학자가 쥐들이 생활과 오락을 할 수 있게 연구소에 설치류의 도시를 만들었다고 한다. 과학자들은 이것을 번잡함과 스트레스로 사회 건강이 어떻게 나빠지는지를 이해하기 위한 모델로 이용했다.

실험이 시작되면서 최초의 실험 쥐들을 위한 많은 음식과 휴식처가 제공되었다. 하나는 바퀴를 굴릴 여분의 공간을 주었다. 모든 곳에는 풍부한 물과 음식이 공급되었다! 한 곳에는 쥐 카페에서 숫컷 쥐에게 파트너의 코를 부빌 수 있고, 짝짓기를 할 수 있게 하면서 핑크빛 자손을 위해 비축된 어둡고 아늑한 틈새를 갖게 하였다.

초기 생활은 좋았다. 집과 물자들이 보금자리에 풍부하게 제공되어 있었다. 희망에 부푼 작은 아버지 쥐들이 증가했다.

처음에 쥐들은 서로 낯을 가리고 수줍어했지만, 쳇바퀴 굴리기가 재미있다는 것을 누군가가 발견했다. 한 바퀴에 셋이 올라탔을 때, 재미를 더 많이 느끼기 위해 서로 다른 놈의 귀를 물어당겼다.

쥐들을 위한 간이 식당은 건방을 떠는 새로운 세대의 설치류들로 더 많이 붐비게 되었다. 하나는 베이비붐 이전에 사육자가 평화적으로 먹고 마시는 데에 사용되었다. 이제 식량을 위해서 다른 쥐들에게 발톱을 긁어대기 시작했다. 쥐털이 뽑혀 나뒹굴게 되었다!

새로운 아버지들이 폭발적으로 증가하게 되자, 더 많은 깔짚을 차

지하기 위한 경쟁이 벌어졌고, 분위기는 살벌해졌다. 수척해지고 신경질적인 아버지들은 엄마 쥐들로부터 바가지를 긁히게 되었다. 왜냐하면 암컷의 깔짚이 충분히 많지 않았기 때문이다. 그리고 만약 그것이 설치류의 신경계를 자극하여 긴장을 유발하였고, 새끼들이 폭발적으로 늘게 되자, 어미 쥐를 못 살게 했다. 어미쥐들은 신경이 더욱 날카로와져 어린 놈을 찍찍거리게 만들었으며, 한 때 안락했던 구멍에서 몸을 부대끼며 피곤하게 만들었다. 피난처가 있었던 놈들은 행복한 편이었다. 이 쥐들의 도시는 캘커타의 설치류 판이었다. 허기진 배를 채우기 위해 찌꺼기들을 먹는 절망적인 가족 무리들은 거리를 해매야 했고, 보금자리 없이 배설물과 소변의 웅덩이가 된 움막 안에서 자야 했다.

이제 쥐들의 도시에는 새로운 세대들이 초췌한 모습으로 혼잡한 군중들 틈에 끼어 몰려다녔다. 한 쌍의 검은 눈에서 불꽃이 튀는 경우는 드물었다. 그들의 피부는 털이 빠져서 구멍이 나 있었고, 드디어 암이 나타나기 시작했다.

그들은 제3세계의 오두막 마을이나 제1세계의 빈민촌에 살고 있는 사람들처럼 서로 투쟁을 벌였으며 지저분한 도시 속을 힘 없이 어슬렁거렸다. 설치류들은 자신들의 아메리카 드림을 위해 할키고 물어뜯었다. 약간 좋은 음식, 약간 높은 출산력, 그리고 바퀴를 돌릴 수 있는 자유.

설치류의 죄는 만연했다. 배우자와 아이들을 물어뜯는 것이 유행이 되었다. 바퀴와 사육자에 대한 접근은 공동 투쟁하는 전장으로 되어 버렸다. 드디어 쥐들의 도덕성은 완전히 깨져 버릴 것처럼 보였다. 도시는 살인자와 동족 식육자들의 난장판이 되버렸다. 어머니들도 절망적이 되 버려, 자신의 아이들을 먹기 시작했다. 결국 일상의 스트레스와 긴장은 곧 그들 모두를 쓸어 버릴 질병들이 만연시켰다.

어떤 동물도-그의 뇌 용적이 얼마나 되건-절망에 직면하거나 희망을 내던져 버리게 된다. 억압하라. 생산하라. 먹고 생식하고 평화롭게 똥을누게 하라. 가장 중요한 것으로 임박한 재난에 대한 경고를 하지 말아라.

호피의 예언자들과 세계의 많은 원주민 투시자들은 인류의 대부분은 두려움과 절망의 질병으로 가까운 미래에 종말에 이르게 될 것이라고 믿고 있다. 그들은 공산주의와 자본주의 사이에서 벌어진 이데올로기 투쟁이 종식되었다고 할지라도 핵미사일이 자신들의 격납고에서 발사되건 폐기물 더미로 향하건 상관하지 않는다.(만약 지구의 부족들이 기술 문명에 대항하는 태도가 선입견에 싸여 죄가 된다면, 그것은 분명 자신들의 문명에 부정적인 희생자이기 때문이다.)

우리가 신성시하는 모든 것이 퇴색되기 시작하여 결국 텅 빈 사육장, 요란한 쳇바퀴, 지저분하고 독성 물질이 있는 둥지, 그리고 모든 종류의 질병에 대한 저항력 저하에 직면해야 한다면, 그때에도 쥐들과 같이 인간들도 꿈을 유지하기 위해 극단까지 갈 것이며, 스칸디나비아의 나그네쥐처럼 행동할 것이다. 저들의 사육장이 질병과 번잡함의 소굴이 될 때에 스칸디나비아의 나그네쥐들은 갑자기 집단적으로 바다물 속에 빠질 것이다. 나그네쥐들은 푸른 초원이 아틀란티스 너머에 존재한다고 믿고 있는 어떤 정신이상적 태도나 습관을 이론화한 것이다. 결국 그들은 마지막에 정신이상적인 돌진으로 익사하게 될 것이다.

호피의 예언자들은 과거를 잊을 수 있는 사람만이 미래를 맞이하고, 새로운 시대에 살 수 있다고 경고한다. 다가오는 철저한 변화를 감당할 수 없는 사람들은 은유적으로 말하면, 변화를 두려워하여 익사해 버릴지도 모른다.

"질병" 6: 잘못된 예언자들의 아편

여섯째 천사가 자기 대접에 든 것을 유프라테스라는 큰 강에 쏟았습니다. 그러자 강물이 말라버려서 해 돋는 곳으로 부터 오는 왕들의 길이 마련되었습니다. 나는 또 용의 입과 짐승의 입과 거짓 예언자의 입에서 개구리 같은 더러운 악령 셋이 나오는 것을 보았습니다. 그것들은 악마들의 영으로서 기적을 행할 수 있는 자들이며 전능하신 하느님의 큰 날에 일어날 전쟁을 위해서 온 세계의 왕들을 모으려고 나간 자들입니다.

파트모스의 성 요한(서기 81-96), REV 16:12-14

왕이 살해되기 바로 직전에 카스터와 폴룩스(요한 바오로 I)와 배(교황권에 대한 암시) …… 수염 달린 별(헬리 혜성-1986). 공공의 보물이 땅과 바다에서 없어진다.

노스트라다무스(1555), C2 Q15

스페인에서만이 아니라 고대 프랑스에서도 그는 흔들리는 배(바티칸)로부터 선출될 것이다. 그는 적에게 약속을 할 것이며 그는 통치기간에 거대한 질병을 일으킬 것이다.

노스트라다무스(1555), C5 Q49

그러자 불순과 혐오가 표면에 드러날 것이고 폭로될 것이다. ……통치의 변화가 끝나가면서〔아마 2000년에 세기의 순환의 끝?〕 교회의 지도자들은 하느님에 대한 사랑이 후퇴하게 될 것이다. …… 세 부분 중에 카톨릭은 숭배자들의 교파적인 차이에 의해 퇴폐적으로 되버린다. 프로테스탄트는 모든 유럽에서 엄청난 비행을 범할 것이고, 이슬람에 의해 아프리카는 미친 자〔테러리스트〕에 의해 지도되는 영적으로 곤궁한 자들에 의해 세계적인 사치〔석유, 소비주의, 그리고 약물?〕를 하며 간음을 범할 것이다. …… 그 중에서 세계의 2/3 이상이 걸려서 죽게될 엄청난 질병이 나타난다. 그렇게 많은 사람들이 〔죽어서〕 아무도 집과 땅의 진정한 주인이 누군지를 알지 못할 것이다. 도시의 잡초들은 무릎 이상으로 자라고 목회자들은 완전히 절망하게 될 것이다.

노스트라다무스(1557), 앙리 2세에게 보내는 서한

성 요한이 말한 여섯 번째 질병은 그조차도 놀랄 만한 것이다. 예언자는 장미빛 유리를 통해 자신의 환상적인 희망으로 미래를 투시할 수는 없는 것이다. 모든 '진실한' 화자들과 거짓 예언자들에 대한 예수의 경고는 기독교의 가장 영향력 있는 사건인 십자가 처형 이후의 사도들인 파트모스의 요한만이 아니라 성 바울에게도 가리지 않고 성취되었다.

그날에는 많은 사람들이 나를 보고 '주님, 주님! 우리가 주님의 이름으로 예언을 하고 주님의 이름으로 마귀를 쫓아내고 또 주님의 이름으로 많은 기적을 행하지 않았습니까?' 하고 말할 것이다.

예수(서기 30-33), MT7:22

성 바울은 자기 주의 모습으로부터 길을 잃어 버렸던 그리스도를 마음 속으로 보고 느낀 것을 그렸다고 말할 수 있다. 계시록의 성 요한은 사도 요한의 저작과 유사성을 거의 갖지 않는 과장된 양식으로 글을 적었다. 또한 계시록은 최소한 십자가 처형 50여 년 뒤에 작성되었다. 예언자인 요한이 영적으로 그리스도와 연결된 것은 미래에 대한 자신의 관점에 따른 것으로, 믿음의 문제이지 사실의 문제는 아니었다. 그의 개인적인 편견은 "아멘"이라고 외치는 20세기 사람들에 의해 성경적인 방어벽이 되고 있지만, 이 예언자의 통찰력에도 불구하고 정확도가 떨어진다.

만약 이 불안한 생각의 표현을 궁극적인 결론이라고 생각하면, 탈육화된 스승들의 일꾼들인 모든 종교의 성직자들은 외계인들과 교신하는 자들이나 돌고래 정도로 믿음을 가질 만한 자들인가?

만약 교회 자체가 성 요한이 말한 짐승에 대한 잘못된 상징이라고 한다면, "종교는 인민의 아편"이라는 칼 마르크스의 금언이 신비 상징에 좀 더 가깝다. ≪신의 이름≫이라는 책에서 데이비드 얄롭은 교황 요한 바오로 1세를 살해하려는 음모에 대해 적고 있다. 교황은 바타칸 은행의 광범위한 비밀 거래를 폭로하겠다고 한 그날 아침 자신의 침대에서 죽은 채로 발견되었다. 바티칸 은행은 연간 6억 달러 정도의 마피아의 마약 판매금을 돈 세탁하고 있다는 소문이 있다. 바티칸과 얄롭이 연결되어 있기 때문에, 프리메이슨, CIA, 그리고 이탈리아 마피아의 극우 조직과 연결되면서 마약 불법 거래와 다른 약물 관련 활동에 교회가 중요한 역할을 하고 있다는 의혹에 더 깊이있는 수사를 막기 위해 교황청은 교황을 살해했다는 소문이 계속 이어지고 있다. 그의 후계자 요한 바오로 2세가 업무를 인수했을 때, 그는 동일한 보고서를 받았다. 바티칸 은행을 책임지고 있는 추기경 바울 마르신쿠스를 해임하는 대신에 -그리고 그 스캔들의 주모자 노릇을 했다고 의심을 받은 자- 폴란드의 교황은 그를 대주교로 승진시켰고, 1980년대의 나머지 해 동안 교회의 재정을 빈틈 없이 관리하게 했다.

노스트라다무스가 폴란드의 교황을 "적과 약속한 미래의 교황"이라고 지적한 것은 전세계적인 돈 세탁 음모와 관련된 사건이라는 것을 암시하는 것으로 볼 수 있다. 카롤 보이티야는 폴란드 남부 크라코프 근처에서 태어났는데, 이곳은 한때 샤를마뉴의 고대 프랑스 제국(신성로마제국)의 국경 내에 포함되어 있었다. 흔들리는 신정국가의 교황이 한 약속은 약물 오용이 전세계적인 전염병처럼 퍼져나가고 있는 때에 현금 유통이라는 다른 통로를 제시해 주는 것일 것이다. 교회가 약물을 판 돈을 세탁해 주고 받은 십일조는 중독자의 팔에 꽂힌 많은 바늘들을 들어가는, 전세계적인 약물의 흐름을 유지시켜 주고 있다. 노스트라다무스가 아래에서 예견한 것처럼……

> 오 위대한 로마, 너의 패망이 가까웠다. 너의 성벽만이 아니라 너의 피와 살도. 글자 중 가장 가혹한 것이 소매를 모두 말아올려 뾰족한 철의 자국을 만들 것이다.
>
> 노스트라다무스(1557), C10 Q65

"질병" 7: 그대가 질병이라는 것을 깨닫는가?

일곱째 천사가 자기 대접에 든 것을 공중에다 쏟았습니다. 그러자 "다 되었다" 하는 큰 소리가 성전안에 있는 옥좌로부터 울려 나왔습니다. 또 번개가 치고 큰 소리가 나며 천둥이 울리고 큰 지진이 일어났습니다. 이런 큰 지진은 사람이 땅위에 생겨난 이래 일찌기 없었던 것입니다. 그리고 그 큰 도시가 세 조각이나고 모든 나라의도시들도 무너졌습니다. 하느님께서는 그 큰 도성 바빌론을 잊지 않으시고 그 도성에게 당신의 분노의 잔을 마시게 하셨습니다. 곧 심한 진노의 포도주를 마시게 하신 것입니다. 그러자 모든 섬들은 도망을 가고 산들은 자취를 감추어 버렸습니다. 그리고 무게가 오십 근이나 되는 엄청난 우박이 하늘로부터 사람들에게 떨어졌습니다. 사람들은 그 우박의 재난이 너무나 심해서 하느님을 저주하였습니다.

파트모스의 성 요한(서기 81-96), REV 16:17-21

온 나라 어디에도 비가 내리지 않아 땅이 갈라지니, 농부들은 기가막혀 땅이 꺼지게 한숨만 쉴뿐.

예레미야(서기전 587), JER 14:4

각 개인의 영적 법칙과 연결되는 각자의 행동, 일련의 생각과 노력이 많은 도시와 많은 땅에서 고스란히 유지되는 여러 조건에 놓여 있다.

에드가 케이시(1932), NO. 311-10

증오는 증오를 받는 사람과 증오하는 사람 모두를 죽일 수 있다.

"질병"에 대한 노스트라다무스의 예언(1565)

인류는 모든 성스러운 것을 오용하고 있으며 모든 부조화를 낳고 있다. 만약 어떤 변화가 발생하지 않으면, 그 의미에 대해 이해하지 않고 뿌리로부터 변형되지 않는다면, 사람들은 재난의 심연에 빠지게 될 것이다. 당신 주변에서 보는 것 중 어떤 것도 이것과 모순되는 것은 없을 것이다.

암브레스(1986)

심령가들은 우리에게 생각(thoughts)이 물체(things)라고 말한다. 인간의 마음을 변화시키면 물체를 변화시킬 수 있다. 주부, 행정가, 합리주의자, 그리고 새시대 운동가(NewAgers) 집단의 수많은 보고서에 따르면, 땅 위에 불에 달궈진 바위가 놓여져 있고 그 위에서 빛을 보았다는 보고가 있다. 일단 최면술에 걸린 상태에서 이들 무리는 불이 살을 태우는 것이 아니라, 숯불보다 더 작게 나타나는 유황불 위를 발끝으로 걸어갈 수 있었다는 것이다.

또한 깊은 최면 상태에서 본 것으로는 손바닥에 놓인 일반적인 동전이 갑자기 백열 빛을 발했다는 이야기도 있다. 그 뒤 동전은 증기처럼 연기를 내며 뒤틀렸고, 자신의 생각을 투사했기 때문에 생긴 결과 때문에 추위를 느꼈으며, 무해한 동전이 놓여 있던 손에 물집이 잡혔다는 것이다.

우리의 내면과 주변 세계에 영향을 미치는 무의식의 세계는 진정으로 인간이 탐험해야 할 마지막 지점일 것이다. 저명한 고고학자이고 심령 고고학자인 ≪우리는 지진 세대이다≫의 저자인 제프리 굿맨 박사에 의해 행해진 예비 실험들은 의식과 무의식이 주변 세계에 강한 정신적인 영향을 미친다는 것을 보여 주고 있다. 굿맨 박사는 이 현상을 생물관계성(bio-relativity)이라고 부른다. 즉 사람과 심령이나 마음 에너지를 통해 물리적인 환경이 상호작용하는 것이다. 심령가들이 최면 상태에서 뜨거운 돌 위를 걷는 것을 수천의 회의주의자들이 이를 받아들이고 있음에도 불구하고 대부분의 사람들은 그러한 생각을 비웃을지도 모른다.

성 요한이 말하는 일곱 번째의 세균들은 수십억 사람들의 무의식적인 사고에 집단적인 심령적 충격을 준다는 것을 의미할 수도 있다.

네발 달린 스칸디나비아의 나그네쥐들과 같이 인류는 자신이 직접 만들어낸 세계에서 오는 심령에 대한 무의식적인 중압감과 압박감에서 벗어나고 싶은 마음이 들게 될 것이다. 사람들은 질병에 의해 지배되고 오염되어 있으며, 존경받는 정치인과 성직자들을 추종하면서 번잡한 동굴 속에서 미친듯이 파도처럼 밀려 다닌다. 설치류들처럼 인류는 더 푸른 초원, AIDS 그리고 몸과 영혼을 허약하게 만드는 방사능에서 벗어난 장소를 알아내야만 한다. 인류의 존경받는 지도자들은 성경에 제시되어 있는 7개의 질병으로부터 오는 고통을 극복하기 위해서 대양 건너있는 유토피아에 대해서 알아야만 한다. 그들은 현재 모든 인간들을 위험한 바다로 몰아가고 있는 것은 아닌가?

> 인류는 피부병, 기근, 그리고 독에 의해 사라질 것이다. …… 소수만이 세계를 다시 건설하기 위해 살아 남을 것이다. 미래는 빠른 걸음으로 다가오고 있다.
>
> **여 예언자 레기나(19세기 초)**

> 멀린은 영국에서 많은 이상한 물건들을 보게 될 것이다. …… 사람 사이의 대기근, 피의 대억압.
>
> **멀린(서기 5세기)**

야훼께서 예루살렘을 쳐들어 온 모든 백성을 치시리니, 모두 급살맞아 선 채로 살이 썩고 눈구멍안에서 눈알이 썩고 입 안에서 혀가 썩으리라.

즈가리야(서기전 160), ZEK 14:12

(즈가리야서에 나오는 악몽들은 야심에 찬 우주적 움직임들 뒤에 잠복해 있다. 눈구멍 속에서 썩는 눈이라고 즈가리야가 예언한 속뜻은 하늘에서 오는 자외선 질병들일 것이다. 이것은 다른 말로 하면 유행병인 백내장이다. 성경에 나오는 '궤양과 종기' 는 오존층의 파괴에 의해 야기되는 광범위한 피부암에 의해 야기되는 것일 수도 있다.)

흑사병이 온 다음 해에 있을, 서양에서 준비되고 있는 무서운 전쟁은 노소를 불문하고 어떤 짐승도〔생존할 수 없다.〕 프랑스 내에 피, 불, 수성, 화성, 목성〔2004〕

노스트라다무스(1557), C9 Q55

〔저자 개정: 2004년 이후에 있는 목성, 화성, 그리고 수성의 다음번 합(合)은 (물병자리) 2009년 1월, 2011년 3월~5월—양자리, 사람들이 알고 있는 마야 달력에서 시간의 마지막 날인 2012년에 가장 가까운 합—그리고 2011년 12월과 2020년 1월(염소자리). 예비된 전쟁은 유럽 연합과 미국이 발칸 반도에서 평화를 수호하기 위해서 일어날 수도 있다. 전조는 몇 가지 형태로 올지도 모른다. 핵 재난, 오존층 파괴, 유전적으로 돌연변이되는 세균에 의한 질병, 또는 새롭고 급

속한 에볼라 바이러스나 AIDS의 확산]

네 번째 저승사자: 제3차 세계대전

> 20세기는 가족, 도시, 그리고 정부 간의 불일치로 죽음과 파괴, 교회로부터의 배교로 귀결될 것이다. 그것은 수십년의 간격을 갖는 3차례의 거대한 전쟁의 세기가 될 것이다. 그들은 더욱 황폐화되고 피를 많이 뿌릴 것이며, 독일에서만이 아니라 결국 모든 동서양의 나라가 폐허가 될 것이다.
>
> **마리아 라크의 예언(16세기)**

그것은 모든 사람들이 예상했고 수 많은 악몽의 주제가 되어 왔던 전쟁이다. 우리는 이를 예술과 소설의 영원한 주제로 알아 왔으며, 텔레비전과 영화 스크린에서 극화되는 것을 불길한 눈으로 보았다. 우리는 상상에서만 적들과 직면하여, 지옥과 같은 미사일의 일제 발사를 받는다. 우리는 영화에서 미래에 있을 전투에 이기거나 진다. 영화관의 뒷줄에서 고개를 빼고 보는 여러 연인들도 그것이 어떻게 끝날 것인지를 알고 있다.

우리 영화와 책들은 당신과 내가 핵전쟁이 진행된 이후 삶을 어떻게 살아갈지에 대한 냉정한 시나리오(가볍건 무겁건)를 담고 있다.

우리가 미래를 맞고 있는 1990년대 이후에도 상상이 우리가 원하는 곳으로 투사되고 있다. 그 뒤 고르바초프와 페레스트로이카가 출현했고, 오랜 냉전 뒤에 민주주의의 꽃이 피어나고 있다. 그가 미국을 처음 방문했을 때, 소련 대통령은 백만장자들에 의한 삶의 자본주의적인 방식을 자신의 사회주의적인 코로 성심성의껏 냄새를 맡았다. 그는 큰 걸음을 내딛었지만 공손하게 미국이라는 적의 방식을 받아들일 계획을 세웠다고 말했다. 그의 태도는 러시아 사람들이 나쁜 놈들이라는 선입견을 불식시켜 주었다. 그들은 1949년(미국이 이미 500개를 소유하고 있던 해)에 최초의 핵폭탄을 시험 발사하여 무기 경쟁을 하고 있다고 많은 비난을 받아 왔었다.

고르바초프는 우리의 미래에 대한 감각에 새로운 자극을 주었다. 지정학적인 해빙이 시작되었고 모든 극단적인 역할이 깨졌다. 베를린 장벽이 무너지고, 어떤 극작가가 체코슬로바키아에서 대통령이 되었으며, 동쪽 블록의 차우세스쿠는 그들의 스탈린주의자 동상들과 함께 재빨리 무너져버렸다.

누군가가 대심판의 법전을 만지작거리고 있다.

제3차 세계대전은 인간이 이제껏 벌이지 않은 가장 거대한 전쟁이 될 것이다. 초강대국들은 냉전 시대에 불을 지펴 놓은 아궁이를 지금도 갖고 있지만, 그러나 어떤 화부도 성냥을 어디에서 그어댈 것인지 알지 못 한다.

점성학상 다음의 시대 물병자리시대의 지배 행성이고 상징적인 주인인 천왕성의 변덕을 맞이하게 될 것이다. 논리적인 외삽법을 이용하여 미래학자들이 잘못을 범하는 반면, 점성학의 신비한 시는 갑작스러운 변화와 혼동은 단지 시작일 뿐이라고 미래를 맞이하게 될 자들에게 경고해 왔다. 우리가 "1부 종말기의 교차로"에서 살펴 본 것과 같이 세계는 두 가지 천문학적 시대 사이의 끝에 놓여 있다. 물고기 자리는 물병자리의 예측할 수 없는 분위기 때문에 매 순간 인류에 대한 영향력을 상실해가고 있다. 원형적으로 주술사인 천왕성은 자신의 모자에서 토끼를 꺼내기를 좋아한다. 그는 혼돈의 연금술사이다. 미친 짓과 세계 질서를 무질서하게 만들고 불안하게 하고픈 열망을 갖고 그는 물고기자리의 전통적인 이데올로기와 신념 체계들을 위태롭게 하고 새로운 시대의 황금률을 만든다.

공산주의의 붕괴는 단지 다가올 혼란과 흥분을 미리 맛보는 것에 불과하다. 우리는 물고기자리에서 있었던 냉전의 구태의연한 시기에 대한 향수를 곧 느끼게 될지도 모른다. 물고기자리는 철의 장막이 정치적인 악으로부터 공정한 자유로 벗어나는 것이 더 좋은 시대라고 생각하는 시대이다. 그때가 더 안전했었다. 국가적 경계의 모든 수준들에 색깔이 들어가 있었다. 샘 아저씨(미국)와 러시아의 곰(소련)은 어떤 단계들에서 세계 지배를 위한 춤을 출 것인가를 알고 있었기 때문에 자기 발가락으로 오래 걷지 않으려고 했다.

천왕성은 법전을 태울 것이다. 그리고 사람들은 1990년대가 끝나기 전에 혼란이 증가하는 것을 기대하게 될 것이다. 러시아와 미국 사람들은 똑같이 이번 십년간을 지난번보다 더 악몽과 같다고 생각하게 될 것이다. 공산주의자를 마녀 사냥하던 매카시 선풍의 시대에서 살아 남아 있는 중도보수주의자조차도 요시프 스탈린 시대에 대한 향수를 가지고 과거를 되돌아보게 될지도 모른다. 그렇다. 조 아저씨(스탈린)는 살인자였고 히틀러보다 더 성공한 악마다. 그는 나치의 극중 역할과는 달리 공포와 대중 학살을 중단하려고 했었다. 그러나 여전히 마음씨 좋은 아저씨는 강력하지만 비인간적인 통치 하에 동유럽과 코카서스의 민족적, 인종적 긴장을 유지하고있다. 45년 동안 소련은 단지 오늘날의 반에 불과한 핵무기로도 아이들에게 악몽을 심어줄 수 있었지만, 소련의 해체로 핵무기 감축을 불안하게 만들었다. 아랍과 이스라엘도 자신들의 증오와 무기를 폐기하여 농기구와 동정으로 바꿀 수 있다고 확신할 수 없었다.

결국, 세계를 사라져 버리게 만드는 미국과 소련의 냉전 시나리오는 예언서에 나오는 많은 물을 유지할 수 없었다. 이제 냉전에 대한 두려움이 베를린 장벽의 벽돌들처럼 무너져 버렸지만, 우리는 다시 한번 아마겟돈의 모습을 새로운 깨달음과 걱정어린 눈으로 살펴보게 될 것이다.

냉전이 없어졌지만, 더 진실하게 들리는 아마겟돈이라는 죽음의 시나리오가 있다. 1990년대 초에 있었던 세계 평화에 대한 용기를 북돋아 주는 새로운 발전은 평화의 천 년기에 열려 있는 창문 위에 쳐져 있는 형이상학적인 거미줄을 통해 비치는 유쾌한 태양빛과 같다. 우리는 아직 창문을 개방하지 못하고 있으며, 우리를 현란하게 하는, 즉 그 길로부터 벗어나게 만드는 반사된 섬광 쪽으로 가고 있다. 현란한 환상 중 하나는 "냉전은 끝났다"는 것이며, 다른 하나는 "핵무기 감축"이라고 알려져 있다. 우리는 "평화"의 동의어를 "민주주의"라고 생각하고 있듯이 기만적인 섬광에 의해 이끌리고 있다. 미래의 어두운 전조들은 그러한 희망적인 빛 뒤에 숨어 있는 것들을 폭로할 것이며, 그래서 우리는 문명을 축복할 둥지에서 미끄러져 내려 아마겟돈을 발받시키는 거미줄 위로 향하고 있는지도 모른다.

새로운 세계 질서는 조용히 오지 않는다.

마지막 은유에 등장하는 네 번째 사자는 여전히 매복하고 있다. 그는 제3차 세계대전이며 과잉 인구, 생태계 재난, 그리고 유행병으로부터 우리 세계를 붕괴시키기 위해서 계속 살금살금 기어 오는 세계적인 전쟁이다.

정화에의 의지

이론적으로 절대로 회피할 수 없는 것이란 없지만, 실제로 거의 회피할 수 없는 것이 있다. 사람들은 과거에 실제로 발생했던 것처럼 전쟁이 미래에도 발생할 것이라고 믿는다. 전쟁은 단지 이미 발생했던 많은 사건들의 결과일 뿐이다. 이 관점에서 보면 제3차 세계대전의 모든 원인들은 이미 발생해 있다. 그러므로 전쟁이 아직 발생하지 않았다고 앞으로도 발생할 가능성이 없다고 말할 수 없다.

오쇼(1985), LTUS

아마겟돈, 라그나록, 대 정화 ……

대심판에 대해서는 여러 이름이 있다. 예언자가 성경적인 흉조를 경고하거나 홍을 깨는 바이킹 사제이거나 우라늄을 성스러운 땅에서 캐는 미국 정부를 감시하는 호피 인디언의 주술사이거나 어두운 시대로부터 온 시무룩한 아일랜드의 주교이거나 이윤을 의식하는 뉴 에이지의 수다장이거나 마지막 전쟁으로 우리 문명이 사라질 것이라는 예언은 대부분 공통적인 것으로 제시되어 있다. 지난 3천 년 동안 인류와 문명화된 행동가들의 가면이 5천 번 정도 벗겨져 전쟁의 야만적인 얼굴이 드러났다.

그러나 그것은 모두 지나갔다, 그렇지 않은가? 우리는 새로운 세계질서를 유지하고 있다. 오늘날 교회를 불태우는 바이킹이나 반달족의 무리나 로마 시를 약탈한 비지고트인들은 없다(만약 그들이 전리품을 팔기 위해 약탈하는 방랑족들이 아니라면). 어떤 자들도 종들의 갈비뼈나 기독교인의 다리를 오락을 위해 제공하지는 않는다—헐리우드의 몇몇 특수 효과들을 제외하면, 지금은 20세기이다. 우리는 문명화되었고 발전되어 있다. 지금은 기술적인 경이의 세기이고, 국제 연합 조직들의 세기이다. 우리는 스마일 상징을 가지고 있다. 우리 현대인들은 자랑스럽게 코를 자극하는 향수를 자랑하며 우리의 조상들은 더 야만적이고 어두운 시대에 살았다고 생각한다.

예언자들을 기억의 좁은 통로의 다른 끝에서 바라보는 것은 대단히 적절치 않다. 과거의 신탁들은 미신일 것이라고 우리는 보고 있지만, 우리 세기에 대한 그들의 의견은 비참한 공포로 가득 차 있다. 과거의 예언들은 하나같이 지옥의(원자핵융합반응의) 화염에 20세기 인류가 빠지게 될 것이라고 본다.

미셸 노스트라다무스는 "야만적인" 과거에 대한 거의 모든 예언자들을 대신해 다음과 같이 말하고 있다.

> 고대인들은 내적인 고요, 광채, 축복, 그리고 아름다움에 머물러 있으며, 미래의 국가들은 질병과 죽음의 흔적만을 남길 뿐이다. 모든 새로운 세대는 이전보다 더 무서운 파괴 무기를 개발한다. 이 발전을 사람들은 중단시킬 수 없다. 왜냐하면 그들은 두려움의 노예가 되었기 때문이다.

프랑스 혁명과 나폴레옹 전쟁이 있은 지 200년 전에 시작된 현대의 복지 사회에서 모든 세계적 전쟁은 서구 세계의 전쟁터에서 시작되었다. 평화의 간주곡이 40년이나 50년 동안 지속된 적이 없다. 나폴레옹 전쟁은 1915년에 끝났다. 40년 뒤에 프랑스와 영국군은 크림 전쟁 동안 러시아에 대항하여 싸우기 위해 터키인들과 연합하여 국제적인 학살에서 새로운 조류를 만들었다. 일련의 충돌은 1960년대를 통해 폭발했으며 1871년에 살인적인 보불 전쟁으로 끝났다. 유럽의 전장은 발칸 전쟁이 1912년에 제1차 세계대전으로 귀결될 때까지 또다른 40년 간 휴식기에 있었다. UCLA의 역사학 교수였던 유겐 베버는 두 개의 세계전쟁을 "독일의 두 번째 30년 전쟁"이라고 총괄하여 규정한다. 다른 말로 하면, 세계전쟁 사이에 있는 20년 간의 간격은 2회 동안 끝나지 않는 비지니스 사이에 있었던 매우 오랜 간격이었다. "결코 다시" 일어나지 말아야 한다는 기도 소리와 함께 6천 7백만 명은 매장되었고, 인류는 히로시마와 나가사키와 같은 공포스러운 새로운 기술에 대한 기억을 갖게 되었다. 사람들은 인류에게 마지막 전쟁일 것이라고 보이지 않는 신들에게 약속했다.

다음 차례에 문명의 마스크가 벗겨질 때까지……

전시에 받은 훈장을 사람들은 평화시에 매달고 다닐 수 있다. 예를 들면, 미공군의 어니스트 르메이 장군은 수백만 명의 독일과 일본의 문명인들을 융단 폭격하여 없애 버리는 전략을 완수하였기 때문에 훈장을 무거울 정도로 많이 달고 다니면서 오늘날까지 존경을 받는다. 뉘렘베르크 재판은 패전국측으로부터 전범자를 색출할 수 있었다. 그러나 만약 '영웅'이 평화시에 단지 한 사람을 살해한다면, 그는 십중팔구 전기 의자에 앉게 될 것이다.

우리는 현재 문명화된 모습을 유지할 수 있다. 특정한 점에 이르면, 호모 사피엔스는 열까지 세기를 포기하고 대중적인 분노를 폭발시키게 된다. 나는 이것을 "정화에의 의지"라고 부르고 싶다. 왜냐하면 모든 개인의 희망이 방해받고 있는 "권력에의 의지"에 대한 야유를 담고 있는 대처법이기 때문이다. 사람들은 국가가 야기한 대파국에 임박하여 분노와 좌절을 토해 내기 위해 니체주의자, 오웰주의자, 또는 유토피아적인 변명을 하는 것이 정당하다고 생각하고 있다. 국가-폭도는 자신들의 집단적인 증오, 즉 적의 비인간화된 객체에 의해 정복하거나 정복당할 기회를 제공하는 일촉즉발의 위기로부터 집단적으로 움직인다.

군중-민족적의 분개가 진정되면, 사람들은 자신들이 소비한 역정 때문에 생긴 공허감을 발견해 내기 위해 평화로의 복귀를 환영한다. 먼지가 가라앉고 흘린 피가 마르고 죽은 자들은 매장된다. 어떤 예언자도 집단적인 근심과 걱정을 새로 만드는 것은 다음에 전개될 살인으로 귀결된다고 예언할 필요를 느끼지도 않는다. 당신은 얼마나 여러 번 자신과 다른 사람들-승리자이건 패배자이건 마찬가지로-집단적으로 "다시는 절대"라는 기도를 올린다.

스톰버거는 각 개인들은 국민 대중들을 전쟁의 사형장으로 이끌어 가는 정치적인 지도자들의 독재 앞에 자신의 지성을 굴복시킬 것이라고 예언하여 그 불가피성을 사람 스스로가 부정한다고 폭로해 왔다. 그와 다른 예언자들은 이 번 세기에서 정화에의 의지가 두 번의 세계 전쟁 발발 뒤에도, 세계의 여러 국가들은 인구의 1/3이 종말을 고하게 될 마지막 전쟁으로 끌고 들어갈 것이라고 경고했다.

반사적인 재무장 열기는 평화 시기로 전환되었던 1945년에 이미 시작되었다. 물론이다! 우리는 단일한 동맹 프로그램을 수용하지 않고, 제1차 세계대전을 벌인 할아버지보다 더 쉽게 만들어질 수 있는 많은 군대에서 '지키기 힘든 평화를 지켜야' 만 한다.

이 오래된 실수의 반복은 핵시대에 더욱 치명적인 결과를 야기한다. 우리는 40년도 더 오래도록 정화에의 의지를 유지하기 위해 사라진 아이들의 사진—히로시마의 깨어진 벽들 위에서 일광을 쬐고 있는— 위로 드리워진 그림자와 정지된 시계가 그려져 있는 포스터 이미지에서 고마움을 느끼게 될는지도 모른다. 모든 목적을 실현시키기 위해 진실한 평화수호자들은 세계의 의회보다는 미사일 격납고 속으로 피하게 될 것이다.

공산주의 블록이 무너지면서, 우리는 공산주의에 대한 악몽을 낡은 역사적인 선조들에게로 바꾼다. 레닌과 스탈린이 서양인들을 속인 것과 아울러 군주주의자와 민주주의자들도 제1차 세계대전을 시작했다. 그리고 그것은 자본주의적 거인(독일과 일본)대 다른 자본주의적 거인(미국, 프랑스, 그리고 영국)이었다. 그들은 2차 세계대전도 개시했다. 정화에의 의지에 대한 다음 번 폭발은 1990년대 중후반으로 계획되어 있다. 〔저자의 개정: NATO는 장기화되고 있는 발칸에서의 증오를 염두해 두지 않을 것이지만, 독일의 비나치화보다 발칸에서 평화의 강화와 재교육에 대한 세대적인 행동이 더 요구되고 있다. 일단 IFOR과 NATO 군대들은 다음의 세계적인 충돌이 다시 한 번 유럽과 발칸 반도에서 시작될 수도 있는 전쟁을 하고 있다.〕

그리고 여전히 우리는 "아니 제발"이라고 기도한다.

그리고 20세기에 다가오는 사건들에 있어서는 …… 모든 이전의 전쟁들이 사라지기 전에 어떤 전쟁이 올 것이다. 불의 열기들이 어떤 구름도 없는 곳에 있는 구름으로부터 올 것이다〔버섯 구름?〕 …… 중간에 있는 모든 것은 대양일 것이다. 거대한 독수리들이 하늘에서 날게 될 것이다. 〔대륙간 폭격기들?〕 해양의 양쪽에 있는 모든 대도시들은 파편과 재에 묻힐 것이며, 이것은 거대한 통곡의 원인이 될 것이다. 전쟁의 공포도 물 위에 가득 찰 것이며, 적은 많은 불상사와 함께 머리 위에서 고통을 받게 될 것이며 눈물이 흐르고, 많은 피가 흐르고 모든 것이 끝날 것이다.

마리엔탈의 예언(1749)

그리고 국가들 사이의 두 번째의 거대한 싸움 뒤에 세 번째의 보편적인 재난이 올 것이며, 이는 모든 것을 끝낼 것이다. 완전히 새로운 병기가 올 것이다. 어느 날 더 많은 사람들이 이전의 모든 전쟁을 합친 사람들보다 더 많이 죽을 것이다. 전투는 인공총〔레이저, 레이더 광선?〕으로 싸울 것이다. 거대한 대파국들이 일어날 것이다. 뜬 눈으로 전세계의 국가들은 이 파국으로 들어갈 것이다. 그들은 무엇이 일어나고 있는지 알지 못하고 알려고 하는 사람들은 침묵하게 될 것이다. 모든 것은 이전보다 다르게 될 것이며 여러 곳에서 지구는 거대한 공동묘지로 될 것이다. 세 번째의 거대한 전쟁은 많은 국가들의 종말이 될 것이다.

스톰버거(18세기)

인류를 구원하게 될 것은 마지막 전쟁일 뿐이다. 단지 세계가 피와 피괴, 그리고 폭력을 통해 만족감을 받게 될 때에만, 현재의 미친 악몽으로부터 깨어나게 될 것이며 그래서 다가올 "전쟁 중의 전쟁"은 예상되는 사태에 어울리게 된다.

체이로(1925), CWP

군비 축소의 꿈

1980년대 후반, 강대국들의 지도자들은 희망을 가졌다. 세계의 약 63,650개의 핵무기를 50퍼센트로 감축하고 중부 유럽을 탈군사화하고 NATO와 바르샤바 조약은 195,000 명의 미군과 소련군의 병력을 각기 감축한다. 강대국들은 50년 동안 대심판으로 귀결되는 것을 막으려고 군대 축소를 원했다. 그리고 수백만의 군을 감축하여 민간 부문으로 되돌리려고 했다. 소련과 미국의 맹세는 만약 그들이 검을 보습으로 만들고, 핵을 탑재한 창을 반으로 줄여 나무 갈고리로 만든다면, 이사야가 말한 옛 이야기를 실현시킬 수도 있을 것이다.

우리 시대에 평화가 올건가?

빠른 것이 아니다! 잠시, 전략무기 감축협상(START I과 II)에 내재한 강대국 무기감축의 약한 고리를 생각해 보자. 무엇보다도, 성공은 러시아 연방(이전에 소련)과 냉전 동안에 그런 것처럼 안정적인 상태로 남아 있는 미국 양쪽에 달려 있다. 미국은 사회적으로 보았을 때, 어느 정도는 경제적으로 무기 감축의 꿈을 실행할 수 있는 능력이 있는 것처럼 보이지만, 그러나 한때 소련이었던 곳은 어떠한가? 역사에 대한 희망은 5중의 인공 혈관을 가진 보리스 옐친의 정치적인 운과 생존에 많이 달려 있다. 그나 그의 정치적인 후계자들이 분열된 군사 강국을 재건설하는 데에 성공할 수 있거나, 세계 최초로 차고 세일 가격 수준의 핵과 화학 무기 기술을 수행하는 세계에서 두 번째로 큰 파괴력 있는 무장군대가 중동의 석유국가들이나 아부 니달과 같은 테러리스트 그룹을 솎아 내려고 할 것인가?

우리는 이미 두 번째의 러시아 혁명을 극복할 수 있는 생태학적이고 위험한 요소들을 살펴 보았다. 민주 정부와 자유 시장을 시작하는 데에 적용되었던 충격요법은 새로운 차르체계로 후퇴하는 데에 거대한 도약의 계기를 주는 것인지도 모른다. 특히 종말기의 러시아 제국이 바나나(러시아의 당근 수프인 보르쉬트라고 불러야 할까?) 공화국처럼 안정되고 우호적인 군사 위원회에 의해 수행된다면 무기 감축을 확보할 좋은 분위기만은 아니다.

그러나 미국과 러시아가 대재난에 미치는 영향력이 감소되었지만, 다극화된 세계에서 예상할 수 있는 위험스러운 요소들은 천왕성에 의한 영향력이 향상된다고 해보자. 그 강대국들은 파국적으로 현상을 변경시키고 있으며, 다음 세기에 실제로 그들의 핵병기를 START II에 의해 약속했던 대로 2003년까지 75퍼센트로 감소하려고 한다. 사람들은 중국과 핵을 가진 중동의 제3세계 국가가 자신들의 스커드 미사일을 열성적으로 감축시키려고 하지 않으려 한다는 것을 예상하지 않는다. 특히 강대국의 핵무기 감축이 제3세계 핵 그룹 성원들의 정치적 움직임을 촉진시킬 때는 더욱 그러하다. 모든 강대국의 핵무기 감축으로 인도, 파키스탄, 이슬라엘, 또는 이라크 공화국이 소유하고 있는 폭탄은 100퍼센트 이상 힘이 증가할 것이다. 만약 그 지도자들이 거짓말을 하고 있고, 공략을 하고 있는 것이라면 즉 그들이 해체된 소련의 군산복합체로부터 획득한 몇 십 개의 전술 핵무기를 비축하는 반면, 공개적으로 그들 자신의 핵무기 개발 노력을 해체한다면 이 세기 말까지 개발도상국의 병기들은 강대국과의 동등해질 것이다.

또 다른 감축에 대한 악몽이 있다. 효과적인 무기 감축과 제3세계로 밀수되는 핵무기의 판매 금지에도 불구하고 냉전 시대의 적대국에 의해 벌어지는 한두 개의 원자핵융합반응전이 있다. 이 모든 것이 발생할지도 모른다. 만약 21세기 초 십 년 간에 선의와 평화로의 길이 상승하는 대양에 의해 쓸려 나가게 되면, 또는 미래의 지구촌이 가뭄으로 메마르게 되면, 여전히 미국과 소련 핵병기의 75퍼센트 감축으로 남게 되는 양으로도 주요 미국 도시를 세 번이나 날려버릴 정도로 대재난을 일으키기에 충분하다. 보복시에 미국은 소련의 자치도시를 9.25번 파괴시키는 것으로 계산할 수 있다.

우리 인류는 9번 정도의 여분의 삶을 갖고 있지 못한다. 그러나 크레믈린과 백악관의 고양이들은 남자, 여자, 나무, 아이들, 개, 그리고 바퀴벌레의 과잉을 800번에서 200번까지만 완화할 수 있는 것처럼 보인다.

START 회원들은 단지 아마겟돈에서 기름을 제거하고 있을 뿐이다. 이반과 샘 아저씨와 핵이라는 남근숭배 상징물을 좋아하는 자들이 단 한 번에 당신과 나를 사라지게 만드는 것을 서로 중단해 버린 뒤에 협상을 시작하지 않으면, 어떠한 실제적인 무기 감축의 꿈도 실현될 수 없다. 지구의 평화는 여전히 묘지의 평화로 드러나게 될지도 모른다.

> 많은 사람들은 전쟁을 야기하는 세계적 지도자들에게 복종하는 것을 원한다. 정치적인 지도자들은 그들의 메시지들을 전혀 들으려 하지 않는다. 아! 만약 신이 지구에 평화를 보내지 않는다면.
>
> **노스트라다무스(1561), C8 Q4 DUP**

> 모든 인공적인 진보〔20세기의〕는 파괴로 귀착될 것이다.
>
> **캐나다 몬트리올의 필사본(1888)**

신세대 무기들

물병자리는 공기의 여러 요소들을 다룬다. 깜짝 놀라게 하는 마술사인 천왕성이 그 동력이다. 천왕성의 마술은 물병자리에서는 여러 국가의 구조와 비난을 공동으로 지배하는 토성의 하위 진동수를 통해 나타난다. 토성은 대기의 미묘한 물질을 통해 분위기와 공기 양쪽을 바꿔 주는 11시경의 모닝콜이거나 천왕성의 보이지 않는 잠재성을 가리키는 불길한 죽음의 사신일 것이다. 전자파의 이중선은 물병자리의 신호를 상징하고, 비밀스럽고 보이지 않는 힘을 가진 뱀을 나타내기도 한다. 다음 번 점성술의 시대에서 인간의 파괴성만이 아니라 인간의 창조성은 하늘까지 상승할 것이다. 핵미사일과 독가스는 단지 다가올 물병자리의 20세기들을 비로소 구체적으로 제시하는 것일 뿐이다. 미래의 전쟁에서 인류는 하늘, 대기, 공중파, 눈에 보이지 않는 모든 물체(사념 그 자체도)를 무기로 사용할 것이라고 예상된다.

아직까지는 가정일 뿐인 악몽을 다음에 제시한다.

1999년 7월의 어느 날 밤에 중동의 핵보유국들이 전쟁을 일으킬 준비를 한다. 이스라엘은 어둠 속에 덮인 네게브 사막을 통해 샤비트 지역의 핵적재 탄도미사일들을 호송한다. 보안대원 중 아무도 또 다른 대륙으로부터 자신들의 화물에 조준되는 무선파의 전자 십자선을 느낄 수 없다.

러시아 심장부 깊숙한 곳에서는 극우 세력에 의해 장악된 특별 무선병기를 가지고, 새로운 차르 체제로의 복귀를 꿈꾸는 반샘족 일당들이 무기에 달린 조립식 거울 안에 들어와 있는 목표 신호를 수신하고 있다.

일단 샤비트가 광선 조준기에 들어오자, 레이더 총을 지닌 요원들은 대형 초단파 증폭을 할 수 있는 엄청난 파괴력을 지닌 무선파를 네게브를 통과하고 있는 부대에 발사한다. 그 신호는 탄두를 직통해 방사능 퓨즈를 파괴한다.

비무장 미사일은 폭파한다. 호송군과 보안군은 사막에서 핵 일광 속으로 사라진다. 수분 내에 일광 폭발은 몇몇 중동 국가들을 일촉즉발의 상황으로 만들고, 그 지역에는 신경가스가 살포되고 핵이 폭발하여 모든 존재하는 것들을 날려 버린다.

핵공학자이고 국방성 탈전쟁 게임 분석가인 미육군 예비역 대령 토마스 E. 베어돈은, 그러한 악몽 같은 무기는 가능할 뿐만 아니라 러시아가 이미 가지고 있다고 말한다. 구소련은 이미 전자공학과 전자기학 분야의 선구자인 크로아티아 출신 니콜라 테슬라(1857-1943)의 미래 기술을 적용하여 이들 신세대의 전자기 총을 개발했다.

≪마법의 검에 대한 보고≫와 ≪큰 독사≫, ≪소련의 스칼라 전자기 병기≫ 등과 같은 책에서는 레이더와 고급 전자기 이론에 대해 광범위한 지식을 소유하고 있는 대령 베어든은 제2차 세계대전 뒤에 소련이 히틀러 밑에서 일하던 가장 뛰어난 레이더 과학자들을 체포했다고 주장한다. 미국이 핵무기 개발을 하고 있는 동안 소련은 공간연결과 시간역전(TR)파 기술을 적용하여 대량 파괴의 또 다른 무기를 개발하고 있었다. 원형은 이미 1950년에 준비되었다.

TR무기는 이론적으로 레이더를 강력한 전자기 총으로 변형시킬 수 있다. 일단 레이더가 우주에서 수십만 마일 떨어진 목표지점에서 온 회신 신호를 받으면, 증폭된 시간 역전파들이 결합하여 극단적으로 강력한 TR파를 광속도로 목표에 정확하게 이르도록 되돌려 보낼 수 있다. 수신용 레이더라고 할지라도 TR파 장치로 연결될 수 있으며,

어떤 목표로 그것이 레이더에 의해 잡힌 신호를 방출하는 한, 지향된 에너지를 동일하게 집중할 수 있다. 간단히 말해 제트기를 추적할 수 있는 레이더, 또는 우주로부터 개인적인 움직임을 감시하는 레이더는 파괴력을 발휘할 수 있는 동일한 스캐닝 능력을 사용할 수 있다.

한 가지 방해 요소가 있다. 그리고 이것은 우리가 이 병기를 아직 사용하지 않는 이유 중 하나일지도 모른다. 만약 목표 지시자가 극히 조심해서 사용하지 않으면, 그는 부주의하게 자신이 가까이에 있는 핵무기나 전자기력적으로 자극된 폭발 중인 물질로 파를 발사할 수도 있다. 그리고 이것은 핵분열 물질이 탄두에 채워지든지 핵쓰레기로 매장되게 만들 것이다.

베어든 대령은 고르바초프가 기꺼이 레이건 대통령의 제로 옵션(핵병기의 완전한 해체)을 검토한 것은 핵감축만에 국한되지 않는다고 주장했다. 이전의 소련 전략사령부는 더 완벽한 파괴 병기를 도입하려고 했을 것이다.

1960년 1월에 당시 소련 수상 니키타 후르시초프는 소련은 '환상적인 무기' 를 만들기 직전에 있다는 것을 선언했다. 당시 모스크바에 있는 미국 대사관 직원들은 예상하지 못한 혈관 질환을 앓고 있었다. 그 뒤에 소련이 미국 대사관에 약한 마이크로파 광선을 수반하는 스칼라 전자기(EM)파를 쏘았다는 것을 발견했다. 대사관 근무자들이 실험용 쥐로 광범위하게 실험되었다면, 노스트라다무스가 경고하였던, 신세대의 미래전에서 거대한 규모의 전염병을 일으킬 수 있는 마이크로파 방사능 무기 질병의 또 다른 원인이 되는 병기가 완성되었지도 모른다.

베어든 대령은 수십 년 동안 소련으로부터 마이크로파 방송으로 전송되는 초저주파(ELF)가 지속적으로 미국으로 발사되어 왔다는 것을 주장했다. CIA는 이를 '딱따구리 신호' 라고 불렀는데, 그들이 만들어 내는 독특한 신호 때문이었다. ≪이메진≫지에 실린 글(1988년 제2호)에서 폴 화이트는 베어든이 딱따구리 소리와 같은 신호에 대해 설명한 것을 요약하면서, 이것이 어떻게 새로운 시대의 보이지 않는 무기로 사용될 수 있는지를 밝혔다. "정상적인 전자기파와 연관된 단계인 전자력(EG)파를 만들기 위해 함께 변조(잠금)된다. 이들 에너지 광선 중 다른 두 개와의 간섭은 EM 효과를 광범위한 '딱따구리 신호 전송대' 안에서 정확하게 위치를 잡을 수 있게 만들어지고 조종될 수 있게 도와 준다."화이트는 지속되는 파가 담고 있는 에너지의 거대한 용적기나 축전기"로 된다고 말한다.

다른 말로 하면, 미국은 딱따구리 신호의 무선총을 목격하면서 앉아 있다.

신세대 무기 경쟁에서 뒤처지지 않기 위해서 미국의 군산복합체는 21세기의 전쟁에서 천왕성적인 놀라움에 대비해야 한다고 예상하고 있다. 소련으로부터 날아 오는 보이지 않는 죽음의 광선은 미국의 플라즈마포 6문과 물병자리시대의 하늘에서 만나게 될 것이다. 새로운 미국의 스텔스 전투기와 폭격기 기술은 두 가지의 사용도, 즉 레이더 추적과 레이더 공격을 벗어날 수 있게 해주는 것을 가지고 있다. 성경에 등장하는 심연의 천사 아폴루온('파괴자' 에 해당하는 그리스말)은 계시록에서는 불멸하는 것으로 등장하는데, 이미 쉬바 스타(쉬바는 인도 경전에서 '파괴자' 로 알려져 있다)라고 불리는 미국의 새로운 무기 형태로 성 요한의 예언에 등장하고 있을지도 모른다.

뉴멕시코의 미공군 병기연구소에서 있었던 발사 실험 동안, 기술자들은 쉬바의 축전기 변압기를 기어 안에 집어 넣었다. 무게 20톤, 높이 5미터, 6개의 팔이 달린 파괴의 신/천사는 연구소 지붕을 날려버릴 정도로 강력한 것으로 만들어졌다.

이름을 정확하게 알 수 없는 한 소련 최고인민회의의 한 대표는 1986년 8월 26일에 ≪워싱톤 타임즈≫지와의 한 인터뷰에서 SDI의 진전은 러시아인들을 두렵게 만들고 있다고 말했다. 당시 소련군 참모장이었던 세르게이 아크로마이에프는 고르바초프 대통령에게 다음과 같이 경고했다. "만약 미국이 우주에서 방어막을 배치하면, 소련은 워싱톤이 바라지 않는 몇 가지 선택을 할 것이다. …… 소련은 미국이 아직 어렴풋이 알지도 못 하는 방법으로 매우 빨리 대응할 것이다." 1991년 8월에 아크로마이에프는 공산주의적 강경 노선에서 벌인 쿠테타가 실패한 뒤에 목 매달아 자살했다. 더 많은 전자기 무기 경쟁의 위협은 민주주의가 러시아에서 생존한다면 감소하게 될지 모른다. 만약…….

천왕성은 두려움을 사랑한다.

러시아는 단추 하나로 미국 통신을 무력화할 수 있게 될 어떤 전자 시스템을 고안하고 있다. 그렇게 되면, 궤도 위성을 통한 통신은 상실될 수도 있으며 미국은 그 때문에 정보를 빨리 받지 못하게 될 것이며 깜짝 놀라 갑자기 대비를 해야 한다면 반응할 수 없게 될 것이다.

루스 몽고메리의 지도령(1985), ALNS

(루스 몽고메리의 지도령, 에드가 케이시, 그리고 다른 투시자들은

높은 정확도를 보여 주고 있으며 '소련'이라는 말을 사용하지 않고 '러시아'라는 말을 사용한다. 1991년의 주목할 만한 사건 뒤에 해석가들은 이 변화를 어떤 의미가 있는 표현으로 설명할 필요를 느끼지 못했다. 가장 훌륭한 예언자들은 소련의 미래가 없다는 것을 투시했고, 지금 러시아가 전자기 총을 상속받았다는 것을 투시하지 않았을까?)

〔저자 개정: 주격 '철의 검'은 광섬유 케이블의 칼집에서 뺀다. 뉴에이지의 화살의 '날아가는 소리'는 전자기적으로 통과하는 전파 장애로 대기를 고동치게 한다. 미래의 최후 심판의 전사들은 제3차 세계대전에서 싸우기 위해 핵무기를 발사할 필요가 없다. 그들은 컴퓨터 키보드로 공격을 할 수 있다. 로켓 엔진의 으르렁거리는 소리도 대심판의 날에 나지 않고, 마우스의 클릭이 그 일을 한다. 생물학적 무기를 퍼뜨리기보다 다른 기술, 예를 들면 컴퓨터 바이러스로 모든 통신과 레이더 장치를 셧다운시켜 방해할 수 있다. '논리 폭탄'은 한 국가의 항공 통제 시스템을 무너뜨릴 수 있으며 철도를 재정렬하여 열차를 붕괴시킬 수 있다. 당신은 대통령이 갑자기 정책을 변화시켜 대중들로부터 괴리되는 모습을 보고 있다고 상상해 보라. 그가 미쳤을까, 아니면 적이 TV 신호를 가로채서 자신의 이미지를 컴퓨터 처리된 모조 형상으로 대치시켰는가?

≪사이버스페이스 …… 이후의 날≫에 따르면, 랜드사의 전쟁 게임은 미국의 고참 사병들(처음 타임지〔1995년 8월 21일〕에 의해 고찰되었는데)에 의해 1995년에 작동되었으며, 21세기 초반에는 최초의 전세계의 정보 전쟁을 보게 될지도 모를 것이다. 국방성 방위과학위원회는 충분한 컴퓨터 노하우를 갖고 있는 제3세계 국가도 "가상적으로 만들어진 규격품으로 무섭고, 현대적인 정보전 능력을 획득할" 수

있다는 것을 인정했다.〕

공중의 악한 영혼들은 지상에서 이상한 물체를 불러낼 것이고 사람을 던져 버려 파괴시킬 것이다.

라 살레트의 예언(1846)

북부와 남부의 블록

대재앙〔제2차 대전〕 이후에 수립될 사람들 사이의 평화는 단지 표면적일 뿐이다. 이 시기에 지구는 다양한 원인과 동란 때문에 흔들릴 것이다. 인류는 계속되는 전쟁들을 경험하게 될 것인데, 마침내 최후의 거대한 전쟁으로 귀결될 것이다.

라 살레트의 예언(1846)

어느 날 두 명의 위대한 지도자들이 친구가 될 것이다. 그들의 거대한 권력은 증가된 것처럼 보일 것이다. 새로운 땅〔미국〕은 그 권력의 꼭대기에 오를 것이다.

노스트라다무스(1555), C2 Q89

(이 예언은 노스트라다무스의 책 ≪예언들≫에 나오는 두 번째 백시선 중 89번째 4행시로 1989년을 냉전의 종말이 시작되는 해로 암시하고 있으며 러시아와 미국이 서로 친선국으로 바뀔 것을 예언하고 있다.)

50년 내에 단지 세 개의 거대한 국가들〔세계들〕만이 있게 될 것이다.

…… 그리고 50년 이내에 전쟁과 종말에 이르는 18년이 있게 될 것이다.

아갈타의 예언

(제1, 제2, 그리고 제3세계들은 마지막 세계대전 뒤에 형성되었다. 그들이 붕괴되어 혼란상태에 빠지게 되는 것은 바로 1995년 이전에 시작될 것이라고 암시한다.)

〔저자의 개정: 그 해에 발칸 반도와 체첸에서 인종 전쟁의 발발과 위험의 확산이 국제적으로 주목되었다. 또한 평화체제를 강화하고 전 세계로 유혈 인종전쟁이 확산되는 것을 멈추려는 국제적인 움직임을 자극했다. 그들이 성공할 것인지 판결이 내려지지 않았다.〕

백인들은 처음으로 지혜의 빛을 소유한, 다른 땅에 있는 사람들에 대항해 싸울 것이다. 그 결과는 무서울 것이다.

호피 곰족의 하얀 날개(1958), 전도사 데이비드 영에 의해 기록됨

(처음으로 알려진 문명은 메소포타미아〔현재의 이라크〕, 인더스 강 계곡〔현재 파키스탄과 인도 사이에 긴장 상태로 있는 국경 지대〕, 그리고 중국에 위치했다, 이 중화인민공화국은 21세기 초 초강대국으로서 미국을 경쟁 상대로 삼고 있다.)

끊임없는 전쟁이 일어날 것이다, …… 왕의 왕관들은 땅에 떨어질 것이다. …… 지구인들 사이에 무서운 전쟁이 있을 것이다.

아갈타의 예언

동쪽에서 전쟁이 일어나면 종말이 가까웠다는 것을 알라.

조안나 사우스코트(C. 1815)

동서양을 가로막고 있던 철의 장막이 사라졌다. 그러나 예언은 새로운 장막이 만들어질 것이라고 말하고 있다. 배고픔과 필요의 장막에 의한 세계의 분리.

생태학적인 파국과 그 결과인 사람들의 비참과 절망은 북쪽과의 아마겟돈 전쟁에서 남쪽 블록을 단결시킬지도 모른다.

이전에 제1과 제2세계(선진국과 공산주의 블록 국가들)를 형성했던 북쪽의 공업화되고 인구수가 안정화된 지역은 남쪽-이전의 제3세계의 비산업화되고 과잉 인구를 갖는 국가들에서 점점 소외되는 현상이 벌어질 것이다.

기사들을 읽었거나 CNN을 본 사람들은 모두 지구의 적도 중심부를 경계로 형성된 새로운 세계의 긴장에 너무나 익숙해져 있다. 사회적으로 이루어지고 있는 풍자는 자라나는 오해에서 나오는, 악몽에 기초한 새로운 빈정거림이며 남과 북 사이의 관계들을 동요시키고 있다. 이것은 고통과 위험을 완화시키지 못하고 있지만, 우리가 이미 세계의 종말을 향해 밟고 있는 몇 가지 단계를 확실하게 해주고 있다.

제1세계와 제2세계는 경제적인 필요에서 하나가 될 수 있다. 평화에 대한 열망은 무기 경쟁을 종식시키지 못했으며, 미국의 핵무장도 공산주의의 위협을 종식시키지 못했다. 새로운 질서가 맹아적인 상태에 있는 선진국들은 종말로부터 벗어나지 못하고 있으며 제3세계의 불 속으로 냉전의 프라이 팬을 집어넣 고 있다. 냉전(미국, 일본, 그리고 서구 유럽)에 대한 제1세계의 승리자들은 그들이 새로 획득한 제2세계, 즉 시장 측면에서 보았을 때 자신들의 애인 국가인 자들에게 원조와 관심을 쏟아부을 것이다.

공산주의라는 옷을 벗어버린 국가들에게 북쪽의 아버지들이 설탕을 팔려고 혈안이 되어 있을 때, 민주주의자들이 우아하게 보이면서도 상당히 뻔뻔스러운 태도를 보는 때에 무엇이 일어날 것인지 사람들은 알게 된다. 이곳의 아버지와 아이는 이제 제3세계를 방문하러 가는횟수가 적어지게 된다. 그들은 페레스트로이카 때문에 반 다스 정도의 물량을 받으려는 동유럽의 곤궁한 민주주의자들과 만나느라고 바쁘다. 그리고 옛날의 연인들에게 변하지 않는 충성과 원조를 중단하고 거대 산업이 주는 단순함과 경제적 욕망으로 이들은 다가오는 십 년 안에 천박한 실체를 폭로하게 될 것이다. 제1세계에서 설탕을 주는 사람들은 주로 침을 흘리는 백인들에게 다가갔으며, 철의 장막이 걷어지자 이들에게 추파를 매우 빈번히 던지면서 이들과 고국인들을 연결하느라고 바쁘다.

내가 이를 감히 말할 수 있는가? 북쪽의 공정성을 내세우며 팽창한 살진 고양이들은 자신과 흑갈색의 남쪽 종족 사이에 있는 넓은 틈을 발견하게 될지도 모른다. 사람은 기본 전제와 소수의 여주인들의 약점을 키울 뿐이고 그 범위를 지나치게 확장할 뿐이다. 그리고 북쪽 사람들의 장난기와과 달러가 사라지면, 식민지주의는 새로운 외관을 지니게 될 것이다. 그리고 만약 과거의 연인을 돌보지 않고 거칠게 대해도 된다면, 이들이 원했던 남쪽에 대한 '지원'을 줄이게 될 것이며, 그 대신에 은폐된 민족적 제국주의의 메시지를 보게 될 것이다.

그들은 생태학적인 정의로움을 담고 있는 녹색의 메시지로 적도 아래 쪽 사람들을 계속 때릴 것이다. 그들은 이로써 모든 남쪽 국가들이 경제적인 번영을 누릴 수 있는 기회를 축소할 수 있다고 생각할 것이다.

최후 통첩은 북쪽으로부터 남쪽으로 내려갈 것이다. "당신들은 충분한 자원이 없으며 공해를 너무 많이 일으키기 때문에 공장을 돌릴 수가 없다!"

전쟁의 긴장과 소문들이 북쪽 사람들이 결국 죽어 가는 나무들 위로 내리는 산성비에 마음 아파하고 있을 때 일어나게 될 것이다! 그들은 자신들의 부와 남쪽의 연인들에 대한 우월함을 얻기 위해 이유를 불문하고 지구를 혹사했지만 그들은 질책을 받으려 하지 않을 것이다. 북반구의 지겨운 자들은 결국 소비자들의 파이 조각을 차지하기 위해 과거의 남쪽 연인들을 명령하기로 결심할 것이다. "세계는 생태학적인 책임을 필요로 한다."라고 그들은 말할 것이다.

남쪽 사람들은 새로운 조화 속에서 오래된 식민지적 상황을 목격하게 될 것이다. 공포의 대파국을 알리는 네 번째의 마지막 사자의 출현에 대해서 내가 이제껏 모아온 예언들은 남반구의 모든 지역이 조만간에 생태학적, 경제학적 독립을 위한 재난을 야기하는 전쟁에 휩쓸리게 될 수도 있다는 것을 알려 준다.

더 나쁜 것은……

북쪽의 지배자들이 다루기에는 너무 뜨겁고 포기하기에는 너무 위험스러운 아랍 국가의 규방 여자들을 내가 독자들에게 상기시키는 것은 참으로 고통스럽다. 그들이 없으면 산업 건설에 무용지물이 되어 버리는 북쪽 국가들은 그들이 제공하는 '양질의 기름'을 얻을 수 없다.

규방의 규수들을 어떻게 다룰 것인가? 질투심으로 그들을 계속 분리시키라. 그리고 무엇보다도 정치적인 고립지대에 그들을 묶어두지 않는다면 우물 구멍이 있는 범이슬람 조직의 창녀들로 변하게 해서는 안된다.

제1차 세계대전 이후 몰락한 오토만 제국으로부터 규방의 여인들을 잡아 놓은 북쪽의 제국주의 족장들은 민족적 의복들을 재단하는 데에 최선을 다하고 정치적인 국경을 장식하여 숙녀들이 입고 있는 범 아랍주의에 덧옷을 입히려고 했다. 그러나 경제적 식민지 전쟁의 나쁜 소식은 이미 1990년 8월 3일에 발생했는데, 이때는 이라크의 권력강자 사담 후세인이 쿠웨이트의 민족주의적 가면을 벗어버린 때였다. 언제든 북쪽의 지정학적인 일부다처주의는 반석 위에 서 있을 수도 있다. 그러나 좋은 한에서이다. 마지막 모험적인 규방의 처녀는 사막의 폭풍 속에서 자신의 위치를 잡았다.

공포의 삼두정치

사반세기 전에 유명한 프랑스의 왕 앙리 2세에게 보내는 편지에서 노스트라다무스는 미래의 3차 세계대전의 동맹국의 출현에 대한 연대기를 제시했다. 이러한 국면들은 20세기 말 이전에 있었던 7년을 그리워하게 될 것이다. 동방의 왕들에 의한 삼두 정치 연합은 비밀리에 맺어지게 될 것이며, 매복과 무정부 상태를 주요 적국인 북쪽의 왕들에게 새로운 무기로 이용할 것이라고 예언자는 말한다. 동쪽 연합은 중동과 북아프리카 추축국 동맹일 수도 있다. 그렇게 부르는 까닭은 노스트라다무스가 그리스를 넘어선 모든 지역을 아시아로 부르고 있기 때문이다.

나는 단지 성경과 노스트라다무스, 케이시, 그리고 체이로에 이르는 참고 자료로부터 이 삼두 정치를 이루게 될 후보국의 조합을 다음 세가지 가능성이 제일 높은 것으로 생각한다. 리비아, 시리아, 이란, 또는 이집트, 시리아, 이란, 또는 에티오피아, 리비아, 이란이다. 또한 다가올 대전에서 핵심 역할을 하는 것으로 메소포타미아-이라크-가 언급되기도 한다.

마지막으로 중동의 삼두 정치가 누구라고 판명되든, 그들은 더 거대한 동쪽의 왕으로부터 지원을 받게 될 것인데, 이는 중화인민공화국 또는 북한의 지도자를 암시하는 것으로 보인다. 사막의 삼두 정치는 생태학적으로 압박을 받는 국가들을 남쪽 블록에 속해 있는 호전적인 국가들로 생각해 볼 수 있을 것이다. 그들은 모든 세계를 기름을 이용하여 재난으로 몰고 갈 사막의 오수 처리장이 될 가능성도 있을 것이다.

≪최후의 위대한 행성 지구≫의 저자 할 린드세이와 같은 기독교 부흥주의 학자들은 예언자 에제키엘이 말한 마곡 무리들을 러시아로 해석하여, 이들은 북쪽에서 리비아, 에티오피아, 그리고 시리아와 함께 이스라엘을 공격할 것이라고 보고 있다. 린드세이는 중국-성 요한의 계시록에서는 동쪽에서 온 2천만의 사병-을 마지막 전투의 결정적인 요소로 제안해 오고 있다.

2천 년보다는 천 년 쪽에 약간 더 가까이 위치해 있지만, 미래를 보는 정확한 눈을 갖고 있는 노스트라다무스는 지구의 마지막 전투를 더 현실적인 '객관성'을 유지하면서 볼지도 모른다. 그의 예언들은 다가오는 대륙간의 결투에서 중동의 삼두 정치의 유일한 후원자로 중국을 암시하고 있다. 인민공화국의 노쇠한 군사령관들은 대치되거나 더 민주적인 성향의 선동자들에 의해 대치될 것이다. 그들은 계속 시리아, 이란, 리비아를 위해 주요한 무력이 되어, 대심판의 날로 그들의 경제를 몰고 갈 것이 분명하다.

정치 분석가들은 1993년과 1999년 사이에 대부분의 구식 수비군들은 죽게 될 것이라고 예측한다. 권력 투쟁이 일어나게 될 것이다. 중국에게 우호적인 국민 경제 상태를 만들고 인권 탄압을 지적하는 정책을 펴고 있는 미국의 입법가들은, 중국에 대한 이러한 탄압과 방해가 민주주의와 충돌하게 될 것이며 전체주의를 자극하게 될 것이다. 정치적인 최하층으로서 중국은 다른 급진적인 제3세계 국가들과의 핵무기와 재래 무기 거래를 더욱 넓혀 나갈 것이다.

아마겟돈의 씨앗들은 이미 뿌려져 있다. 대량 파괴의 무기를 만드는 데에 사용된 서구와 중국의 기술적인 노하우는 리비아의 카다피, 이란의 아야톨라, 사담 후세인, 그리고 가장 새로운 사막의 모래 언덕에 참여하고 있는 연합국인 리비아 사람들과 같은 냉정한 두뇌와 평화를 사랑하는 사람들과 공유되어 왔다. 종교적, 윤리적 또는 물에 대한 충돌 때문에 중동의 정치적인 충성도가 이동할지도 모르며, 이라크와 아랍 연합 모두가 중국 미사일을 선적하고 미래의 유력한 중동 국가들의 성스럽지 못한 3인조를 돕기로 결정하여 사담에게 적극 협조하게 될지도 모른다. 그 지역의 핵전은 아랍의 삼두 정치와 중국과의 동맹, 그리고 북쪽 블록 자체 사이의 더 광범위한 충돌로 상승될 수도 있다.적어도 서구에 살고 있는 사람이면 아무도 아랍 연합국이 북쪽 사람들의 완벽한 힘에 대항하는 전쟁에서 승리할 수 없다는 것을 알고 있다. 뒤에 살펴볼 것처럼, 예언에 따르면 북쪽의 화력에 의해 동쪽에서부터 타 버릴 것이라고 하며, 폭격당하게 되는 테러주의적 국가들에 동정적이지만, 예언자들은 또한 승자들은 패배보다도 더 한 대가를 지불하게 될 것이라고 지적한다. 정복을 당한 자들은 핵전쟁의 무덤을 넘어 복수를 할지도 모른다.

대심판 연합

단계 1: 남쪽 음모가들의 회합

1986년에 평화가 다시 한 번 통치할 것이지만, 그것은 다만 수 년 동안만 지속될 것이다.

바르샤바의 예언(1790)

편안한 사람들은 갑자기 쓰러져 버릴 것이다. 세계는 세 형제에 의해 고통 속으로 빠질 것이다. 기근, 불, 홍수, 질병, 곱절로 늘어나는 모든 악

노스트라다무스(1557), C8 Q17

1991년의 걸프전을 수행하던, 제3세계 중에서 가장 강력한 재래식 군대에 속해 있는 하이테크 집단이 정치적으로 급진적인 국가들에게 비밀스러운 전술을 제공하여 이들이 변화되어야 한다며 부추기게 될지도 모른다. 현재

북쪽 국가들 내에는 테러리스트들과 그 지지자들이 존재하고 있다. 그러나 남쪽의 선동가들은 21세기 초에 경제 불황이 야기되어 미국이 고립주의적으로 될 수밖에 없는, 더 유리한 때를 참을성 있게 기다리고 있을지도 모른다. 그때에 우리는 노스트라다무스가 "삼형제"라고 부른, 또는 동쪽이나 중동 왕의 "삼두 정치"라고 부른 새로운 전제정

치를 보게 될런지도 모르겠다.

단계 2 : 중동의 추축국들

다툼이 그 시대에 일어날 것이다. 생명선을 공개적으로 상륙시키려는 시도를 하면서 데이비스 해협 근처에 있는 사람들을 주의하라. 리비아와 이집트에서, 앙카라〔터키〕와 시리아에서 호주 위의 지역 주변의 해협을 통과하는 그들을 주의하라. 인도양과 페르시아만에서 …….

에드가 케이시(1941), NO. 3976-26

그 시기는 1990년대이다. 데이비스 해협은 캐나다와 그린랜드 사이이다. 그 땅은 러시아와 흡사한데, 그곳으로 미국에서 원조를 위해 배가 출항하고 있다. 공산주의를 포기하였기 때문에 러시아는 다가오는 제3차 세계대전에서 팔레스타인에 대항하여 싸우는 미국의 동맹이 될 것이라고 여러 예언들에서 공통적으로 나타나고 있다. 케이시는 아마겟돈 전쟁을 준비하게 될지도 모르는 리비아, 이집트, 그리고 시리아의 테러리스트나 정치적 모험을 주의하라고 우리에게 경고하고 있는지도 모른다. 케이시는 분명히 서구의 석유 수송로와 페르시아만을 공격받기 쉬운 미래의 목표로 특정하고 있다.

단계 3: 북쪽으로부터의 공격자

에제키엘서 38장에 예시된 바와 같이 거대한 아마겟돈 전쟁은 팔레스타인 고원에서 일어나게 될 것이다. 이것은 이 전투가 팔레스타인에서 벌어지는 생사를 건 투쟁일 것이라고 분명하게 나와 있다. 러시아를 분명히 가리키고 있는 북쪽 사람들이 ……"페르시아〔이란〕, 에티오피아, 리비아, 그리고 많은 국가의 사람들로 이루어진 동맹과 함께" 그 나라로 내려가게 될 것이라고 설명하고 있다.

체이로(1926), CWP

체이로는 미래의 전쟁에 참여하고 있는 자들에 대한 지적을 정확하게 하고 있다. 셈계의 기독교적 예언 전통들이 좋아하는 대파국의 시나리오, 즉 러시아는 이스라엘의 무서운 북쪽의 침략자라는 것을 고려할 때, 아직 나는 예언의 핵심을 파악하고 있지 못 하다. 왜 터키가 아닐까? 또는 중앙 아시아의 소련 공화국이었던 곳인 투르크-이슬람적(그리고 핵을 보유한) 국가들로부터 나오는 미래의 동맹이라고 지적되는 "삼형제"국들은? 러시아는 더 이상 이전의 아랍 연합, 이라크, 또는 에티오피아를 지원하지 않는다. 이것은 대파국이라는 지적이 실효성이 없어졌거나 이스라엘의 거대한 북쪽 침략자들은 범 이슬람 연합이지 마르크스주의자들이 아니라는 것을 말해 주는 것으로 보인다.

단계 4: 아마겟돈의 중국 카드

미국은 중국과 싸울 것이며, 러시아는 미국과 연합할 것이다. 유럽도 전쟁에 의해 영향을 받을 것이며, 미국과 러시아와 연합한 몇몇〔유럽연합〕 국가들. 중국은 모든 동쪽을 지배할 것이며 중요한 전투가 중동에서 벌어질 것이다.

한스 홀처(1971), '미래에 대한 고찰', ≪예언자들의 말≫에서

중국은 삼두 정치에 참여할 것이라고 예상되는 악명 높은 후보자들인 리비아, 시리아, 그리고 이란등의 몇몇 국가들과 무기를 거래하는 국가였다. 그러나 어떻게 중국이 아시아를 지배할 것일까? 혹 일본이 경제적이거나 자연적인 재난에 의해 붕괴될 것인가? 불행하게도 상당히 많은 예언들이 중국을 미국의 다음 번 괴물으로, 또는 아마겟돈 전쟁 동안에 테러리스트 국가들을 지원하는 '나쁜 제국'으로 암시하고 있다.

핵 전쟁

> 마부스가 곧 죽을 것이며, 그러면 사람과 동물의 무시무시한 파괴가 올 것이다.
>
> **노스트라다무스(1555), C2 Q62**

노스트라다무스가 지적하는 무서운 마부스는 제 삼 그리고 마지막 적그리스도의 이름이라고 대개 해석되는 신기한 이름이다. 그의 파괴는 성냥처럼 단발적이지만, 인류의 마지막 전쟁인 아마겟돈의 화염을 일으킬 것이다. 마부스는 사람이 아니라 미사일일 수도 있다.

국제 원자력기구(IAEA)는 다음 세기에 핵무기를 보유할 수 있는 국가가 26개국이 될 것이라고 보고하고 있다. 현재 알려져 있는 핵 보유국의 수는 미국, 러시아, 영국, 프랑스, 그리고 중국이다. 핵블록에 새로 가입한 신입생들은 우크라이나, 카자흐스탄, 벨로루스(만약 그들이 구소련의 핵병기에서 자신들의 몫을 보유하고 있다면), 이스라엘, 파키스탄, 인도, 그리고 남아프리카공화국이다. 1990년대 후반에 아마겟돈이라는 나이트클럽에는 리비아, 이란, 이라크, 시리아, 알제리아, 북한, 남한, 대만, 아르헨티나, 그리고 브라질의 출입이 빈번해질 수도 있을 것이다.

중동 긴장 상태의 지렛대인 이스라엘은 지역 핵과 화학무기 미사일 경쟁에 참여하기 시작했다. 1987년에 그들은 예리고 11B 미사일 실험을 성공하여 핵탄두를 900마일의 범위로 날려 보냈다. 이에 대응하여 이라크는 몇 가지 모델을 개발했다. 그중 하나는 알 압바스(마부스?) 대륙간탄도탄이라고 하는데, 이것으로 사담 후세인은 텔아비브로 화학탄두와 수만 명의 시민에게 가스를 날려 버리겠다고 위협할 수도 있을 것이다. 세계는 제2차 걸프전에서 이라크의 현재의 패배로 화학물을 실은 알아바스의 위협을 우려했다. 사담 후세인은 UN의 해결책에 의존하여 남아 있는 대륙간탄도탄을 해체하고 야망찬 핵 프로그램을 중단하겠다고 약속하고 있다. 그러나 UN 사찰단장은 이라크가 이미 최소한 한 개의 핵 장치를 보유하고 있다고 믿고 있다고 말했다.

만약 중동에 비축되어 있는 압바스 미사일이나 대륙간탄도탄 시스템이 노스트라다무스의 마부스라는 해석이 정확하다면, 백시선 2의 62번 4행시는 새롭고 무서운 광경에 대해 말하고 있다. 마부스는 선제 공격을 위해 발사된 적그리스도가 되고, 곧 초음속으로 이동한 뒤에 폭발하여 화염속에서 소멸하게 된다.(그러한 병기의 속력은 제트 전투기보다 5배는 빠르다.)

마지막 걸프전은 놀라운 대륙간탄도탄이 중동 국가에게는 얼마나 중대한 위협 요소였는지를 보여 주고 있다. 아랍이나 이스라엘의 지도자는 발사를 추적해야만 할 것는지, 어디를 향하고 있으며 목표를 경계하고 발사대를 분쇄할 사람들을 지시하고, 이 모두가 7분에서 20

분 사이에 이루어져야만 한다. 신성한 땅의 영공을 공격하는 것은, 이라크의 미사일들이 재래식 무기만을 갖고 있었을 때에는 엄두도 내기 힘든 것이었다. 전쟁이 발발했을 때 사담이 저돌적으로 선제 공격을 할 수 있는 것이 무엇보다 그가 가지고 있는 유치한 미사일이라고 할지라도, 도시를 겨냥해서 핵유도탄을 떨어뜨릴 수 있다는 것을 입증했다.

그 지역의 도시 중 하나만을 화학 또는 핵 무기로 종식시키는 것은 노스트라다무스가 의미하는 것처럼- 성스러운 땅에 대한 오래된 복수심이 갑작스럽게 폭발하면, 그 지역 일대는 모두 난장판이 될 것이다. 또는 예언자가 말한 바와 같이 사람들과 동물들의 끔찍한 파괴로 귀결될 것이다. 제3차 세계대전에 대한 시나리오는 예수가 걸었고 모하메드가 낙타를 몰았던 땅을 제거하는 것이다.

이라크는 성경에 가장 좋은 "철 막대들"로 나오는, 지옥으로 이끄는 새로운 미사일들의 선택을 폐기해 버릴지도 모른다. 그것은 170마일에서 900마일의 범위 내에서 목표들을 명중시킬 수 있다. 그러나 쿠웨이트나 이스라엘에 대해서 아마겟돈 전쟁의 예행 연습을 하는 자들은 아랍 연합만이 아니며, 그를 지원하고 있는 이란인들, 그리고 리비아인들도 실물을 보호하기 위해 대륙간탄도탄 병기를 양산할 필요성이 줄어들게 될 것이다. 시간이 가면, 더 지능화된 폭탄의 개발과 사람들의 기억 범위가 줄어들기 때문에 이라크도 동방의 지원을 받아 다시 미사일 사일로가 채워지게 될 것이다.

내가 앞에서 말한 바와 같이 기독교계 셈족의 예언 전통은 중동을 마지막 전장으로 지적하고 있으며, 중국을 중추적인 역할을 하는 것으로 암시하고 있다. 성 요한이 예언한 2억의 아시아인들이 유대인들과 손을 잡기 위해 유프라테스 강의 마른 하상 위를 기어다니게 될 것이라는 전망이 과장 이상일 수도 있다. 중국인민공화국이 결코 직접 아마겟돈의 성경적 또는 노스트라다무스식으로 싸우지는 않을 수도 있다. 그러나 만약 사려분별력이 없는 자들이 제3세계에서 지역적인 핵전쟁을 발발시켜 강대국으로 확산된다면, 그것은 중국이 미사일의 대부분과 미사일 기술을 아랍의 전사들에게 공급했기 때문에 일어나게 될 것이다. 그들은 리비아의 무아마르 카다피에게 "동방의 바람"이라는, 자신들이 가지고 있는 가장 우수한 대륙간탄도탄을 팔았다. 이는 사정거리 1,500에서 2,200마일이다. 이것은 리비아가 세기말까지 이스라엘, 로마, 또는 파리까지도 화학이나 생물학 무기 또는 핵탄두로 위협하기에 충분한 탄도 거리를 줄 것이다.

냉전의 종말은 제3세계 핵강국에게는 새로운 기회를 가져 오고 있다. 서방 세계는 마지막 전쟁이 끝난 뒤, 거의 50년 동안 '폭탄을 가진 빨갱이'에 대한 생각으로 진저리를 쳤다. 이제 '빨갱이'들은 존경스러운 '복지 국가의 시민'으로 변형되어 가고 있다. 그리고 또 다른 대파국 선호자인 중국은 다음 번 적그리스도의 무기 판매상으로 한 발 비켜서야 할지도 모른다. 만약 소련의 파편으로부터 나온 새로운 국가들이 경제를 성장시킬 수 없다면, 그리고 개발도상국들이 새로운 제2세계의 민주 혁명을 적절하게 지원받기 위해 경제적인 긴장을 지나치게 받게 된다면, 예언이 공동적으로 악몽에 대해 언급하고 있는 것이 진정으로 실현될 수도 있을 것이다. 만약 남반구로 밀수되는 수천의 구소련 전술핵과 화학 무기가 없다면, 수백으로 격증하게 될 것이다. 식량 배급선에 있는 모든 러시아 핵 과학자들은 어디로 가고 있는가? 깨져 버린 바르샤바 조약으로부터 스탭 기후대에 있는 텐트촌으로 무장 행군하던 수십만의 군인들은 가족들을 어떻게 먹여 살리고 있나? 그들은 대부분 고난받는 시민들의 모범이 될 것으로 기대할 수 있다. 그러나 한 움큼의 절망, 배고픔, 그리고 리비아나 이란의 오일 달러와 그들이 가져올 사치와 물질적인 안전을 꿈꿀지도 모르는 새로운 제2세계의 민주주의라는 이름의 독재를 하고 있는 비윤리적인 사람들이 없다고 생각하는 것은 너무나 안이한 생각일 것이다. 사람들은 핵과 화학적인 파괴 작업에 익숙하게 되면, 윤리와는 상관 없다고 주장할지도 모른다. 그러므로 부유한 테러리스트 국가들의 동맹은 자신들의 이익을 유지하기 위해, 전세계 핵무기의 거의 절반 가까이를 보유하고 있던 구 소련의 핵 보유량보다 많은 양을 보유하게 될지도 모른다. 러시아의 일간지, ≪콤소몰스카야 프라우다≫지는 "국가에 더 이상 필요하지 않은, 핵폭탄 제조 능력이 있는 사람들이 다른 나라로 들어가게 될 수도 있다"고 경고하고 있다.

참으로 대파국을 야기할지도 모르는 물건의 거래는 이미 일어나고 있다. 1991년 후반에 이탈리아의 비밀 수사관들은 암시장에서 거래되고 있는 22파운드의 플루토늄239를 포착했다. 거래를 했던 물리학자들은 소련 출신이라는 것이 확인되었다. 담당 수사관 중에는 로마노 돌체도 포함되어 있었는데, 그는 '프롤레타리아적인 성격'을 지닌 물질이 '소련 핵 프로그램의 전투마'였다는 것에 의심을 갖지 않았다. 더욱이 그들은 분명 '러시아인들이 했던 만큼의 원료를 얻기' 위해 적당한 국가들로 향했을 것이 분명했다. 이라크, 리비아, 시리아도, 그리고 이집트-미래의 중동의 삼두 정치의 예언적인 후보자들-는 현재와 미래의 구매자들일 수도 있다.

그런데 더 커다란 악몽, 즉 소련 붕괴 이후 브레인들이 누출되고 있다.

미국 정보 보고서들은 9십만 명이 한때 소련 핵무기 프로그램에 채용되었다고 평가하고 있다. 이들 중, 대략 2천 명은 핵무기를 디자인하는 데에 기술적인 노하우를 가지고 있다. 3천에서 5천 명의 기술자들은 풍부한 우라늄과 플루토늄 제조 경험을 갖고 있다. 최소화하여 이들 중 천 명만이 제3세계의 유력한 핵 프로그램을 지원하기 위해 이민을 가는 데에 성공한다고 할지라도, 그것은 여전히 비윤리적인 핵 과학자들이 대파국의 네 번째 사자를 발사하는 데에 필요한 비밀을 한두 명의 남쪽 독재자들에게 전달하고 있다는 것을 보여 준다. 셋에서 다섯 명의 핵심 기술자들이 한둘의 테러 국가들에게 어떻게 우라늄을 농축시키고 풀루토늄을 추출하는지를 알려 주고 있는지도 모른다. 그리고 기술 지원 노하우를 도와 주기에 충분한, 적어도 850명의 사람들이 있을 것이며, 테러 국가들은 이들의 기술을 자신들의 미사일 기술로 수용하면, 지금까지 수십년 정도 걸린 연구 기간보다도 더 짧은 몇 년 안에 개발할 수 있을 것이다.

얄궂게도 냉전의 종식은 특수한 힘의 균형이 종말을 보게 했고, 개발하는 데에 수십 년이 걸린 억제책이 종말을 보게 만들었다. 만약 대심판의 무기가 없다면, 대심판을 야기하는 천재들은 남반구의 절망한 자들과 미친 자들을 무장시킬 것이다. 만약 이번 세기의 마지막 7년 내에 개발된 방법도 북쪽과 남쪽 블록 사이에 개발된 새로운 시설들을 해체하게 된다. 만약 철의 장막이 무너졌어도 우리가 새로운 굶주림과 욕망의 새 장벽을 무시한다면, 핵폭발은 이번 천 년기 말 직전과 직후에 틀림없이 일어나게 된다.

성경의 예언은 핵전쟁과 너무나도 유사한 예를 분명히 설명하고 있다. 구약과 신약 성서 모두는 인류의 마지막 전쟁은 이스라엘과 연합한 '곡'과 '마곡'이라고 불리는 강력한 북쪽의 강대국들과 아랍 연합 사이에서 일어나게 될 것이라고 제시하고 있다. 철면피 같은 신의 예언자들은 이스라엘의 승리를 약속하고 있다. 침략자들은 하늘로부터 거대한 불이 그들 군대에게로 강림한 뒤 먼지처럼 사라지게 될 것이다.

기독교계에서는 북쪽의 침략자가 이스라엘에 대항하는 이란, 에티오피아, 그리고 리비아와 같은 편을 드는 러시아를 의미한다는 것이 일반적이다. 곡과 마곡에 대한 에제키엘의 두려움은 미국이 두르고 있는 성경이라는 벨트 아래를 가격하고 있다고 해석할 수도 있다. 곡과 마곡은 이미 마지막 전투를 위해 중동 내에서 자리잡기 위한 작전을 전개하고 있다. 미국의 기독교 부흥주의자들은 러시아가 다가오는 전쟁에서 신의 가장 나쁜 적(또는 나쁜 곡)이라는 생각을 전파하고 있다. 도대체 다른 국가, 무서운 마곡은 누구인가, 미국일 수도 있을까?

오 마이 곡!(Oh, My Gog!)

곡과 마곡은 또한 노스트라다무스의 마술 거울에도 형제가 아닌 북쪽의 강대국 형제로 등장할지도 모른다. 청교도 국가이고 성서적으로 설립된 국가가 미국이라는 편견을 가지고 있는 모든 자들에게 사과를 하는 것은 신의 선민이 미래의 적으로 판명될지도 모르기 때문이다.(내 뒤에 머물라, 천왕성아, 두려워 떠는 자여!)

과거에 인도의 신비주의자 오쇼가 20세기의 마지막 십년을 규정해 달라는 요청을 받았을 때, 그는 이를 악몽 같은 90년대라고 선언했다. 그리고 그것은 그럴지도 모른다. 중동의 정치적인 미궁, 처음에는 쿠웨이트, 그리고 나중에는 이스라엘에 의해 점령된 아랍 영토로 들어간 아랍과 유대 사이의 오래된 증오를 해결하려고 미국이 보다 깊숙이 개입한다면 끔찍한 일들이 시작된다.

사태는 어디까지 갈 것인가? 미국의 지도자들은 남아 있는 해 동안, 유전에서 타오르는 불에 불나방처럼 달려들려고 할 것이다. 가장 나쁜 시나리오로 미국의 석유 유통은 이스라엘과의 동맹보다 중요하게 될 수도 있다. '사막의 폭풍 작전' 에서 이라크를 패배시키는 것을 결코 원하지 않았던 것은 바로 미국이었으며, 세례자들이 좋아하는 나쁜 놈인 소련은 아니었다. 1991년의 연합은 1993년부터 2000년까지의 삼두정치까지 이어질 수도 있다. 그들은 기름에 대한 요구를 이스라엘에 대한 미국의 지원을 중립화시키기 위한 정치적인 병기로 사용하면서, 미국의 후원자처럼 행동할지도 모르며, 적어도 북쪽의 강대국인 '아머' 가 되거나 곡과 성경 자체에서 부르고 있는 '아머마고기카' 로 될 지도 모를 것이다.

이 성가신 해석을 생각하면서, 이제 노스트라다무스의 앙리 2세에게 보내는 서한에 나오는 의미로 되돌아가기로 하자. 거기에는 북쪽의 거인(곡/러시아와 마곡/미국)과의 전쟁을 일으키기 위해 모여드는 남쪽 강국 사이의 균형을 설명하고 있다.

> 왕국의 왕자와 통치자들 그리고 …… 특히 동쪽 바다 근처에 있는 자들에 대한 엄청난 억압이여. 그들의 언어는 모든 국가들과 섞였다. 라틴 국가들의 언어〔남유럽〕는 아랍과 북아프리카 말과 섞였다. ……

이스라엘, 시리아, 레바논, 이집트-대심판으로 향한 행진에서 주요한 동인들로 공통적으로 지적되는 나라들-는 노스트라다무스의 고향인 프랑스의 동쪽에 있다. 예언은 현대에 모든 국가들과 혼합된 언어라고 등장하고 있다. 북아프리카는 PLO의 본부가 있는 튀니지아를 암시하고 있는 것처럼 보인다. 기름 때문에 리비아는 프랑스와 이탈리아와 가까운 관련성을 포함하고 있다. 다음으로 아랍의 삼두 정치와 그들의 동쪽 동맹인 중국은 가까운 장래의 언젠가에 거대한 북쪽의 강대국의 압도적인 화력 때문에 모든 대량 학살의 어머니 역을 할 것이다.

> 모든 동쪽의 왕들은 새로운 시대〔2000〕 직전에 북쪽의 왕들 때문만이 아니라 서로에게 대항하는 매복술〔테러리즘?〕으로 살인을 노리면서 3개의 비밀스러운 연합〔이란, 리비아, 그리고 시리아?〕에 의해〔또는 그들의 과오로〕 쫓겨날 것이며 패배하고 무로 변화하게 될 것이다. 삼두 정치의 재개는 7년간 〔1993-1999?, 또는 1999-2007?〕 계속될 것이다.

중동은 16세기 서양인들을 기준으로 하면 동쪽이다. 노스트라다무스가 중국이나 인도를 특정하는 경우에는, '아시아' 라는 말을 사용한다. 중동에 대항한 현재의 초국가적인 블록들의 작전은 이 암호와 같은 서한에서 나오는 펑크 스타일의 문법 뒤에 새로운 해석을 내리기 시작한다. 재개되는 아랍의 권력을 주제로 하는 것은 종종 노스트라다무스의 저작에서 발견될 수 있다. 그것은 이라크와 시리아를 지배하는 바트당의 두 날개가 제1아랍 제국의 잃어 버린 영광을 회복하는 데에 바쳐질 때, 하나의 우연 이상일지도 모른다. '바트' 라는 말은 르

네상스, 즉 부흥을 의미한다.

1993년 이전까지 시리아의 바트주의자들은 1991년에 바트주의자 사담 후세인에 의해 저질러진 잘못과 큰 실수를 반복하지 않는 방법을 배웠을 것이다. 서양 동맹국들이 사막의 보호막을 날려 버린 다음, 군대를 움직여 공격을 준비하는 방식을 취하지 않아도 될 수도 있다. 이십년 동안 미국은 걸프 석유 위기에서 사우디 왕들을 방어하는 때에 사용을 위해 광범위한 재래식 무기를 비축해 왔다. 미국의 병기에서 무장, 기지 네트워크, 그리고 비행장은 가장 정교한 무기를 가지고 있다. 사담 후세인과 전쟁을 벌이는 데 걸리는 미국의 대비 속도는 사우디 왕들에 의해 지불되는 수조의 오일 달러가 투입된 부품과 군 하부구조에 의해 보장되는 것이다. 그 모두는 미국의 투자와 맞먹는 것으로 이슬람 근본주의라는 휴화산을 통제하는 우호적인 중동 왕을 보호할 수 없을 수도 있다. 이란의 국왕은 이전의 미국 군비 증강과 군수품의 수령자였다. 사우디 왕조가 이슬람의 압력에 굴복할 가능성은 미국 정부가 호언장담하고 있는 것보다 더 높다. 사우디는 미국의 가장 우수한 모든 기술 병기를 가지고 있다. 그들은 또한 중국이 제공할 수 있는 가장 좋은 것을 수입하고 있다. 그렇게 하여 1993년에 사우디는 외환 보유고가 고갈되었다. 〔저자 개정: 금융 압박은 사우디 왕가의 권위를 계속해서 하락시키고 있다. 젊은 세대는 점차 이슬람 근본주의 그룹에 경도되고 있다. 과거에 국제 테러리즘에 대항하는 기금의 많은 부분이 부유한 사우디 국영 기름생산 시설에서 나왔다. 경제 사회적인 긴장은 걸프전 이래 왕국 자체에 대항하는 테러리스트의 폭력이 계속되고 있다.〕 앞으로 수십 년 내의 경제적인 붕괴는 이란의 왕이 물러난 때보다 세계 평화에 훨씬 더 위험하여 사우디의 왕가를 덮칠 수 있다!

'사막의 폭풍 작전'으로 북쪽의 연합에 의해 파괴된 주요 제3세계 군대의 파괴는 남쪽의 근본주의와 호전적 국가들에게 메시지를 보내고 있다. 우리가 약간 뒤에 살펴볼 것처럼, 북쪽의 강대국들에게는 결코 남쪽 사람들이 알기를 원치 않는 예언적 암시가 있다. 만약 북쪽과 함께 벌이는 재래전이 필연적이라면, 이것은 제3세계 국가들을 핵전쟁으로 가게 만들 것이고, 중국, 리비아, 시리아, 이란, 북한, 그리고 구소련으로부터 자유롭게 쪼개지는 새로운 국가들도 이라크의 스커드 미사일이 제3세계의 유일한 병기로 보였지만, 이제 대륙간탄도탄 기술을 개선하는 것을 보게 될 것이다.

1993년에 미국 정보 보고서는 북한(이들은 이 책이 출간된 때 쯤이면 벌써 핵 보유국으로 될 것이다)이 장거리 미사일 기술을 구매하고자 원하는 자면 누구에게나 판매하는 유망 사업을 하고 있다고 주장했다. 이란, 시리아, 그리고 리비아는 현재 주요 구매자들이다. 시리아의 하페즈 아사드와 같은 더 영리한 바트주의자는, 그들이 제2차 걸프전에서 연합을 맺어 얻었던 미국의 병기나 미국의 하이테크 전자장비 그리고 스마트 폭탄 기술을 밀수하여 내일의 전쟁을 준비하면서 그 때를 기다린다.

광범위한 질병이 뒤따라 오는 전면전에 대한 많은 예언은 예언 문학에 많이 등장한다. 투시자들에 의해 경고되는 독성 먼지나 노란 수증기들은 방사능에 의해서만 야기되는 것은 아니다. 히로시마 폭발 뒤에 생존자에 의해 목격된 노란색 증기는 월 스트리트에서 핵공격으로 극히 적은 생존자들에 의해 목격될지도 모른다. 화학 무기 공격으로부터 피부와 폐에 물집이 생긴 바티칸의 여행자들은 또한 동일한 것을 보게 될 것이다. 일단 대기 중에 퍼지면, 미란성 신경 가스와 탄저병과 보툴리누스 식중독을 일으키는 생물학적인 분말은 노란색 빛깔의 '나쁜 먼지' 모습으로 보인다.

미래 중동의 삼두 정치의 예고된 파괴는 종말에 이르게 할 뿐만 아니라 전세계인의 죽음을 의미하게 될지도 모른다. 일단 패배에 직면하면 삼두 정치의 테러리스트 가신들은 9번째 백시선의 55번째 4행시에서 노스트라다무스에 의해 암시된 것처럼 북반구에 퍼지는 생물학적인 질병들을 퍼뜨리게 될 것이다. 로마, 파리, 또는 뉴욕과 같은 도시의 시민들은 자신들 위에 퍼지는 몇 파운드의 세균이나 플루토늄 먼지를 퍼트려, 큰 길과 광장 위를 날르고 있는 민간 비행기를 알아보지도 못할 것이다. 북쪽의 산업들이 대단히 극진하게 모시는 사우디의 유전은 아직 미래의 전쟁 뒤에도 대부분 고스란히 유지될지도 모른다. 그러나 석유가 모래로 덮여 있는 밸브와 조종판들이 탄저병이 혼합되어 있다면 누가 거기서 작업할 것인가?

미국 원주민 주술사들은 페르시아만에서 미국 대통령 조지 부시가 이라크의 군수품 공장을 공중 공격하여 마지막 위기가 시작되는 것이 아닐까하고 깊은 관심을 기울였다. 대변인을 맡고 있는, 남 다코타의 파인 리지에 있는 테톤 조약위원회에 부속 기관인 노인생존기금의 대표, 제임스 프라이는 위원회에 있는 미국 원주민들이 집단적으로 예상하고 있는 예언적인 악몽에 대해 전세계 국가들에게 성명을 보냈다. 그들은 행성의 모든 부분을 감싸고 황폐화할 죽음의 구름을 야기할지도 모르는 공중 공격 때에 이라크에 있는 공장을 미국 제트기가 폭격하는 것을 마음속으로 보았다. 프라이는 이들 구름이 미국이 전혀 알지 못하는 화학 또는 생물학적 무기로 구성되어 있을 것이라고 덧붙였다.

운 좋게도 그들의 예언은 현재까지는 정확하지 않다는 것이 밝혀졌다. 이라크의 무기 공장과 화학전 산업의 소멸은 전세계적인 규모의 질병을 퍼뜨리지 않았다. 그럼에도 불구하고, 1993년까지 제2차 걸프전에서 수백의 미국 병사들은 가스에 노출되었거나 사막의 모래 위에 뿌린 파괴적인 화학적 생물학적 무기의 파편에 노출된 증상을 보이고 있었다. 환경주의자들은 화염에 싸인 쿠웨이트 유전 굴착장치의 거대한 구름을 이미 체르노빌 이래 가장 나쁜 생태학적인 재난으로 불러 왔다. 만약 제3차 걸프전이 발생하면 미국 원주민들은 여전히 보툴리누스 식중독, 탄저병, 그리고 신경 가스들이 전지구로 퍼져 나갈지도 모른다고 볼 것이다.

〔저자 개정: 걸프전 후유증에 관한 1996년 후반의 불안스러운 폭로는 테톤 조약위원회의 무서운 질병에 대한 예언에 무게를 더해 주고 있다. 걸프전 참가자들이 겪은, 기이하게 쇠약해지는 질병은 성적으로 일반인들에게 전달될 수 있다. 쿠웨이트의 전장에 생화학적인 요인들에 노출된 남녀는 원형질 안에서 유전학적으로 변화된 미생물들이나 유체가 옮겨져 있을지도 모른다. 이들 미생물들은 세포핵 깊숙이에서 발견되고 있는데, 거기서 그들은 유전자 수준의 세포 간의 대화 방식을 변화시킬지도 모른다. 새로운 관찰들은 걸프전에 참가한 사람의 배우자 중 77퍼센트와 자식들의 66퍼센트가 비슷한 발진 증상과 면역상의 질병에 감염된 것으로 분류되고 있다. 성적인 접촉 이후, 여러 남성 참전자의 아내와 여자 친구가 정자가 그들의 피부에 닿았을 때 '전지의 신맛처럼' 자극적이었다고 설명한다. 아무도 아직 이들 돌연변이된 미생물들이 타액과 땀을 통해, 더 일상적인 접촉으로

전달될 수 있는지는 아직 알려져 있지 않다. 현재 국방성은 연구가 진전될 때까지 이들 새로운 발견 물질들을 공식적으로 확인하고 있지 않다.]

아마겟돈의 인계 철선

주요 예언들은 공통적으로 제3차 세계대전의 모습을 정치적인 이데올로기와 중동의 석유 강대국 사이에서 벌어지는 결판으로 묘사했다. 이 시나리오는 소련의 붕괴에 별로 동의하지 않는다.

진정으로 세계 평화를 향한 창이 열리고 있었던 동안에도 대심판의 가능성에 대한 인식이 완화되기보다는, 아마겟돈의 개시자로 무신론적 공산주의의 추잡한 환영 없이 예언을 보는 두 번째의 확고한 관점이 필요하다. 다음의 여섯 개의 글들은 아마겟돈이 실현될지도 모르는, 6개의 장애에 대해 더 상세히 살펴볼 수 있게 해 준다. 이 덫을 건드린 철사줄을 나는 가뭄, 기근, 인종적 증오, 테러리즘, 잘못된 핵병기 발사, 그리고 초체계(supersystem)의 붕괴라고 본다. 아마겟돈에 이르는 이 철사를 건드리면 회피하면, 그들 모두는 사라지게 될 것이다.

아마겟돈: 유프라테스가 마를 때

"21세기 전에 급격히 감소할 위험이 있는 물 자원을 둘러싼 투쟁이 이미 여러 지역 국가 사이에서 형성되어 있는 약한 우호관계를 끊어버릴 수 있도 있고, [중동] 내의 전례 없는 대변동으로 이어질 것"이라고 워싱톤에 있는 국제전략연구센터에 의해 1988년에 작성된 보고서는 말하고 있다. 예정된 미래의 온실 효과 때문에, 나일, 유프라테스, 그리고 요단 강은 마를지도 모른다. 중동에서의 물 분쟁은 피라미드만큼이나 오랜 것이지만, 인구 폭발과 야심찬 농업 프로젝트가 받는 스트레스는 그렇지 않다. 이스라엘과 아랍 인접국들의 증가하는 핵과 화학 무기 능력도 그렇지 않다.

현대 중동 지역 연구의 권위자인 미국의 톰 나프 교수는 이스라엘은 그 힘을 "필요한 만큼의 물과 그것을 획득할 수 있는 곳에서는 어디서나" 끌어올 수 있는 "지역적인 강대국"으로서 사용하고 있다고 믿고 있다. 나프는 서해안에 살고 있는 이스라엘 거주자들이 팔레스타인인들보다 4배나 물을 많이 사용하고 있다는 것을 발견했다. 만약 이들이 연약한 사막의 생태계에 살고 있는, 잘 무장되어 있고 위험한 국가들이 "공동으로 재빠르게 행동하고, 장소적으로 어떤 〔물〕 협정을 맺고 있지 않다면, 갈등이 생기게 될 것이며, 〔이미〕 위기는 그곳에 있다."고 그는 경고한다.

세계의 안보 증진에 관해 1989년에 보고된 세계 국가 보고서에서, 세계감시연구소의 상임 연구원인 마이클 레너는, 물 자원에 대한 현재의 논쟁은 "국제적인 긴장의 주요 원인으로 급속히 부각되고 있다"고 말했다.

레너에 따르면, 세계 55억 인구의 40퍼센트는 214개의 주요 강에서 관계, 수력 발전, 또는 식용수를 둘 이상의 국가가 인접하여 해결하고 있다.

"우리 지역에서 있을 다음의 전쟁은 정치에 관한 것이 아니라 나일강을 둘러싸고 벌어질 것이다." 부트로스 갈리(전 국제연합 사무총장)가 이집트의 외무장관이었던 1985년에 경고했다.

지구상에 거의 12개의 강 인접지에서 물 분쟁이나 물의 감소 또는 담수에 섞인 염분과 인접 국가에 의한 산업 공해를 겪고 있는 나라들은 전쟁에 이를 수도 있을 것이다. 가장 민감한 이들 지역은 정치적, 종교적인 부싯돌이 마련되어 있는 중동이다.

■ 리비아의 무아마드 카다피는 지중해의 건조한 농지를 위해 깊은 사하라 사막 아래 지대에서 지하수를 퍼올리기 위해 강을 만드는 240억 달러짜리 프로젝트를 시작했다. 프로젝트가 21세기 초에 끝나면, 이 물 자원은 보충될 수 없고 대부분 고갈되어 버릴 것이다.

■ 이스라엘과 요르단 양국은 매년 물 저장고의 15퍼센트를 더 빨리 사용해 버리고 있다. 이스라엘 물 공급의 40퍼센트는 자신들이 점령하고 있는 서해안 아래의 지하 대수층에서 이루어진다. 요단강을 넘어 예루살렘과 타협을 바라지 않을 것이라고 암만은 보고 있다. 그 지역의 어떤 서방 외교관은 "물은 이스라엘의 머리를 겨냥한 총과 같기 때문에 이 중요한 문제는 풀리지 않을 것"이라고 말했다.

■ 에디오피아는 청(blue)나일의 상류를 동력화하는 방법을 연구하고 있다. 이미 에티오피아와 수단은 곡식 재배지에 관계하고 6백만 이상의 이집트인들의 갈증을 가시게 하려면, 생명 유지 정도만을 간신히 할 수 있는 강으로부터 더 많은 수량을 요구하고 있다. 이집트는 거의 1980년대 후반에 아스완 하이댐을 폐쇄하였다 낮은 수위 때문이었다. 만약 나일 강을 방류하면 에티오피아는 이집트의 물 공급량의 20퍼센트를 상승시키게 될 것이다. "이집트는 나일 강을 보호하기 위한 전쟁을 할 것이다. 거기에는 전혀 의심할 여지가 없다."고 카이로의 한 서방 외교관은 말하고 있다.

■ 터키의 야심찬 아타투르크 댐 프로젝트는 유프라데스로 흐르는

물을 상당히 감소시키게 될 것이다. 시리아의 면화 재배 농민들은 수확물이 40퍼센트 정도 줄어들 수도 있으며, 이라크의 쌀, 밀, 그리고 과일은 80에서 90 퍼센트 정도 감소하게 될 수도 있다. 1990년에 일련의 정체된 웅덩이 앞에 서 있는 시리아의 농부들(유프라테스에 모든 것을 의지하고 있는)이 말하기를 "〔터키인들은〕 우리에게 물이 되돌아갈 것이라고 말했다. 그러나 그렇지 않을 것이다. 우리는 절망적이며 분노하고 있다."

또 여섯째 천사가 그 대접을 큰 강 유브라데에 쏟으매 강물이 말라서 동방에서 오는 왕들의 길이 예비되더라

파트모스의 성 요한(서기 81-96), 계시록 16:12

화성, 수성 그리고 달이 합〔1998년 4월 29일, 그리고 다시 2000년 7월 2일과 8월 1일에〕을 이룬다. 남쪽〔남쪽 블록?〕을 향해, 대 가뭄이 일어날 것이다. …… 고린도〔그리스〕와 에베소〔터키〕는 고통받는 나라가 될 것이다.

노스트라다무스(1555), C3 Q3

토성과 화성이 함께 불타오를 때〔1997년이나 1998년 그리고 2000과 2030년 사이에 여러 번 있다〕 대기는 마르고 긴 유성〔미사일?〕. 숨은 불들로부터 넓은 지역에서 열을 내며 탄다. 비가 별로 오지 않고 뜨거운 바람과 여러 전쟁과 침략.

노스트라다무스(1555), C4 Q67

그것은 나팔을 가진 여섯째 천사에게 "큰 유프라테스강에 매여 있는 네 천사를 풀어 놓아라"라는 명령이었습니다. 그래서 네 천사는 풀려났습니다. 그 천사들은 정해진 연 월 일 시에 사람들의 삼분의 일을 죽이려고 준비를 갖추고 갖추고 있었습니다.

파트모스의 성 요한(서기 81-96), REV 9:14-15

아마겟돈: 음식이 떨어질 때

과거의 전투는 앞으로 일어나게 될 전투에 비교하면 단지 사소한 접전에 불과하다. …… 기근과 흑사병이 전쟁과 결합될 것이다.

성 오딜(서기 720)

1970년대 후반, 스탠포드 대학의 상임 연구원이자 '0의 인구 성장'(Zero population Growth)의 창설자인 폴 에를리히의 아내인 안네 에를리히는 우리가 들어가게 될 미래(1993년에서 2030년)에 대해 이렇게 말했다. "인구 성장은 속도가 줄어들지만 넓은 범위의 기근이 이 시기에 발생할 가능성이 있다. 사망률은 일시적으로 상쇄될 정도로 충분히 올라가게 되거나 성장이 역전될지도 모른다. 식량 생산을 유지하는 것은 더 힘들어질 것이며, 많은 지역은 음식 공급의 양과 질에서 기초를 잃게 될는지도 모른다. 이들 문제는 환경의 퇴보에 의해 강화될 것이며, 이는 유독한 기후 변화를 낳거나 땅과 토양의 퇴화를 통해 농업 생산을 제한한다. 자원의 문제들은 심각해질 것이다. 경쟁은 핵전쟁으로 향하게 될런지도 모른다."

객관적인 손실에 대한 예언의 목소리를 더하면……

이때는 21세기 초일 것이다. 북아메리카의 곡창 지대는 건조화되고 있다. 미국과 캐나다의 곡물 수확 장치, 헛간, 그리고 빈 곡물 엘리베이터들은 모래 언덕의 주인들이다. 미국의 곡물 저장고는 바닥이 났다. 과거의 식량 강대국은 모든 수출을 삭감해야만 한다. 백여 개 국가들은 굶주리기 시작한다.

세기의 전환기로부터 거의 백여 개 정부들은 사회적인 장치들이 고장나는 것을 보기 시작한다. 동부 유럽 국가들은 이전 시기에 있었던 것처럼 또 다른 발칸 전쟁을 일으키면서 21세기를 시작하려고 한다. START(군비감축협상) 이후에도 여전히 3천 5백 개의 핵병기를 지닌 러시아에는 군부 독재가 여분의 식량을 위해 싸우고, 곡물을 푸대로 나누어 가는 모습을 보면서 세계는 숨을 멈추고 있다.

아제르바이잔은 아르메니아로의 곡물 수출을 감축했고 소련의 미사일 사령부에 있던 전직 장교들과 아르메니아 출신 하사관의 한무리가 암시장에서 구입한 전술핵장비를 갖고 있다는 소문이다. 높은 크레믈린 벽 바깥의 탱크들은 굶주린 군중이 이루고 있는 줄이 흐트러지지 않도록 붉은 광장을 순시하고 있다. 최고회의 내부에서는 새로운 군사위원회가 미친 듯이 미국 위원회와 왕래를 다시할 수 있기 위해 노력하고 있다. 인공 위성에서 보내오는 사진들은 바쿠의 아제리시 위에서 핵섬광을 포착했고 모스코바에 있는 그 누구도 그것이 미국에서 왔는지 아르메니아에서 왔는지를 알지 못한다!

세기의 대주기가 다시 시작될 때〔서기 2000〕 인류에 대한 큰 불행이 있은 뒤 훨씬 더 큰 것이 다가온다. 그것은 피 …… 기근, 전쟁을 내리게 될 것이다. ……

노스트라다무스(1555), C2 Q46

기근이 국가들 위에 퍼질 것이며 우리 자신의 나라(미국)에서, 그리고 다른 나라에서 국가는 국가에 대항하여 일어날 것이며, 왕국은 왕국에 대항하고, 여러 국가들은 여러 국가들에 대항한다. 그리고 그들은 피를 돌보지 않고 이웃이나 자신의 가족이나, 또는 자신의 생명을 돌보지 않고 서로를 파괴할 것이다.

브리감 영(1860)

갑작스러운 복수가 백 개의 손(국가들?)으로부터 나타나게 될 것이다. 하늘에서는 광채(미사일?)의 자국을 이끄는 불을 보게 될 것이다. 배고픔, 질병, 전쟁 …….

노스트라다무스(1555-1557), C2 Q62, 46,; C7 Q6

아마겟돈의 인종주의

한 민족이 일어나 딴 민족을 치고, 한나라가 일어나 딴나라를 칠 것이며 ……

예수(서기 30-33), MT24·7

역사는 세계에 정치적 난관을 만들어 주었고 금세기 초에 벌어진 전세계적인 학살에서 1천 7백만 명을 죽였다. 냉전 후의 세계는 새로운 봄을 맞이하여 뜰을 경작하고 있다. 그 중에는 동유럽 민주주의가 발아한 꽃 중에 인종적, 종교적 분쟁이라는 잡초가 있다. 잡초들은 초

봄에 소생하는 국가적 정체성이라는 동일한 씨로부터 나온다.

낡은 문제들이 1990년대 초의 빛바랜 저널로부터 뛰어나오고, 1990년대에 귀신에 사로잡힌 것처럼 뉴스위크와 타임지의 표지에 다시 등장한다. 독일 문제, 발칸화, 시베리아의 민족주의. 제1차 세계대전에 앞서 낡은 오스트리아와 헝가리 제국(충돌의 인화점)은 "유럽의 병든 노인"이라는 별명으로 불렸다. 오늘날에는 "유라시아의 병든 노인"으로 붕괴된 소련 제국이 있다.

오늘날 탈냉전 시대의 168개 국가들 가운데 단지 5퍼센트만이 인종적인 집단으로 구성되어 있다. 민족, 즉 공통의 언어, 조상, 관습, 그리고 영토를 갖고 있는 사람들은 종종 정치적인 국가들을 형성하는 불가시적인 경계로 나뉘어져 있다. 한 국가는 인종이 아닌 행정적, 군사적으로 중앙화된 정치적인 체계로 정의될 수 있다. 이 국가, 또는 다른 국가는 인종적인 집단과 사람들이 땅과 자원들에 대해 가지고 있다고 선점권을 주장하는 것을 완전히 무시하면서 동유럽, 소련, 개발도상국과 같은 여러 장소에 존재하는 잡다한 사람들로 구성되어 있다.

세계 도처의 원주민들은 백인들이 드디어 흑인종과 황인종의 식민지주민들에게 짊어지웠던 짐을 벗어 버리고, 제2차 세계대전의 종결기에 제3차 세계대전을 시작하였다고 주장한다. 제3세계의 식민지 시대의 끝에 50년간 지속되는 전쟁이 촉발되었고, 주정부로 하여금 게릴라들의 반란에 대항하게 했다. 원주민 국가들은 그들의 이데올로기를 방어하기보다는 그들의 생존을 위해 투쟁하고 있다. 이는 정글, 사막, 그리고 남극 대륙을 제외한 모든 대륙의 평원에서 전개되는, 격노한 전세계적인 충돌이다. 싸움은 1945년의 '평화'라는 이름을 한참

내걸고 있던 때에, 이미 2천만의 목숨을 앗아가 버렸다. 전장은 주로 남부 블록에 집중되어 있다. 1990년대는 120개의 전쟁과 함께 시작했는데, 그 중 98퍼센트는 제2세계에서 있었으며, 75퍼센트는 제3세계 국가와 비조직적인 원주민 국가인 제4세계 사이에 있었다.

냉전 시대에 있었던 양극적 안보 균형은 태러에 의해 손상되었고, 북반구에서 오랫동안 억압을 받은 인종들이 늘어가고 있음을 볼 수 있었다. 동유럽 슬라브인, 발트 연안 국가 국민, 우크라이나인, 그리고 피를 흘린 많은 탈소비에트 이슬람인들은 이후의 민주적 시기에 자유를 위해 조약을 체결했을 뿐만 아니라 가깝게 인접한 적들과도 조약을 체결했다.

이러한 미래의 동향은 예언에서 공통적으로 지적하고 있는 것이다. 세계대전이라는 대재난은 국지전의 결과가 확산되어 모든 문명권에 파급되어 가는 것이다.

> 3년 안에 러시아는 위성 국가에 대한 강력한 통제력이 해체되고, 중국을 향해 올리브 나뭇가지를 흔들면서 서양 세계와 긴장 완화를 선언할 새 지도자를 갖게 될 것이다. 이들 지도자들은 기꺼이 중국을 유지할 생각으로 미국과의 전략적인 권력 놀이와 타협하려고 할 것이지만, 그들은 러시아의 탄두와 미사일을 비밀리에 증가시킬 민족주의자들이라는 것이 드러날 것이다.
>
> **루스 몽고메리의 지도령(1976), WBF**

인디언들이 말하는 것처럼 불에 의한 고르바초프의 시련 시기는 1991년 1월 7일부터 시작된다. 이때는 토성이 물병자리로 들어 가는 때이다. …… 다시 토성은 물고기자리로 들어간다. ……1994년 1월 29일에. 그리고 거기에 1996년 3월 7일까지 머무른다. 나는 내가 잘못 되어가고 있다는 것이 밝혀지기를 바라지만, 이 기간은 고르바초프에게는 대단히 어려운 때일 것이다.

베잔 다루왈라(1989)

〔저자 개정: 걸프전이 일어났던 때부터 1991년경은 고르바초프에게는 악재의 해였다. 그는 자기 나라에서 모든 신뢰를 상실해 버렸다. 1996년에 그는 총선 동안, 러시아 대통령을 위해 비현실적인 경쟁을 했다. 그는 득표권 내에도 들지 못했다. 몽고메리의 예언은 10년 안에 최종적으로 정리될 것으로 보이지만, 이것은 가까운 미래에 통찰력이 있는 견해였다는 것이 판명될 수도 있다.〕

영속적인 전쟁이 있을 것이다. …… 지구인 사이의 무서운 전쟁이 있을 것이다.

아갈타의 예언

아마겟돈: 국제 테러리즘의 전쟁

1970년대 초 이래 서방 정보기관들은 대량 파괴용 하이테크 무기의 투기장으로 되어버린 급진파 테러리스트 그룹의 활동에 대해 점차 관심을 두게 되었다. 세계에 대한 핵 기술의 확장은 조만간 탄두가 분실될 기회를 증가시키고, 민간 원자로들이 도난당하고, 전세계가 한 줌의 광신주의자들에 의해 볼모로 잡히게 될지도 모른다.

제1세계의 가장 견고한 안보조치라고 할지라도 우리의 안전을 보장해 줄 수는 없다. 예를 들면, 원자 및 화학 병기의 NATO 비축분은 성공적으로 단계화된 실험에 투입되어 왔다. 미국은 군민 수송이나 핵분열성 연료의 수출에 대해 엄중한 제한과 안전장치를 가지고 있지만, 미국 정부는 1970년대 동안 9천 파운드 이상의 중요한 물질을 분실했다고 인정했다. 조지아 주 사바나에 위치하고 있는 미국의 핵무기 공장에서만 히로시마와 나가사키에 떨어진 크기의 폭탄 12개 분을 만들기에 충분한 플루토늄이 분실된 미제 사건이 있었다.

그리고 탐욕스러운 측면이 있다. 1980년대 후반에 벨기에의 핵공장은 비합법적으로 플루토늄을 낮은 등급의 쓰레기로 규정하여 이를 제2국에 재판매하고 선적하는 것을 허락했다. 소비자들은 리비아와 파키스탄이었다. 몇 프랑 더 벌기 위해서 몇몇 벨기에의 핵 기술자들은 테러리즘의 후원자인 무아마르 카다피에게 충분히 '낮은 위험도'의 플루토늄을 판매했고, 히로시마 크기의 폭탄 70개를 만드는 파키스탄의 핵무기 프로젝트에 판매했다!

히로시마 폭발보다 3배 정도 강한 미국산 핵무기는 불과 4.4파운드의 고급 플루토늄만을 필요로 한다. 여행 가방에 들어갈 정도로 작은 장치는 그 목표로 수입될 수 있다. 한 번 배치되면, 수십명으로 구성된 테러리스트 그룹(아부 니달 일당의 규모)은 군사적 또는 정치적인 양보를 얻기 위해 대륙 하나를 공포에 떨게 할 수 있다.

제3차 세계대전의 전장이 될지도 모르는 뉴욕, 파리, 그리고 바티칸, 또는 사막 등지로부터 멀리 떨어진 장소에 있는 시민들이 전선의 희생자가 될 수 있다. 예를 들면, 노스트라다무스의 예언 ≪백시선≫ 6의 4행시 97번에는 다음과 같이 적혀 있다.

하늘은 45도에서 불탈 것이다(뉴욕의 위도 근처. 그러나 이것은 '네오 벨그라드'의 위도에 해당하며, 세르비아의 수도 근처에 위치한다). 불은 거대하고 새로운 도시에 접근한다. 잠깐 동안 도처에 거대하게 화염이 날아오른다.

예언자는 이 재난의 날짜를 1997년에 해당하는 4행시 97번에 배치하여 놓았을 수도 있다.

마지막으로 사람은 핵테러리스트가 되려면 핵폭탄을 사용하지 않아도 된다. 정보부원들의 혈압을 올린 시나리오가 있다. 열성적인 테러리스트단은 백여 개의 민간 원자로를 갖고 있으며, 잘 보관되고 있는 다이나마이트 케이시만으로 원자로의 용해를 시키겠다고 위협한다. 완전히 노출된 노심의 가마솥은 대부분의 북미나 유럽에 체르노빌보다 100배는 더 독한 방사능 낙진을 보내게 될 수도 있다.

잔인한 짐승을 데리고 오는 사람의 아들이 올 것인데, 그의 왕국은 달의 땅(중동과 북 아프리카의 이슬람의 초승달)에 위치해 있다.

어머니 쉽톤(C. 1561)

나(알라)는 불신자의 마음에 공포를 일어나게 만들 것이다. 그래서 그들의 손을 쳐 버리고 그들의 모든 손가락 끝을 쳐 버리리라.

모하메드(서기 620-630), QUR VIII 12

발칸의 남쪽과 그리스 전역에서 대단히 큰 기근과 질병이 나쁜 먼지를 통해(떨어진다?). 이것은 펠레폰네소스(그리스)에서처럼 반도(이탈리아〕의 모든 지역에서 9개월 동안 계속될 것이다.

노스트라다무스(1557), C5 Q90

≪으르렁거리는 천둥≫의 저자 J. R. 요흐만과 같은 예언 학자들은 노스트라다무스가 1994년과 1996년 사이에 이탈리아의 남유럽 해변에서 핵재난이 발생할 것을 예언했다고 해석한다. 그 원인은 우발적인 것일지도 모르지만, 나는 그의 4행시들에서 쓰이고 있는 교묘한 속임수는 테러리스트의 공격을 한 원인으로 지적할 수 있다고 보고 있다. 원자로가 용해되는 동안 지중해의 지배적인 풍향은 위에서 언급된 지역 위로 확장되는 방사능 먼지구름을 형성할 것이다. 핵공장을 건설하는 동안, 두 개의 현존하는 원자로를 계속해서 폐쇄(영원히)하는 것만이 아니라, 이탈리아가 지불유예를 계속하는 것이 좀 더 현명할 것이다. 〔저자 개정: 1996년은 지나갔다. 이 사건에 대한 다음의 창은 1999년과 2020년대이다.〕

핵 안전 제어장치와 아마겟돈

1973년 10월, 이스라엘 군은 수에즈 운하를 통과하는 데에 성공하여 이집트 깊숙히 들어갔다. 태양에 그을린 시온의 전사들은 먼지를 일으키면서, 유대의 욤 키푸르 축제일에 그들을 해방시켰던 이집트의 공격군 후방을 전광석화처럼 타격했다. 그들의 피가 치솟았다. 이스라엘은 몇 주 전 짧은 동안 패배를 맛본 뒤에 승리를 거머쥘 수 있었다. 소련, 이집트의 연합은 또한 미국과 협상이 이뤄진 휴전선 내에서 이스라엘을 보호해 줄 수 없다는 것을 알 수 있었다. 소련 공수부대는 6개의 러시아 비행장을 지상으로 이동하기 시작했다. 레오니드 브레

즈네프는 미국 대통령 리차드 닉슨에게 러시아 낙하병들이 이집트에 구조를 하러 가고 있다고 알린다. ……

다음 9시간 동안 냉전은 1962년 쿠바 미사일 위기 이래 열전이 벌어지는 쪽을 향해 갑자기 나아갔다. 닉슨은 이스라엘을 제안된 휴전선으로 가까스로 돌아가게 만들었다. 이후 계속해서 세계는 핵단추 위에 손가락을 올려 놓았던 존 F. 케네디와는 다른 사람인 닉슨이 워터게이트 사건에 대한 폭로로 심각한 압박을 받게 되었고, 그 때문에 그는 대통령직에서 쫓겨나게 되었다.

밥 우드워드와 칼 베른슈타인의 책 ≪마지막날들≫에서 이집트와 이스라엘의 휴전선 배치에 주요한 역할을 한 닉슨의 국무성 장관 헨리 키신저는 대통령의 상태가 대단히 걱정된다는 보고를 했다. 전쟁이 종료되었던 주간 동안, 그는 "때때로 나는 걱정스럽다. 대통령은 미친 사람 같다."라고 말하였다. 대통령의 사위, 에드 콕스는, 다음 해 여름에 사임이 가까웠을 때, 닉슨이 어느 날 백악관 앞의 홀을 걸어가면서, 전 대통령들의 사진을 보며 그가 "연설을 하고" 있었다고 말했다.

아마겟돈을 일으킬 수 있는 '광적인 요소'는 새로 핵병기를 획득한 제3세계의 거들먹거리고, 미친 유력자에게만 국한되는 것이 아니다.

미국만 해도 핵병기를 보호하고 유지할 수십만의 군인들을 보유하고 있다. 이 인원은 매년 5천 명씩 감소되었는데, 그 까닭은 정신 이상과 약물 남용 때문이다. 페레스트로이카와 냉전의 종료를 배제한다고 해도, 미치광이들이 핵격발기를 벗겨 버리기 전에 정신병자에게 달려가서 저지할 수 있는 충분한 시간과 여유가 있을까?

21세기 초의 대파국의 시나리오는 다음과 같이 예상된다. 러시아 군대가 구소련의 중앙 아시아 공화국, 이란, 터키, 그리고 파키스탄으로 구성된 범 이슬람 핵 동맹군과 싸우고 있다. 이스라엘은 새로운 팔레스타인 공화국과 함께 수권(水權) 논쟁의 결과 두 번째의 욤 키푸르-양식의 출격-에 놀라고 있다. 미국이 1990년대에 만들고 재무장시킨 아랍 동맹은 이스라엘을 지원하게 된다. 새로운 사우디 아라비아의 이슬람 공화국은 반 이스라엘 연합과 연합하여 그들이 가지고 있는 모든 미국 하이테크 병기를 동원한다. 이때에 전투원들은 핵탄두를 갖는 그들 지역의 탄도 미사일의 끝에 매단다. 중동은 어느 순간이라도 핵전장화해 버릴 것이다.

러시아 군사위원회 의장으로부터(단지 장난으로) 호출을 받은 대통령 단 퀘일을 생각해 보라. 오늘날의 차르의 위용을 갖추고 있는 인물들은 이집트에 낙하산 부대를 보내지 않을 것이다. 그들은 이미 우크라이나의 농지를 재인수해 놓고 있다. 퀘일은 새로운 러시아 독재자로부터 최후의 일격을 받는다: 만약 미국 정부가 직접 굶주린 러시아 민주당에 곡물을 수출을 재개하지 않으면, 전쟁이 일어나게 될 것이다. 미국 대통령은 전화를 받는 절망적인 사람이 사실 건너편에 있는 진짜 두목인지 확신할 수 없다.

반면에 사람들은 대답할 때, 대통령의 귀를 막고 오래도록 침묵하기를 바라며, 백악관 주변에 수 백 마일 범위를 커버하고, 러시아 미사일 지역을 감시하는 첩보 위성이 유성과 충돌하여 오작동을 일으키게 된다.

다른 전화가 대통령 집무실에서 울린다. 이것은 콜로라도에 있는 상원 세출 위원회로부터 온 전화이다. 그들은 진입하는 러시아의 핵 공격에 대한 왜곡된 보고서를 받았다.

핵전사들은 "우리 시대를 위한 평화"와 "타이타닉 호는 가라앉을 수 없다"와 같이 대단히 황당한 가정에서 새로운 단계인 "보안실패"를 해왔다. 이 말은 인류의 기술적 또는 인적 오류가 핵전쟁을 야기할 수 없다는 것을 당신, 나, 동료들에게 보증하기 위해 꼭대기에 달린 방향추로 사용된다. 강대국 정부들은 자신의 핵전사들이 '안전과 정상'이라는 것을 확인하고, 그들 무기—새롭게 개조되고 더 빠른 격발기—가 세계를 석기 시대로 되돌리지 않을 것을 보장하는 많은 노력을 해왔다. 선진국들은 서구에서 사용된 복잡한 안전 장치의 반이라도 허용할 수 없다. 무아마드 카다피는 1990년에 화학 무기 공장이 스모그에 싸여 있는 것을 보았다. 이란의 아야톨라의 조사위원회가 그들의 핵병기 시스템이 차가운 머리와 과분한 안전 시스템에 의해 유지되는 것을 정확하게 확인할 수 있는가? 이슬람 공화국에는 심리치료가들이 별로 없다. 경제적, 정치적으로 고립된 국가들에서 하이테크 병기 체계를 유지하는 데에 필요한 컴퓨터와 소프트웨어는 배제하고 탱크의 예비 부품도 그렇다. 오작동들은 세계적인 핵전쟁이 아니라면 적어도 국지전을 촉발할 수 있다.

〔저자 개정: 대파국을 일으킬 수 있는 오류는 여전히 탈냉전 세계에서도 일어나고 있다. 1991년 초에 러시아 대통령 보리스 옐친의 핵 '축구"에 대한 경고는 처음부터 계속 유효했다. 이것은 러시아의 핵병기를 발사하는 모든 전자적인 수단과 암호를 담고 있는 서류 가방 크기의 용기를 말한다. 노르웨이 기후 관측 미사일 레이더에 무해한 것으로 나타나는 신호가 미국이 제해권을 갖는 노르웨이 해상에 있는 잠수함에서 발사된 미사일과 함께 소련의 정보부원들에게 포착되었다면, 모스코바에서는 최악의 타격을 받는 악몽으로 나타날 것이다.

브루킹스 연구소의 핵무기 전문가인 브루스 블레어에 따르면 경고를 주기 위한 것이 상대국에게는 오해될 수도 있으며, 이것은 옐친이 말한 핵 '축구'로 귀결될 수도 있다는 사실은 관심을 가져야 하는 것이다. 안전 병기에 대한 대통령 클린턴과 옐친의 모든 상투어들은 제쳐두고, 이 사건은 진입하는 미사일이 목표에 다다르기 전에 러시아의 단발적인 주의를 끌며 미사일로 응사한다는 "핵 안전 제어"이론에 이르게 된다는 것을 보여 주고 있다. 만약 수분 안에 잘못된 경고 신호가 옐친의 핵 '축구'에 이르지 않는다면, 그는 러시아의 대심판의 병기를 발사할 수도 있을 것이다.]

모든 선의는 제외하고 인류는 오류를 범할 수 있는 상태에 있다. 핵으로 인한 일촉즉발 상황에서 양측의 관리들은 개인적인 문제에만 신경이 갈 수도 있다. 일상적인 불만, 아내가 했던 지나친 잔소리, 그리고 약간의 숙취, 술 한잔, 그리고 때때로 직무 상에서 벌어지는 돌출사건들.

이란 · 이라크 전쟁이 끝날 무렵, 잘 훈련된 미국 미사일 순양함 빈센스 호의 어떤 선원이 컴퓨터를 잘못 읽고 이란 민간 비행기를 추격시켰다. 이란의 아나톨야들과 카다피는 보복하겠다고 위협했다. 팬암 103 비행기의 폭격.

10여 년 뒤의 미래로 가 보면, 미국의 미사일 순항함은 비슷한 '사고'에 연루된다. 이번에는 이란이 핵무기를 갖고 있다. 만약 선원이 데이터의 신호를 훨씬 더 빨리 출력시킨 컴퓨터를 잘못 읽는다면 해병은 다시 한 번 민간 비행기를 군 제트기로 오인하게 될지도 모른다. 이번에 이란의 대응은 더 직접적이고 황망한 것일는지도 모른다.

노스트라다무스는 아라비아[페르시아]만에서 함대가 침몰할 것이라고 기술하고 있다. 이것은 이라크의 습지에서 사담 후세인의 작은 함대에 국한되는 것이 아니다. 미국은 계속해서 걸프만에서 강력한 해군을 유지하고 있다. 제3차 걸프전에서 인간의 오류는 미국의 항공모함 기동부대가 바다에서 이란의 잠수함 공격으로부터 방사능이 바다로 누출되게 만들지도 모르는 일이다.

아마겟돈의 생태학: 초체계가 붕괴될 때

제3차 세계대전은 우편배달부가 두 번 종을 울리지 않았기 때문에 벌써 시작되었다. 아직 종은 울리지 않았다. 화장실들이 정비되어 있지 않고, 전화가 작동하지 않고, 은행이 영구 휴가 상태에 있었기 때문에 대륙간탄도탄은 떨어졌다.

어리석은 말처럼 들리나? 이것은 단지 빙산의 일각일 뿐이다. 만약 아마겟돈이 전기가 나갔기 때문에 발생할 것이라면 얼마나 우습꽝스럽겠는가? 핵테러리즘에 대한 예언의 경고와 2000년경에 있을 운명의 날에 대한 경고들이 정확한 것으로 판명된다면, 그리고 곡물을 실은 트럭들이 도시로 들어오지 않기 때문에 제3차 세계대전이 일어난다면?

중동의 삼두 정치가 한 방 날릴 운명이라면, 북반구의 미국과 소련 블록은 차례로 치명적인 상처를 받을 수 있을 것이다. 지구의 평화는 불타는 유전에서 볼 수 있는 타오르는 불꽃을 기념하게 될지 모른다. 평화스런 천년기에 대한 배당금은 생물학적인 질병을 일으키는 먼지와 방사능 장막 아래에서 산업의 값진 기름 저장고들을 잠그는 에너지 저장 프로그램에서 파국적인 것이 될 것이다.

그러나 유전들이 질병에서 자유롭고 손상되지 않는 상태로 남아 있다고 할지라도 새로운 천년기의 여명에 의해 아랍 사자가 평화롭게 이스라엘의 어린 양과 함께 누울 수 있다 할지라도, 너무 많은 번식, 평화를 사랑하는 공해를 배출하는 사람들이 만들어내는 생태학적인 스트레스는 새로운 시대에 대한 노력을 무위로 만들게 될지도 모른다. 예언적인 점성술에 따르면, 세계는 이 세기의 전환기에 정치적, 종교적 아마겟돈의 위협에 빠지게 될지도 모르지만, 이때가 아니면 2024년과 2038년 사이에 아마겟돈 전쟁이 일어나게 될 것이다. 왜냐하면 우림들이 베어 넘어지고 곡물들은 자라지 않을 것이기 때문이다.

≪다가오는 어두운 시대≫라는 책에서 미래학자 로베르토 바카는 우리 현대 문명의 생존은 초체계—통일적인 기제와 단일한 에너지 자원에 의해 지탱되는 초조직들—에 의존한다고 말한다. 상호의존적인 세계 체제—정보 검색, 무선통신, 의약, 수송, 세계의 농업 생산이나 분배와 같은—는 모든 다른 체계에 도미노 효과를 가져올 수 있다. 예를 들면, 기름의 유통이 정지하면 플라스틱 산업은 몰락할 것이며-더 이상 새로운 컴퓨터, 전화선, 나일론 옷, 또는 겨울 난방용 기름이 없을 것이다. 그러면 음식을 수확하는 트랙터들이 멈추게 될 것이다. 도시로 밀을 나르는 열차와 트럭들은 없어지게 될 것이다. 다음에 법 집행기관의 초체계가 미국에서조차 식량 약탈을 당할 것이다. 기름 없이 세계의 상업은 답보 상태에 빠지게 될 것이다. 어떤 제트기도 뜨지 않을 것이며, 어떤 배도 화물을 나르지 않을 것이다. 마지막으로 정부들은 붕괴되고 혁명과 독재가 판을 칠 것이다. 노스트라다무스, 성경의 예언자들, 그리고 다른 사람들은 다가오는 마지막 전쟁과 전세계 기근 사이의 밀접한 관계에 대해 경고하고 있다.

이에 더하여 지구 온난화가 적기에 해결되지 않으면, 예상되는 기후 혼란이 더해져 과학자들은 보통 자연이 통제를 벗어나기 전에 생태학적인 재난을 회피하려면, 단지 20여 년 정도의 시간밖에는 남아 있지 않다고 예상하고 있다. 그러한 예상은 양자리에 해왕성이 들어가는 다음 번 변화기(2024-2038)에 무수한 전쟁들이 행성 위에서 발생할 가능성이 있다는 점성술의 관점과 일치한다.

만약 오존 구멍이 북아메리카의 곡식 창고를 황폐화하여 수백의 나라들에 제공하기보다는 식량을 비축한다는 쪽을 선택한다면, 굶주림은 생각보다 훨씬 더 할 것이며 생존의 문제가 심각한 상태에 이르게 될 것이다. 세계는 자연적인 자원이 얼마나 남아 있는가에 따라 전쟁에 이르게 될 것이다.

무서운 전쟁이 서쪽에서 준비되고 있다. 전조가 다음 해에 젊은이나 늙은이나 동물이나〔흔들리지 않는〕 무서워하지 않을 자가 없을 것이다. 프랑스에서 피, 불, 수성, 화성, 목성〔합〕

노스트라다무스(1557), C9 Q55

(수성과 목성은 화성이 몇 도 정도 합에서 벗어난다 할지라도, 1993년 10월에 합을 이루었다. 그 당시에 세계는 몇 차례의 러시아 혁명이 처음 오는 것을 목격하게 되었다. 행성의 합은 대개 2년에서 3년 사이에 발생한다. 폭발적인 전쟁과 질병에 대한 다음 번 기회들은 다음과 같다. 1998년 2월 23일, 2002년 7월, 그리고 2004년 10월에, 전세계적인 무서운 질병이 발생할 수많은 가능성이 생기게 될 것이다. 새로운 오존 구멍, 에볼라 바이러스, AIDS, 또는 핵, 화학적 또는 생물학

적 무기의 사용)

무서운 구름이 올 것이다. ……〔그리고〕 무서운 폭탄과 화살로 가득한 비행선

바르샤바의 예언(1790)

사람의 손에 의해 만들어진 독한 구름이 내려오면, 모든 것을 끝장낼 것이다. 인간의 마음은 광란에 휩싸이게 될 것이다.

마리아 라크의 예언(16세기)

나는 나머지 세계〔중국/아랍 동맹을 의미하나?〕 노란 전사들과 붉은 전사들을 본다. …… 유럽은 완전히 땅에 있는 가축을 죽이게될 노란 연기로 완전히 뒤덮히게 될 것이다. 전쟁을 시작하는 그들 국가는 …… 공포스러운 불에 의해 패망할 것이다. 다가오는 어려운 시기에 주님이 나의 손주들에게 인내의 은총을 내리시길.

사보이의 프란체스카 데 빌리안트(20세기 初)

두 번째의 대파국

이스라엘의 핵무기 프로그램은 일년에 대략 90파운드의 플루토늄을 만드는데 히로시마에 떨어진 탄도의 100배 정도의 크기이다! 이스라엘 때문에 잠재적인 아랍의 적대자들은 어떤 야심도 필요하지 않다. 이스라엘의 주요 도시들을 파괴하려면 단지 5개의 핵무기만으로 인구의 60퍼센트를 즉사시키기에 충분할 것이다. 나머지 사람들은 낙진으로 끝장이 날 것이다. 새로운 핵 화덕에 들어가는 유대 국가는 두

번째의 대파국에 복종하고만 있지는 않을 것이다. 그들은 제3차 세계 대전으로 대파국의 또 다른 위협에 직면하게 될 것이다.

이스라엘이 결국 항상 옳은 것도 없고 항상 잘못된 것도 없다는 무서운 진리에 직면할 때까지 오랜 동안 중동에 부조화가 있을 것이다. 그들은 선민이라고 자처해 왔지만, 그들이 신을 선택한 것이 아니라 선택되었다는 것인가? …… 중동 위기는 인류의 심장이 고양될 때까지 계속될 것이라고 말하는 것은 어리석은 것이다. 화재는 자신이 의식을 변화시키고 증오와 탐욕을 극복할 때까지 남아 있게 된다.

루스 몽고메리의 지도령들(1971), ABY

야훼께서 나에게 말씀을 내리셨다. …… 그 날, 너는 내 백성 이스라엘이 마음놓고 있는 곳으로 틀림없이 쳐들어 갈 것이다. …… 너는 북녘 끝 〔마곡의 땅의 곡〕네가 자리잡고 있던 고장을 떠나 연합군을 거느리고 쳐들어 갈 것이다.

에제키엘(서기전 593-571), EZ 38:1, 14-15

(아마 이 구절은 팔레스타인의 조국과 관련된 문제를 해결하는 것이 아마겟돈에 나타나는 전조라는 것을 말한다. 곡과 마곡은 사담이나 아사드 또는 그 일당에게 대항한 연합 세력이 되돌아오는 것처럼 들린다.)

나는 그날 곡에게, 이스라엘 땅 대신에 아바림 골짜기를 묘지로 주리라. 이 골짜기는 사해 동쪽에 있으며 아무도 지나가지 못하게 앞이 막힌 곳이다. 거기에 곡과 그의 모든 군대를 묻고 하몬곡 골짜기라

부를 것이다.

에제키엘(서기전 593-571), EZ 39:11

(여기에 노스트라다무스와 연관성이 있다. 그에 따르면, 바알 하몬은 적그리스도의 신이다. 그는 현재 시리아, 리비아, 그리고 이라크 지역에서 숭배되고 있는데 이는 이스라엘의 근원적인 적을 의미한다. 파괴적인 의도를 갖고 있는 바알 하몬은 하늘의 무서운 주로 알려져 있다. ≪예언들≫의 C10 Q72에서 노스트라다무스는 공포의 대왕이 1999년 7월에 하늘에서 내려올 것이라고 예언한다. 이 공포는 중동의 전쟁으로부터 상승되는 열전일 수도 있고, 노스트라다무스가 말한 제3 적그리스도의 27년 전쟁을 시작하게 되는 중동에서의 사건을 나타낼 수도 있다.)

때가 되어 곡이 이스라엘 나라를 쳐들어 가는 날 …… 그날 이스라엘 땅에 반드시 큰 지진이 일어나리라 …… 그리고 지구 표면에 있는 모든 인간은 내 앞에서 흔들리게 될 것이다. …… 산들은 무너지고 절벽은 내려 앉고 성벽은 모두 허물어져 내릴 것이다.

에제키엘((서기전 593-571), EZ 38:18-20

마지막 때가 오면 남국〔남쪽 블럭?〕 왕이 싸움을 걸어 올 것이다. 그러면 북국〔북쪽블럭〕 왕이 병거와 기병과 많은 배를 동원하여 폭풍처럼 몰아치며 큰물처럼 온 세상을 휩쓸 것이다. 그 바람에 영광스러운 나라에서 많은 사람이 쓰러질 것이다. 그러나 에돔 백성과 암몬의 지도층은 난을 면할 것이다. 에집트에 숨겨 둔 금은과 온갖 보화를 마음대로 손에 넣고 리비얀와 에디오피아〔수단〕도 손아귀에 넣을 것이다. 그러다가 동쪽과 북쪽에서 두려운 풍문이 들어 오면 화가나서 돌가며 사람들을 마구 잡아 죽일 것이다. 그는 영광스러운 거룩한 산과 지중해 사이에 왕이 머무를 천막을 쳤다가 거기에서 마지막 날을 맞이할 터인데 그를 도와줄 사람은 〔국제적인 보이콧?〕하나도 없을 것이다. 그때에 미가엘이 네 겨레를 지켜 주려고 나설 것이다. 나라가 생긴 이래 일찌기 없었던 어려운 때가 올 것이다. 그런 때라도 네 겨레〔이스라엘〕 중에서 …… 면할 것이다.

다니엘(서기전 6-7세기), DN 11:40-12:1

그날이 오면 주께서 원수들에게 겁을주시리니 저희들끼리 붙들고 치고 받게 될 것이다.

즈가리야(서기전 C. 160), ZIK 14:13

그러나 몰려왔던 원수가 도리어 먼지가 되어 날아가고 포악한 무리는 겨가 되어 흩날리리라. 갑자기 뜻하지 않은 때, 만군의 야훼께서 너를 찾아 오신다. 천둥과 지동으로 폭음을 내시며 오신다. 태풍과 폭풍 속에서 벼락불을 찾아 오신다. 만방이 떼지어 너 아리엘을 치다가 꿈같이 사라지리라. 너를 공격하여 토성을 쌓고 죄다가 한밤의 환상처럼 꺼지리라. 굶주린 사람이 먹는 꿈을 꾸다가 깨어나서 더욱 목말라하듯이 무리지어 시온산을 치던 만방도 그렇게 되리라.

이사야(서기전 783-687) IS 29:5-8

아, 우리는 위대한 나라〔이스라엘?〕 심하게 고통을 당하는 것과 성스러운 법이 완전한 폐허 속에 있는 것을 보게 될 것인가? 금과 은으로 된 새로운 자원〔석유?〕이 발견되었을 때 기독교는 다른 법에 의해 철저히 지배된다(C1 Q53).

여섯 날은 도시 앞에서 공격이 이루어진다〔1967년의 6일 전쟁: 예루살렘을 위한 전쟁〕. 자유는 강력하고 비통한 전투로 얻어진다: 셋은 그것을 넘겨주고〔이집트, 시리아, 그리고 요르단〕, 그들에게 용서와 상처를 준다〔새로운 국경은 점령된 영토를 만들게 된다?〕……(C3 Q22)

새로운 법이 시리아, 유대, 그리고 팔레스타인 주변의 새 땅을 지배할 것이다. 〔아랍〕의 야만인들의 거대한 제국이 태양의 세기가 끝나기 전에 산산히 무너질 것이다.(C3Q97)

(20세기는 핵무기의 태양이 동력화된 것을 본 세기라는 것을 암시하고 있다. 또한 97이라는 수는 1997년을 나타낼 수도 있다.)

노스트라다무스(1555)

가장 뜨겁고 정치적으로 불안한 지역임에도 불구하고 중동은 원자핵융합 반응의 화염에 싸이게될 최초의 지역이 아닐지도 모른다. 국방성 두뇌 집단의 보수적 평가는 파키스탄과 인도에 새로운 천년기 전에 핵전쟁을 일으키게 될 가능성이 높은 것으로 보고 있다. 인도의 가장 존경받는 현대의 점성가인 베잔 다루왈라는 우리에게 인도와 파키스탄에게 가장 '결정적인 시기'가 1994년 12월10일에서 1996년 1월 3일 사이에 올 것이라고 경고한다. 〔저자 개정: 비록 그 시기에 많은 무력 충돌이 있었다 해도 어떤 핵전쟁도 일어나지 않았다.〕

이제 파키스탄은 핵무기를 발사할 수 있는 능력을 갖고 있지만, 인도의 핵무기 경주는 재개되고 있을지도 모른다. 양국은 폭탄을 만들고 있다는 것을 부정하고 있다. 서양의 정보 기관들은 중반기까지 리비아와 함께 파키스탄은 일 년 동안 히로시마에 떨어진 위력을 지닌 폭탄을 6개 정도 만들어낼 수 있을 것이라고 평가했다. 전문가들은 인도가 이미 300킬로그램(660파운드)의 핵 무기 제작 물질을 비축해 놓고 있다고 보고 있다. 현재의 정보 기관은 20개의 핵탄두를 갖고 있는 것으로 평가하고 있다. 그리고 만약 미래의 중국 정권이 인도의 히말라야 지방을 또다시 침략하겠다고 위협한다면, 인도인들은 현재 비축한 플루토늄으로 전 중국이 가지고 있는 병기보다 더 많은 병기를 만들어낼 수 있다. 만약 전세계적인 경제 위기 때문에, 한국의 재통일에 대해 가냘픈 희망을 가리게 되면 두 번째의 한국전(아마도 핵전까지도)이 일어날 가능성은 여전히 있다. 1991년에 CNN의 버나드 쇼와 인터뷰를 하면서 미국 대통령이었던 리차드 닉슨은 제3세계 정권 중에서 북한을 전쟁에서 핵무기를 사용할 가능성이 제일 높은 국가로 생각한다고 말했다. 식량 공급이 중단되거나 재정 파탄이 오면 남미에서도 핵 대결을 야기하게 될지도 모른다. 아르헨티나와 브라질은 다음 세기에 핵무기를 갖게 될 수도 있다. 칠레는 티에라 델 푸에고 군도에 대한 해묵은 논쟁에서 아르헨티나와 미래에 대한 양보를 얻어내기 위해 핵개발 프로그램을 시작할지도 모른다.

제3차 세계대전? 모두를 위해 "자유"를 주는 세계전쟁

전주곡: 적그리스도의 전쟁(1973-1999 또는 1999-2026)

평화의 시기가 온다(제2차 세계대전을 의미한다). 그러나 단지 25년간(1945년에서 1970년) 동안만 그러하다. 적그리스도의 전조는 그의 기치〔이슬람이나 서양 연합?〕 아래에 연합한 많은 국가로부터 온 사람들의 군대를 모을 것이다. 그는 그들을 이제까지 사랑하는 하나님에게 충성스러웠던 사람들을 피의 전쟁으로 이끌 것이다.

라 살레트의 예언(1846년)

노스트라다무스의 주석자들은 적 그리스도의 27년 전쟁에 대한 두 번의 창을 본다. 첫 번째 창은 1973년에 시작하여 1999년에 절정에 이른다. 두 번째는 1999년에 아마겟돈과 함께 카운트다운이 시작되어 2026년에 절정에 이르게 된다. 만약 우리가 라 살레트의 예언에서 기술된 처음 시간표를 비교하면, 제2차 세계대전 뒤에 오는 25년간의 평화는 우리를 1970년에 이르게 하는데, 이는 이슬람의 종말이 시작되는(1969년) 사건으로 예언된 달 착륙 1년 전이며, 1973년에 적그리스도의 전쟁이 시작될거라고 노스트라다무스가 지정한 때로부터 3년 되는 해이다.

적그리스도는 매우 빨리 셋을 죽인다. 그의 전쟁은 27년간 계속될 것이다〔1973-1999 또는 1999-2026〕

노스트라다무스(1557), C8Q77.

셋이 제1, 제2, 제3세계를 언급하는지, 또는 테러리스트 국가들의 삼두 정치를 의미하는지는 분명하지는 않다.

테러리즘을 통한 동쪽 지중해에서의 전쟁

북쪽의 그것이 통합될 때, 동쪽에서 거대한 공포와 두려움이 있을 것이다. 새로운 사람이 선출되었다. …… 로드스〔그리스〕와 비잔티움〔터키〕은 야만인(barbarian)〔'아랍'이나 '리비아'에 대한 철자 바꾸기〕의 피에 의해 더럽혀질 것이다.

노스트라다무스(1555), C6 Q21

1992년의 미국 대통령 선거에 대해 1984년부터 글이나 텔리비전 인터뷰에서 나는 몇 가지 예언을 해석했는데 이들은 모두 옳았다. 조지 부시는 중동에서 미국의 군사적 모험을 정치적으로 계속하지 못했다. 노스트라다무스의 이 예언은 또한 보리스 옐친이 1990년 초에 새로운 러시아 공화국의 대통령으로 선출된다는 것에 대해서도 말할 수 있으며, 중동이나 북미의 자원을 통해 그의 정치적인 몰락을 예언하는 것일 수도 있다.

1단계: 제3차 세계대전 때의 여러 전투

…… 중요한 전투들이 중동에서 일어날 것이다. 유럽은 또한 전쟁에 의해 영향을 받게 될 것이다. …… 제한된 정도이기는 하지만 핵무기와 세균 무기가 사용될 것이다. 뉴욕, 시카고, 그리고 서부 해안이 타격 목표가 될 수 있다. 중국은 결국 전쟁에 패배하지만 미국과 그 동맹국들이 커다란 손실을 경험한 뒤에 그러할 것이다.

한스 홀처(1971), "미래 고찰", ≪예언자들의 어록≫으로부터

2단계: 제3차 세계대전은 팔레스타인에 대해서 벌어지고 있다.

이주된 땅들은 살 수 없게 될 것이다. 땅들〔팔레스타인적 질문?〕을 얻기 위해 거대한 불일치. 사람들에게 신중할 수 없는 왕국들. 그 뒤 거대한 형제들〔미국과 러시아〕을 위한 죽음과 불화.

노스트라다무스(1555), C2 Q95

〔저자 개정: 예언에 색인이 달려 있는 것을 생각해 보면, 운 좋게도 이 사건이 1995년에 일어날 것으로 되어 있지는 않았다. 비록 그 해에 이스라엘 수상 이츠하크 라빈의 암살이 중동 평화를 해쳤고, 우익의 벤자민 네탄야후가 권력을 잡게 되었음에도 불구하고. 이러한 변화가 아랍과 이스라엘에 평화보다는 전쟁을 가져오게 될지는 아직 더 지켜 보아야 할 것이다.〕

미국-러시아 우호관계가 1995년에 깨지나?

규칙은 둘〔강대국들?〕에게 유효한 것으로 남게 될 것이다. 그들은 단기간 동안 이를 유지할 것이다. 3년과 7개월이 지나 그들은 전쟁 상태에 들게 될 것이다.

노스트라다무스(1555), C4 Q95〔1995?〕

어려움은 언제 카운트다운이 시작되는지를 확정하는 것이다. 소련이 붕괴하고 러시아와 미국 사이에 생긴, 전례 없는 개방성 때문에 새로운 우정이 앞으로 있게 될 전쟁으로 귀결된다는 시기를 알아내기 위한 카운트다운은 이미 시작되었는지도 모른다. '99년 7월'의 예언이 적그리스도 전쟁의 공포스러운 종말을 지적하고 있기 때문에 우리는 1996년(러시아가 새로운 대통령을 선출하는 때)1월에 그 우정이 깨지는 사건에 대한 카운트다운을 시작할 수도 있을 것이다. 그러나 '99년 7월'은 정확하게 적그리스도 27년 전쟁의 개시라고 한다면, 그것은 미국과 러시아에 의해 생긴 공백을 메우고 있는, 새로운 강대국인 중국일 수도 있다. 중국은 2010년까지 강대국의 위치에 오르게 될 것이다. 이 경우 미국-중국 평화는 전쟁에 이르기 전에 앞으로 3년 7개월간만 지속될 수도 있다는 것을 나타낼 수도 있다. 아마 이것은 2020년대에 일어날 것이다.

정치적 축의 이동: 제2의 냉전?

토성, 목성, 해왕성의 이동이 나타나게 되어, 1998년에서 2000년은 배신에 이르는 작은 통로이다. 그리고 그들이 이동할 때, 긴장, 시련, 말다툼, 고난, 시험, 그리고 장기적이고 꼬인 흔적의 피, 핏덩이, 그리고 황폐함과 죽음, 파편, 그리고 부패의 '귀착'을 나타낸다.

베잔 다루왈라(1989)

적 그리스도의 전쟁(또는 복수)

공포스러운 전사가 놓여날 것이며 적들은 그를 적그리스도라고 부를 것이다. 지구상의 모든 국가들은 서로 이 전쟁에 연루되어 싸울 것이다. 전사들은 별들을 얻으려고 하늘로 올라갈 것이며, 건물을 불태우고 여러 곳을 황폐화하기 위해 그들을 도시를 향해 던질 것이다. 국가들은 "평화, 평화"를 외칠 것이지만, 평화는 전혀 없을 것이다.

성 오딜(서기 720년)

여러 내전이 발생한다. 초체계가 붕괴되기 시작한다.

도대체 이 거대하고 무서운 (내)전이 올 경우 사람들의 조건은 어떻게 될 것인가? 그것은 북부와남부(미국) 사이의 전쟁과는 매우 다를 것이다. 이것은 이웃과 이웃이 싸우고 도시와 도시가 싸우고, 마을과 마을이 싸우며, 국가와 국가가 싸우는 전쟁이며, 사람들은 계속 파괴할 것이며, 파괴될 것이고, 미대륙에서 잠시동안 생산 활동이 상당히 줄어들 것이다.

그들의 도시는 절망스럽게 될 것이다. 이 시기는 뉴욕의 거대하고 인구가 조밀한 지역에 주민들이 없어지게 될 때 올 것이다.

올슨 프래트(1879), 몰몬교의 지도자

경제적 재난, 완전한 초체계의 붕괴

…… 재정 재난과 파산이 일어나 많은 눈물이 떨어질 것이다. …… 전세계 대부분이 뒤집힐 것이다. 사람들은 진정하지 못할 것이며 연민을 갖지 않을 것이다. 독한 구름과 적도의 태양보다 더 깊게 탈 수 있는 광선, 철에 세겨진 행진하는 군대, 무서운 폭탄과 화살로 가득한 비행선들, 그리고 즉시 모든 도시를 파괴하는 유황불을 지닌 비행별들〔미래의 전략 방위 구상의 우주병기?〕

바르샤바의 예언(1790)

동서양 사이의 핵전의 서곡

300피트의 깊이의 땅 속에 있는 군사들에게 두더지는 모델이 될 것이다.〔핵전사들은 수백 마일 깊이의 벙커에서 미사일을 발사한다.〕

마리엔탈의 예언(1749)

원자 핵융합 반응에 의한 심판의 날?

산 자와 죽은 자를 심판하실 2000년 주님의 날이 올 것이다. 별과 혜성들〔미사일?〕은 공중에서 떨어질 것이며, 지구는 번개〔핵 섬광 또는 레이저 광선〕로 불타오를 것이며, 낡은 지구는 사라질 것이다.

바르샤바의 예언(1790)

인류의 죽음?

하루 만에 인류는 매장되고, 장기적으로 쌓아온 부에 의해 만들어진 것, 탁월한 것으로 올려진 것, 유명한 것, 아름다운 것을 보게 될 것이다. 위대한 왕권들, 위대한 국가들-모든 것이 심연으로 추락할 것이며 모두가 한 시간 안에 전복될 것이다.

여 예언자의 신탁(서기전 2세기)

세계의 종말?

일출시에 거대한 불이 보일 것이다. 소리와 빛이 북쪽을 향해 확장된다.

최초의 원자 핵융합 반응을 일으키는 폭발은 미국 남부와 러시아를 목표로 시작하여 북쪽을 향해 움직일 것이라는 시나리오는 양 측에 있는 대파국의 전사들 사이에는 잘 알려져 있는 사실이다. 마지막으로 노스트라다무스는 다음과 같이 냉정하게 종결부를 더한다.

…… 세계 안에서 죽음과 울부짖음 소리가 들리고 무기, 불, 그리고 기근을 통해 그들을 기다리는 죽음.

노스트라다무스(1555), C2 Q91

단지 그가 "1991"을 의미하는 것이고, 그것이 잘못되었던 것이라고 바랄 뿐이다.

냉전에서 핵 겨울로

광란, 어리석음과 광기 …… 길 가에 두 구의 시체, 두 개의 떨어진 골로새인〔미국과 러시아, 또는 미국과 중국?〕, 무서운 투쟁, 비통, 난파, 폐허와 연기. 태양은 어디에 있나? 낮은 어디에 있나? 신은 어디에 있어 도움을 주고 있나? 지구 상의 모든 것이 어둡다. 지옥 문이 열렸다.

실비아 부인(1948)

사방에서 많은 눈이 들이치고 세상으로 떨어진다. 살인적인 서리가 만연한다. 태양은 달을 어둡게 했다. 그것은 전혀 광채가 없다. 폭설이 쏟아지고 결코 멈추지 않는다. 사람들은 여름이 올 것을 기다리나 헛일이다. 눈이 쏟아지고, 서리발이 서고 얼음에 갇힌 세계 위에 두 번의 겨울이 찾아온다. (바이킹 예언에 의해 예고된 얼음의 대재난인 핌불 겨울은 아마겟돈의 노르웨이 판인 라그나록 이후에 발생할 것이다.)

고대 노르웨이의 예언인 라그나록으로부터(서기 1000 전)

그런 재난의 기간이 지나면 곧 해가 어두워지고 달은 빛을 잃을 것이며 별들〔별들:핵탄두들?〕은 하늘에서 떨어지고 모든 천체가 흔들릴 것이다.〔핵폭발〕

예수(서기 30-33), MT 24:29

겨울이 올 것이고, 세상에는 3일 동안 어둠, 번개, 천둥 그리고 갈라진 틈 …… 독한 숨이 먼지로 밤을 채울 것이다. 검은 징조, 가장 나쁜 인간의 전투 ……

파사우의 예언(19세기)

전국〔스코트랜드〕이 극단적으로 황폐화되고 수탉의 울음 소리가 들리지 않을 것이며, 사슴과 다른 야생 동물은 공포스러운 검은 비에 의해 멸종하게 될 것이다.

투시자 브라한(1665)

강력한 바람이 깊은 안개와 미세한 먼지를 동반하여 북쪽에서 일어날 것이며, 이것은 사람들의 목과 눈을 가리고, 그들의 도살 행위를 중단시킬 것이며, 거대한 두려움에 빠지게 할 것이다.

성 힐데가르트 폰 빙엔(C.1141)

…… 이단자들은 죽고, 포로들은 추방된다. 피에 젖은 사람들의 몸, 바다, 그리고 붉은 얼음 비가 전 세계를 덮는다.

노스트라다무스(1557), C8Q77

이해가 가지 않는 사람들에게 부연 설명을 덧붙이면 다음과 같다. 전문 용어로 "제한된" 또는 "연장된, 그러나 조종된 핵전쟁"이란 미공군의 통수권을 갖고 있는 미국 대통령이 러시아와 중국의 대륙간탄도탄, 열 폭풍, 그리고 치명적인 방사능 구름이 차 미국 영공에 있는 경우에 자신의 핵전사들에게 명령을 내릴 수 있다는 것을 가정한 것이다. 이것은 또한 안전하고 건전한 정치인들과 군사령관들이 대혼란에 빠져 보유하고 있는 대륙간탄도탄을 발사하는 것보다 신사적으로 핵 대응을 하기 위해 선제 목표가 될 것을 가정하기도 한다.

만약 인류가 정화를 향한 의지를 이해하고 초월하는 것을 배울 수 없다면, 스톰버거와 신탁소의 여 예언자들이 냉정하게 예언한 위협이 실현될 것이며, 앞으로의 전쟁이 역사상 벌어졌던 모든 전쟁과는 달리 순식간에 무수히 많은 사람들을 죽일 것이다. 진전되고 있는 핵무기 감축 협정에도 성장하는 러시아—미국의 우호적인 정치적 관계가 갑작스럽게 변화하여, 수주 안에 전략 미사일 사령부가 완전히 상호대립 상태로 다시 되돌아가 있는 모습을 보게 될 수도 있다. 사람들은 서명된 협정으로 이미 해당 무기가 동등하게 파기되었다고 믿고 싶을 것이다. 이것은 위험한 환상이다. START 조약들은 미사일을 없애는 것이지 핵탄두를 없애는 것은 아니다. 폭탄은 미래를 위해 비축될 수 있으며 저장되어 있다. 수개월 또는 몇 년 안에 그 미사일은 얼마든지 다시 만들 수 있다. 사실 미사일 폐기 작업은 많이 진전되지 않고 있다. 이 글을 쓰는 때로부터 2000년까지는 앞으로 4년 남아 있고, 벌써 정치적인 변화들이 정치인들(그리고 예언 해석자들)이 조종할 수 있는 것보다 훨씬 더 빨리 움직이고 있다. 올해 강대국 러시아를 전복시킬 수 있는 물병자리 시대의 힘들은 내년에는 러시아 공화국을 전복시킬 수 있다. 점성술과 예언적인 지시들은 1994년에서 1996년, 그리고 1999년을 이번 세기에 해당하는 아마겟돈이 발발할 수 있는 최고의 가능성을 지닌 연도라고 지시하고 있다. 예상되고 있는 다음 시기는 2009년에서 2012년이고 2020년이다. 만약 무기 감축 계획이 문명에서 계속되는 광범위한 변화와 스트레스에 의해 계속 방해되지 않았다면, 핵무기를 통한 인류 멸망의 위험은 틀림없이 아마겟돈이 일어날 가능성을 담고 있는 우주적 창이 통과함에 따라 줄어들게 될 것이다. 또한 지금은 무기 감축을 진전시킬 때 또한 냉전 기간 중에 존재했던 긴장 속에서 여러 해 동안에 축적된 핵공포의 수준으로 되돌아가고 있는 중이기도 하다. 2003년까지 우리는 전세계적으로 4만에서 5만 개로 평가되는 핵무기(1990년경)를 75퍼센트까지 해체한다고 해도, 우리는 여전히 러시아와 미국이 1962년의 쿠바 미사일 위기를 초래했을 때 존재했던 것보다 훨씬 더 큰 잠재적인 위험이 있는 핵공포를 받게 될 것이다. 수천 개 이상의 미사일이 있을 것이다! 그리고 그들은 침투할 수 없는 근해의 해저에 있는 이동 발사대 위에 놓여 있게 될 것이다. 하늘에서 떨어지는 아마겟돈의 불이 핵잠수함에 의해 발사될 것이라는 예언은 대부분 공통적으로 나타나고 있는 것을 확인할 수 있다.

START 무기 감축으로 핵위협이 감퇴되었다고 평가하는 사람들이 늘어나면, 1990년대 후반이나 21세기 초에 핵전쟁을 알리는 조종(弔鐘)이 1980년대에 있었던 핵전쟁의 파괴력 및 그 가능성에 대체로 상응하게 될 것이다.

초강대국 사이에서 핵무기가 교전된다면, 90분 동안에 북부 블록의 14억 사람들 중, 대략 7억 5천만 명이 폭풍 효과로 직접 죽게될 것이며, 3억 5천만 명이 상해를 입을 것이다. 중상을 입은 대부분의 사람들은 즉사하게 될 것이다. 아직 살아 있는 3억 명의 북부인들은 방사능 질환과 전염병에 걸리게 될 것이다. 우리의 핵 과녁이 '핵 안전 제어' 라면, 2억 명의 북부인들만이 살아남아 '평화' 의 새로운 천년기를 기념할 것이다. 온실 효과와 공해에 대한 최악의 시나리오는 향후 40년 정도 걸릴지도 모르는 것이 일 년 내에 발생하게 될지도 모른다는 것이다. 세계 도처로 식량을 공급하고 있는 북미의 식량 창고는 화염 속에 사라지게 될는지도 모른다. 폭풍 효과와 방사능은 핵무기의 교전으로 90일 내에 10억 명의 사람들을 죽이게 되는 극단적인 결과를 가져오게 될 것이다. 그러나 가장 큰 불상사들은 대륙간탄도탄의 흔적을 뒤따라서 여러 지역에 간접적인 효과를 가져올 것이다. 대략 25억 명의 사람들이 그 다음 해에 오는 굶주림으로 죽게 될 것이다.

많은 고대의 투시자들은 핵폭발에 의한 불덩어리로 수많은 도시들이 사라진 광경을 놀라울 정도로 상세하게 묘사하고 있다. 뒤따르는 연기와 파편은 상층의 대기로 운반되어 여섯 달 동안 태양빛을 차단한다. 노르웨이의 투시자들은 '핌불 겨울', 즉 아마겟돈의 노르웨이 판인 라그나록 뒤에 오는 계속되는 춥고 어두운 미래에 대해 경고하고 있다. 현대의 과학자들은 이를 핵 겨울이라고 부른다.

이 효과들은 모든 것을 황폐화시킨다고 되어 있다.

농업의 초체계는 전체적으로 붕괴될 것이다. 국지적 핵전쟁조차도 문명을 종식시키기에 충분할 수 있다. 남부 아시아나 중동에서의 지역적인 아마겟돈에 의한 연기 구름이나, 한국의 소규모의 핵폭발도 아시아의 쌀 수확과 미국의 곡물 지대를 망치는 강우 양식을 변경시켜 식량생산 체계의 붕괴를 야기하게 될 것이다.

군시설과 연료 저장소만을 목표로 한 '핵전쟁' 상의 강력한 힘의 변화만으로도 넓은 지역의 동결을 야기하기에 충분한 연기를 배출하여, 그해의 전세계 곡물 수확을 불가능하게 만들 수도 있을 것이다.

지옥에는 수많은 핵폭발 때 나타나는 전자기파에 의해 만들어진 오존 구멍을 가지고 있지 않다. 핵전쟁이나 국지적인 강력한 핵분쟁은 모든 지역에서 오존 구멍이 사라져 버리는 치명적인 결과를 낳게 될 것이며, 수세기 동안 땅에 사람들이 살 수 없게 만들 것이다.

핵 겨울은 북반구와 남반구의 기후 체계를 분리시키는 정상적인 기류를 무너뜨리게 될 것이다. 북부 블록에서 만들어낸 장례복은 남반구를 뒤덮을 것이다.

노스트라다무스에 따르면, 방사능 눈이 내리는 더 온화한 핵 겨울—또는 차가운 '방사능', 분진화된 붉은 비가 내리는 핵 가을도—은 행성을 독살시킬 것이다.상층의 대기권층을 파괴시킬 정도로 충분한 핵폭발이 일어나서 생기게 되는 핵 겨울은, 아마 지구에 남은 생명 형태의 종말을 가져올 것이다. 대기권에 구멍을 만드는 로켓에 관한 엠마 쿤츠의 예언들은 아마—수천이 아니라면— 수백의 대륙간탄도탄이 쇄도하는 것을 보고 말하는 것인지도 모른다.

그리고 핵의 봄이 온다. 구름들이 분산되고 생존자들은 새롭게 돋아나는 곡물들을 휩쓸어가는 대홍수를 발견하게 될 것이다. 생존을 위해 면역 체계와 영양 공급을 받아야 하는 행성이 자외선의 차단으로 붕괴되기 때문에 죽음을 당하게 될 것이다.

그리고 사람들 모두는 말을 탄다: 무의식적인 악몽

나는 어떤 몽유병자의 계산과 안전을 함께 데리고 간다.

아돌프 히틀러(1939), 제2차 세계대전에 앞서 기적적으로 정치적, 군사적 성공을 거둔 뒤에 비공개 석상에서 질문을 받았을 때 한 말(1939년)

땅의 거민아 두려움과 함정과 올무가 네게 임하였나니 두려운 소리를 인하여 도망하는 자는 함정에 빠지겠고 함정 속에서 올라오는 자는 올무에 걸리리니 이는 위에 있는 문이 열리고 땅의 기초가 진동함이라

이사야(서기전 783-687), IS 24:17-18

그리고 시간이 멀지 않았다. 왜냐하면 잠자는 인류는 많은 고통을 당할 것이며, 더 많은 것을 겪고 있기 때문이며, 고통은 점점 더 커져가는 때 …… 이것은 위장된 축복이다. 사람은 어느 정도의 고통만을 겪을 수 있고 그래서 그는 깨어나고 있다. 그리고 사람은 충분히 고통을 겪어 왔다.

오쇼(1985), DTOL

악몽의 4차원

교황과 인구 폭발

1980년대 중반에 교황 요한 바오로 2세는 콜롬비아의 투마코에 있는 황폐한 빈민 지역을 방문했다. 그는 훌륭한 백의를 입고 신성한 홀을 들고 있었다. 모자, 견고한 금십자가, 그리고 주석과 플라스틱 커버러 덮인 모자를 쓴 상태로 실직한 농부, 임신한 부인, 그리고 반 다스나 되는 수척한 아이들이 있는 오두막집으로 들어섰다. 영양 실조와 희망 없는 가족들이었으며, 이는 여행 중에 보아온 번잡한 빈민 지역과 다를 바가 없었다. 이곳은 빈곤과 폭력이 범람하는 오수 구덩이보다 나을 것이 없는, 깨진 꿈의 쓰레기더미였다. 교황은 열린 하수구에서 놀고 있는 수척한 사지, 그리고 배가 부풀어 오른 많은 아이들의

모습을 슬쩍 보고 지나가는 관광객의 모습과 다를 것이 없었다. 오두막에 들어가 있는 동안, 과로와 과잉 출산으로 말라 버린 가슴을 빨면서 먹을 것을 달라고 울고 있는 아이들의 불협화음 너머로 부드럽고 편안한 말을 하려고 그는 시도했다.

그런데 이질에 의한 불쾌한 냄새는 교황의 콧구멍을 움츠러들게 만들었다. 농부와 그의 누더기를 입고 있는 아이들의 야위고, 억압당한 듯한 모습은 그를 슬프게 만들었다. 열대의 태양과 카메라의 냉혹하게 빛나는 렌즈에는 오두막을 배경으로 눈에 메달처럼 눈물이 맺혀 있는 모습이 담겨 있었다. 그는 떨리는 목소리로 언론과 세계를 향해 "이 집에 있는 사람들을 축복하노라"라고 선언했다. 그가 그 곳을 떠나자 교황의 도움으로 콜롬비아 농부의 손에 300달러가 쥐어지는 모습을 볼 수 있었다.

교황은 남미의 십자군 원정에서 돌아오면서, 모든 출산 조절과 피임 방법이 죄라는 믿음이 정당하다는 생각에 많은 스트레스를 받았다.

나는 세계의 모든 인구가 1/4로 줄어들도록 적어도 앞으로 20년 동안 완전히 출산을 조절해야 된다는 점에 동의하고 있다. 그러나 사람들의 위대한 종들은 어떠한 불쌍한 사람도, 고아도, 굶주린 국가도 없다면 폴란드계 교황들, 마더 테레사 등등과 같은 사람들에게 일어날 일 때문에 이것을 허용하지 않을 것이다. 바로 그들의 영광을 위해 세계는 빈곤 상태에 있을 필요가 있다.

오쇼(1985년), LTST

이곳 사람들은 이제 어머니 지구를 돌보지 않는다. 왜냐하면 그들이 죽으면, 사람들은 하늘로 올라가기 때문이다. 그들은 하프, 한 쌍의 날개, 그리고 후광을 얻으려고 하며 언제나 이를 연주하려고 하고 있다. 그것은 나에게 매우 재미를 느끼게 만들어 준다. 나는 하프를 연주하는 방법을 전혀 알지 못한다.

세무 후아르테 할아버지(1983), 추마쉬 족

지구 이후의 날

일요일의 기도나 환락이 평범한 것이었는지 특별한 것이었는지는 월요일 아침에 나타난다. 1990년 3월의 어느 일요일에 어머니 지구의 긴박한 컨디션에 대한 전세계적인 인식이 전례없이 일어났었다. 1990년대에 처음으로 있었던 '지구의 날'은 진정으로 지구인들의 상상력을 붙잡았던 전세계적인 축제였다. 오염된 모든 대륙에서 온 수백만의 사람들은 한 순간, 몇 시간—그리고 열광적인 사람들에게는 하루 종일—을 걸려 쓰레기를 염려하고 수집하고 악취나는 웅덩이를 발견하려고 서로 노력했다.

바쁜 일손과 함께 즐거운 노래 소리가 국가와 종교라는 빛과 소리의 장벽을 넘어 다가왔다. 하루 종일 산업화된 북부에서 만들어진 쓰레기의 왕들과 남부의 공개 벌채와 벗겨진 삼림 지대에서 만들어진 왕과도 같은 아이들은 밖으로 달려나가 낙원에 이르렀다. 하루 종일 사람들은 다른 사람들과 협동할 수 있었고, 인류가 만약 21세기에도 살아남을 만한 가치가 있게 된다면 반드시 필요한 책임 능력을 키울 필요가 있다는 것을 느낄 수 있었다.

연대성을 보여 주는 사람들의 움직임은 오존 구멍이 난 하늘 위에서 태양의 긴 흔들림을 보이고 있었다. 워싱톤, D. C.의 생태학적인 죽음을 알리는 초상화가 걸려 있었으며, 몇몇 케냐인들은 우림에서 베어 넘어지고 있는 수십억의 나무들을 계속 유지해야 할 필요를 느끼며, 한줌밖에 안되는 나무를 절망적으로 심었다. 전 세계의 록 콘서트들에서 인기 있는 노래가 울려 퍼지는 가운데, 지구를 위한 덕담들이 울려 퍼지게 만들고 있었다.

미국 오레곤에서는 태양이 정오의 하늘에 CO_2 지수를 표현하는 북소리를 들을 수 있다. 미국 원주민들과 다른 오레곤 사람들은 전통적인 북을 때려 인류가 흙과 물에서 왔다는 것을 잊지 않도록 지구의 영혼들에게 기억시키려고 노력했다. 정오의 리듬은 또한 오염원이 행성의 조건을 개선시키기 위해 노력하는 것이었다. 몇 군데에서는 이 우주에서 생명의 원천에 대해 지속적인 관심을 갖게 만들기 위한 진심어린 마음에서 시작(詩作)대회를 개최하였다. 프랑스에서는 여행 때에 3천 개의 연을 학교 어린이들이 직접 만들어 이를 세느 강을 넘어 비행하는 공중 다리를 만들었다. 지구 보호활동가들의 친구들인 툴루스에서 무지를 극복하기 위한 기념비라고 불리는 2.5미터(8피트) 높이의 쓰레기로 만든 조각의 제막식을 거행했다. 로마에서 자연 애호가들은 행성을 위해 자신들의 몸으로 줄을 만들어 로마의 중앙 가로수위의 뜨거운 포장도로에 누워, 적어도 이날 하루만은 차와 오염원들을 통행하지 못하게 했다. 캘리포니아의 솔라노에서 아이들은 페스트의 천적이라고 알려져 있는 30만 개의 무당벌레를 놓아 주었다. 독일의 뮌헨의 광장에서 아이들은 서부 유럽에 비정상적인 산성 바람을 통해 그을음과 높은 공해를 일으키는 체코슬로바키아의 산업 자치 도시 위로 친환경 표어를 적은 쪽지가 매달린 만 개의 풍선을 하늘로 날렸다.

그리고 월요일은 왔다.

이날은 항상 약간의 잔존물과 함께 온다. 주말에 보았던 즐거운 영화가 월요일에 화제로 오른다. 어떤 사람은 교통난과 스모그와 전쟁을 하면서 사무실로 나온다. 로마의 중앙 도로 쪽에 녹지가 있는데, 그곳에는 통행을 하는 중에 나오는 신경을 거스르는 소리와 보이지 않는 수톤의 CO_2 배기가 있다. 오레곤에서 친 북소리는 오랜 침묵으로 되돌아갔으며, 시계들은 메드포드에서 알바니아까지 나무 풍차에 달려 있는 상처난 팔과 부딪혀 깨져 버렸다.

월요일이 오면, 학생들이 날린 대부분의 연들, 멸종될 지경에 이른 종(種)들을 그린, 종이로 만든 동물 마스크들, 그리고 지구의 날을 광고하고 있는 엄청난 팜플렛과 상징들이 쓰레기 통에 들어가버린다. 월요일에 체코슬로바키아 전국의 나무와 수풀에는 만 개의 풍선이 석탄으로 오염된 아침 하늘 아래에 시든 과일과 같이 매달려 있다.

상쾌한 주말의 캠페인을 마치고 월요일 작업에 들어가면, 대부분 사람들은 너무나 피곤하여 멕시코의 환경 운동가 루이스 마누엘 구에라의 말을 걱정하는 사람은 없을 것이다. "현재까지 20년 동안, 세계의 사람들 모두가 논의하고 책을 출판하고 조직을 만들었다. 그러나 진실은 지구가 매일 더 많은 고통을 받고 있다는 것이다."

우리는 이 지구 위에 남아 있는 모든 것들을 절약해야만 한다. 왜냐하면 예언들은 코요테와 까마귀와 인디언들이 지구에서 사라질 때, 모든 종족을 포함하여 모두가 죽을 것이라고 말하기 때문이다.

세무 후아르테 할아버지(1983년), 추마쉬 족

대부분의 사람들은 그들이 복통을 느낄 때까지 과식을 하고 있다는 것을 알지 않는다. 깨어나라, 미국!

굿 호스 족(1982년), 비사얀 주술사

기쁨과 질병들

실험실 공간에 구부리고 앉아서 쥐들은 스위치들을 호기심 어린 상태에서 보고 있다. 만약 쥐가 왼쪽 것을 당기면, 인류의 스승들이 그에게 가장 좋은 성적 만족을 느낄 수 있게 만든 작은 전자봉이 그의 머리에 박혀 있다. 이것은 쥐에 달려 있는 구렛나룻이 소용돌이 치게 만든다, 보라!

오른 쪽에 있는 레버를 누르면 음식물이 쏟아져 나온다. 그러나 누가 오르가즘의 기쁨을 느낄 때 먹을 것을 생각할 수 있겠는가? 누가 절망이 사라지고 수천 마리의 새끼 쥐를 자식으로 둔 아버지가 될 수 있는 황홀경 속에서 식사를 할 정도로 세속적인 것에 신경을 쓸 것인가? 쥐의 손가락이 음식을 제공해 주는 오른쪽 레버를 놔두고 왼쪽 레버를 딱 한 번만 누른다. 그리고 다시. 또 다시. "딱 한 번만 누르고 밥을 먹자"하고 생쥐를 자극한다.

핑크빛 발이 레버를 다시 누른다.

날이 갈수록 생쥐는 야위워 간다. 오른 쪽 레버는 거의 건드리지 않는다. 연구소의 쥐는 억압된 현실을 사람들이 생쥐의 이해력을 훨씬 넘는 곳에서 조종하며 가리고 있다는 사실을 일시적으로 잊게 된다!

잠시 동안 쥐는 무수한 새끼들을 낳을 수 있는 가장 위대한 난봉꾼이라고 상상할 수 있다. 그는 설치류들의 쉬바 링감(쉬바 신의 성적 에너지의 상징물)을 소유하고 있다! 그의 전자적으로 자극된 본능들은 음식이나 질병의 경고 메시지들을 무시한다. 발톱 주변에 있던 털들이 빠져 나간다. 과학자들은 곧 죽음의 황홀경(적어도 생쥐에게는) 상태에서 레버 위로 미끌어진다. 원인: 면역 체계의 붕괴, 설치류 질병의 하나에 전자적으로 집착하게 됨.

> 두려움은 당신의 조건에 내재해 있다. 당신은 일시적으로 거기에 환상을 가질 수 있고 거기에 무감각해질 수도 있지만, 육체적인 존재성을 확인하는 것은 두려운 것이다.
>
> **아디 다 산토샤(1979), SCIEN**

뒤바뀐 대재앙의 전사들: 요정 이야기

옛날에 평범한 부모를 배경으로 제3차 세계대전이 일어나게 될 이스라엘 점령지인 웨스트 뱅크의 한 병원에서 두 아이가 태어났다. 하나는 압둘이었고 다른 하나는 모세였다.

두 어린이가 고통받는 어머니들의 어진 처녀막을 통과하여 힘겹게 삶으로 들어섰을 때, 운명이 자신들의 가족을 바꿔 놓았다. 두 아이 모두 어머니의 보호를 받으며 크는 동안, 테러리스트들의 폭동이 있었다. 이로 인해 야기된 혼란으로 새로 태어난 아이들은 혼동이 되었다. 아기 모세는 압둘의 부모에 의해 화염에 휩싸인 병원에서 안전하게 구출되어 피난처로 옮겨졌고, 압둘은 피난처에서 도망나와 가장 가까운 키부츠로 갔다.

키부츠와 팔레스타인 피난 캠프 안에서 마음씨 좋은 양가 부모들은 삶의 방식을 인정하면서, 두 연약한 영혼의 공백을 채워 주려고 했다. 유대의 꼬마 아이는 선량한 이슬람교도가 되었으며, 이스라엘인들을 증오하고 신을 "알라"라고 부르게 되었다. 아랍의 아이는 십계를 따랐으며 '야훼'에게 기도했고 유대 문화를 잘 배웠으며 팔레스타인인들에 대한 부모의 두려움과 증오를 흉내냈다.

1990년대에 '아랍인' 모세는 기꺼이 이스라엘 군대에 들어가 병사의 의무를 기꺼이 수행했다. 어떻게 다른 일이 가능하겠는가? 그의 부모는 모든 아랍인들을 적으로 간주하도록 훈련시켰다.

'이스라엘인' 압둘은 엄마 아빠로부터 교훈을 받았고, 유대인들을 '그의' 백성들을 개처럼 다룬 팔레스타인의 점령자로 보았다. 그 까닭에 '유대인' 압둘은 돌과 고무 탄환을 던지는 어린 시절에 아부 니달의 '자유의 전사'에 가입하고 싶게 만들었다.

악몽과 같은 90년대가 시작되어, 순수한 팔레스타인인 압둘은 몸에 폭발물을 매달아 시오니스트들을 날려 버리거나 수만 명의 진짜 동족을 죽이기 위해 화학 탄두를 발사하는 역할을 맡게 되었다. 그리고 아랍인들에 의해 그러한 테러가 감행된다면, '아랍인' 모세는 어떻게 보복해야 할지를 안다. 팔레스타인 사람들과 아랍 인접국들은 유황불, 가스와 방사능을 돌려 주게 될 것이다.

> 물질적인 세계를 만들기 위해서는, 최악의 경우 더 이상 사랑이 없을 때 파괴적인 전쟁 기계에 대한 정보가 필요하다. 사람은 진실이 무언지 이해하기 위해 사랑과 정보가 필요하지만, 그러나 정작 어떤 것도 결코 가지고 있지 않다. 예를 들면, 우리가 죽을 때 어떤 소유물도 없이 경험만을 가지고 이 세상을 떠난다. 사람은 후손들의 미래를 파괴하기 전에 깨어나야 할 것이다.
>
> **팀 시키아(1988), 캐나다 데니 인디언, 옐로우나이프족**

무엇이 예언을 예언일 수 있게 하나?

대심판의 임무를 맡고 있는 네 사자들은 말 타는 것을 좋아한다. 그들은 우리의 무의식들을 탄다. 그들이 없다면, 사람들은 결코 자신의 잠재적인 임무를 수행하지 못 할 것이다. 우리는 그들에게 재갈을 씌워 악몽을 잡아야 하며 사자들을 쫓아내야 한다.

나는 누구를 위해서가 아니라 자신을 위해서 할 수 있을 뿐이다. 내가 악몽들을 응시하며 마음에 있는 어두운 목초지에 도달하는 경우, 말의 특수한 재갈-개인적으로 또 다르게 비판을 하는 경향을 알게 된다. 나는 경멸, 부정, 또는 어떤 오해의 과정을 곱씹게 될 것이다. 내가 기대하는 분야에서 악몽을 관조하는 법을 익히기 전에, 나는 감정이 상처난 상태로 수년 동안 계속 있게 될 것이다.

내가 상처난 내면을 살펴보는 경우 고통의 목소리를 듣게 된다. 더 깊숙이 숨을 몰아쉬고 잘 살펴보면, 그 목소리가 누구의 것인지 알 수도 있다. 논리가 겹겹이 싸여 있는 층층을 벗겨 가다 보면, 누군가에게 당했거나 들었던 것에 감정이 상처를 입었고, 이것을 정당화했다는 것을 보게 되면, 사나운 말의 고삐를 잡을 수 있고 악몽의 옆구리-고통의 본질적인 뿌리를 뽑아 버릴 수 있다. 그리고 항상 이 무서운 동물의 그늘은 어린 시절에 대한 기억 속에 있다.

악몽은 반응한다. 그녀는 어머니의 목소리로 말한다. 나는 남에게 상처와 멸시를 주는 방법을 배웠는지를 기억한다. 주의 깊고도 남모르게 악몽을 건드려 어머니의 고통을 모방하고, 이것이 나의 것이라고 생각하는 무의식적인 태도를 이해하고 알 수 있다.

만약 저 어두운 초원을 더 깊이 파고 들면, 나는 또 다른 악몽을 거치게 된다. 고통과 경멸 속에 침잠되어 있는 고통스러운 목소리는 어머니의 것이다. 무의식의 초원에 깊이 서 있으면서 나는 저승 사자로부터 겁먹은 말에게 보낸 무의식적인 가계의 혈통을 살필 수 있다.

말들은 떼를 지어 다닌다. 그들은 모든 사람들의 무의식적 동기화라는 검은 초원을 보고 있다.

틀림없이 많은 독자들은 국가에 대한 애국적인 감정을 고백할 것이며, 금메달을 받으러 플랫폼에 올라가 있는 올림픽 육상 경주자를 자랑스럽게 볼 것이다. 물론 많은 사람들(나도 그랬지만)은 자동적으로 가슴이 애국심으로 부풀어 오르는 것을 느끼고, 몇몇 사람들은 국가가 울리고 카메라가 육상 선수 위로 게양된 국기를 보여 줄 때 눈물을 흘리기도 할 것이다.

우리는 관습적인 정체성으로부터 벗어나서 자신에게 그 이유를 묻는 경우도 있지만, 이것은 단지 한 순간에 불과하다. 우리가 자랑스럽다고 느끼고 있는 금메달을 받은 선수는 처음 보는 사람이지 않은가? 대부분의 사람들은 그 육상 선수를 잘 알지 못하고, 정직하게 말하면 국기와 메달이라는 연관성이 없이 그 육상 선수를 만나 보고 싶어 할 사람은 별로 없을 것이다.

내가 어렸을 때인 제2차 세계대전기에 일본 병사들이 성조기를 밟으면서 기뻐하는 모습이 실린 뉴스 영화를 본 기억이 난다. 그들의 장화가 성조기를 짓밟을 때, 나는 마치 내 배가 짓밟히고 있는 것처럼 느꼈다. 그 뒤에 베트남 전쟁 반대 시위 중에 성조기로 만든 조끼를 입고 있는 히피들을 보았을 때도, 동일한 분노를 느꼈다.

왜?

한 번 생각해 보자. 내면의 초원에서 보는 또 다른 악몽이 있다. 자각은 밖으로 새어 나가고 또다른 검은 말이 옆구리 쪽으로 들어온다.

나 자신의 내면을 보면, 애국적인 분노라는 무의식의 일종이 아버지의 목소리로 말하고 있는 것을 발견한다. 더 깊이 들어가면, 나는 그에게 볼기짝을 처음 맞던 때를 기억하는데, 그 때 나는 다섯 살이나 여섯 살 정도밖에 되지 않았다. 나는 어린 시절에 착하고 심부름 잘하는 애이기를 강요받았으며, 나도 될 수 있는 한 그렇게 되기를 바랐다. 나는 아버지가 국기에 대해 말하는 것이면 무엇이든 열렬히 동의하고, 그러면 나를 사람해 줄 것이라고 생각했다.

모든 악몽은 드러나고 싶어하지 않는다. 일단 내가 의식적으로 어떤 습관의 뿌리에 직면하게 되면, 그것은 자각이라는 성가신 간섭 없이 습관대로 계속하지 못하게 되었다. 내가 어떤 감정이 상처받은 이유를 발견하기 위해 무의식적으로 모험을 감행했던 경우, 나는 억압되어 잊고 있었던 사건의 그림자를 발견했다. 내 기억에서 사건을 다시 재생하는 경우 엄마, 아빠, 국가, 그리고 목사로부터 받은 상처가 그러한 생각을 낳게 되었다는 것을 발견했다. 그리고 그때 나는 이들 상처를 받게 된 이유를 깨달았다. 그것은 권위에 대해 의문을 갖고, 진실을 스스로 확인하는 훈련이 되어 있지 않았기 때문이었다. 내면을 보는 모험과 자유는 누군가가 나의 감정을 상처내는 것이 아니라 내가 상처난 감정을 받아들이게 하며, 이를 유지하기 때문에 상처받는다는 것을 발견하게 만든다.

과거의 잘못으로부터 배우지 않는 자는 그것을 반복하게 되어 있다. 이 원리는 어린 시절부터 역사에 매력을 느끼게 해 주었다. 나는 수립된 여러 제국들이 몰락할 것이라는 경고를 외면했던 이유를 캐내려고 하면서, 과거와 그 양상에 대해 할 수 있는 모든 것을 섭렵했다.

왜 새로운 창조와 통찰들은 항상 비난을 받는가? 왜 반 고호와 같은 천재들이 미쳐서 무일푼으로 죽어 버리지만, 그들의 그림은 일 세기만에 수천만 달러에 팔리는가? 왜 스웨덴의 칼 7세는 튜톤의 기사들에 의한 러시아 침략에 대해 읽고도 동일한 유혈 사태를 반복했는가?

나폴레옹은 칼 7세의 역사를 읽고 스웨덴 왕이 패배한 이유를 더 잘 이해했지만, 그가 러시아에 침략하여 재난을 당하는 동안, 동일한 전술적인 실수를 저지른다. 성공적인 '몽유병자' 아돌프 히틀러만이 이 경고를 무시했던 것은 아니다. 그도 129년 뒤에 나폴레옹과 같은 날에 러시아를 침략했었다. 나폴레옹, 칼 7세, 그리고 튜톤 기사단처럼, 히틀러는 날씨를 무시한다. 그는 군대를 러시아 깊숙이 포진하고 그들과 동일한 운명을 겪게 된다.

어리석은 자들이 반복한 역사에 대한 연구에 싫증을 느끼게 되었을 때, 나는 '미래사', 즉 예언에 관한 모든 책을 늑대가 사냥감을 찾듯이 뒤적이기 시작했다. 나는 미래를 살펴보면서 반복되는 동일한 잘못을 다시 보았다. 과거에도 사람들은 새로운 세계 질서에 대해 말했으며, 강대한 군대를 만들었고, 평화를 지키기 위해 더 파괴력이 있는 병기를 제작했다. 평화 유지군과 대포는 항상 사용되어 왔고, 예언적인 징조는 미래사에서도 어떤 변화도 없다는 것을 보여 주었다.

여러 문화가 지니고 있는 예언서에서는 공통적으로 사람들은 재난이 올 때까지 문제를 연기하는 습관이 있다는 것을 지적하고 있다. 또한 거기에는 미래의 사건으로 무의식적으로 질주하는 인류의 그림자를 살펴보게 되었다. 나는 부정, 절망, 그리고 불가능한 꿈이 팽배한 질병에 대한 예언을 찾을 수 있었다. 역사적으로 사람들은 낡은 전통에 강력하게 의존하고 있고, 새로운 정보는 은폐되기 때문에 변화 속에서 고통을 겪어 왔다. 그들은 여전히 전통을 답습하고 있다. 그들은 아마 미래에도 그렇게 할 것이다.

과거와 미래는 습관에 의해 현재를 엮어 내고 있다.

어렸을 때 어떤 사람이 내 별명을 불렀다면 모욕을 심하게 느끼지는 않았을 것이다. 나는 그저 침을 꼴깍 삼키는 정도였던 것 같다. '기독교인' 또는 '미국인' 또는 '무신론자' 또는 '빨갱이'라는 말— 이들은 나에게 어떤 의미가 있었나? 당신이 침대에 누워 있을 때 그들은 당신에게 어떤 의미가 있었죠? 자신이 빌려온 정체성, 국적, 그리고 미신에 기초한 종교 때문에 어떤 기계적인 방응을 보이게 되고, 서로를 죽이는 전투에 참여해야 한다면 어떨 것인가?

나는 문제점을 가지고 있다. 그것은 숨겨진 이드(id)의 초원으로부터 나오며, 고대와 현대의 역사에서 반복되는 파장을 읽음으로써 나온다. 나의 질문은 정말 단순하다. 각 세대는 각기 새로운 세대가 존재하게 될 온화한 초원으로 가려고, 특별한 종류의 고통과 대혼란에 살고 있다.

인간사에 관한 한 나는 대중들이 자신의 과거에 대항하는 쪽으로 바뀔 가능성이 많다고 생각하지는 않는다. 사람은 과거에 의해 만들어진 창조물이며, 과거는 다가오는 위험에 대항해 점점 더 강화될 것이다. 대중들은 그 위기 상황에서 익사할 것이다. 나는 그것을 슬프게 느끼지만, 그러나 진리는 알려져야 한다.

소수의 사람만이 이 전세계적인 자살 행위 뒤에도 살아 남을 수 있을 것이며, 그들은 의식- 즉 경계, 자각, 사랑, 그리고 과거로부터 자신을 완전히, 그리고 무조건적으로 단절할 준비가 되어 있으며, 새로운 인간, 새로운 인류를 어린이처럼 신선하게 시작할 준비가 되어 있는-에 깊게 뿌리 내린 사람들일 것이다.

그들의 유일한 희망은 자기 실현일 것이다. 일어나고 있는 광범위한 파괴에 대항하기에는 너무 때가 늦었다. 만약 우리가 몇몇 진정한 인류만을 보호할 수 있다면 그것으로 충분할 것이며, 이는 또한 충분한 것 이상이다. 인류의 과거는 완전히 우연적이다. 그들은 과정을 염두에 두지 못하고 일하고 있다. 이제 우리는 이 과정을 경험하고 있으며 이 과정을 변화시킬 어떤 방법도 없다.

오쇼(1987), HARI

대심판의 사망자: 무의식의 궤멸 이후

수많은 시간이 경과한 뒤에도 생존할 수 있는 사람들은 인류의 삼분의 일 정도만이다.

데구치 나오(C.1896), OMO

인류의 삼분의 일이라도 생존한다면 좋을 것이다!

메이슈-사마(1955)

그 말들의 입에서 뿜어내는 불과 연와 유황, 이 세가지 재앙 때문에 사람들의 삼분의 일이 죽고 말았습니다.

파트모스의 성 요한(서기 81-96), REV 9:18

소경이 소경을 인도하면 둘 다 구렁에 빠진다.

예수(서기 30-33), MT 15:14

삶과 죽음에 대한 인간의 믿을 수 없는 두려움은 심판의 무기를 예리하게 하고 있다. 인류는 세계를 조각내고 영토를 만들고 벽을 만들고 제한을 만든다. 인류는 비록 실재로는 한 사람이 다른 자와 분리된 것이 아무 것도 없고, 한 그룹은 다른 자들과 전혀 다르지 않음에도 불구하고 모든 성스러운 차이, 미묘한 차이와 개성을 자신의 가족, 민족, 집단, 마을, 국가 내에서 스스로 만들어낸다.

암브레스(1987), AMB

꿈이나 전망은 필연적으로 끝을 뜻하지 않고, 어떤 변화도 지시할 수 없다. 영적으로 조화롭지 못한 사람들은 이러한 변화에 적응할 수 없다고 한다. 그들은 자신을 변화시키는 데에 필요한 물리적, 정신적, 그리고 영적인 힘을 갖지 못할 것이다. 인류가 미치게 될 것이라고 말하고 있다.

대기〔오존 구멍으로부터 나오는 방사능?〕에 영향을 줄 에너지와 유사한 어떤 것이 있을 것이다. 결과적으로 두뇌에 대한 압력이 35퍼센트까지 증가할 것이다. 그러나 다가오는 우주 에너지를 받은, 영적으로 명확하게 된 사람들은 거기에 적응할 수 있고, 능동적으로 그것을 사용할 수 있을 것이다. 그들은 이 '인간 정화 과정' 으로부터 안전한 보호 구역을 발견할 것이다. 인류의 70에서 80퍼센트는 영적이지 않고 물질 중심적이다. 이것이 변형을 참을 수 없게 만드는 원인이 된다. 그들은 미칠 것이다. 그들은 자살할 것이고 주변의 모든 것을 파괴할 것이다. 그것은 마치 정신병원과 같을 것이다. 아마 누군가는 이 때문에 유명한 버튼을 누를 것이다.

팀 시키아(1988), 캐나다의 데니 인디언, 옐로우나이프 족

인류는 전염병, 기근, 그리고 독에 의해 감소될 것이다. 대재앙 뒤에 사람들은 동굴에서 나와 모일 것이며, 단지 소수만이 새로운 세상을 만들기 위해 남게 될 것이다. 미래는 빠른 속도로 다가오고 있다. 세계는 여러 번 파괴될 것이며 이전과 동일하지는 않을 것이다.

여 예언자 레기나(20세기 초)

…… 물과 불은 지구를 정화할 것이며 진정한 시대가 시작될 것이다.

라 살레트의 예언(1846년)

강력한 재난을 통해 사람들은 완전에 더욱 가까워질 것이며 피와 희생으로 태어난 새로운 물병자리의 경이를 감당하기에 더 적당하게 될 것이고, 결국 지구 위에 있는 물이 쏟아지고 있다는 것은 고통을 통과한 비이기성을 상징-자기의 부정-하는 '물의 운반자'를 실현할 것이다.

체이로(1926), CWP

재난의 시대는 있는 그대로의 진실을 자각하게 만든다. 자각은 항상 깨지기 쉽다. 모든 사람은 항상 위험하다. 사람들은 다가오는 날들, 미래에 대한 꿈, 즉 아름다운 일들을 상상하고 있다. 그러나 위험이 임박한 순간에 갑자기 사람들은 미래도 없으며, 내일도 없고 이것이 당신이 가지고 있는 순간에만 있다는 것을 자각하게 된다.
그렇게 재난의 시간들은 이제 오고 있다. 그들은 세상으로 새로운 어떤 것을 가져오지 않는다. 그들은 당신이 세계 그 자체를 자각하게 만든다-즉 깨어나게 만든다. 만약 당신이 이를 이해하게 되면, 당신은 깨닫게 될 수 있다.

오쇼(1986), MYST

불이 켜져 있는 집은 도둑이 들지 않는다.

붓다(서기전 500)

참고 서적 목록

Alli, Antero, *Astrologik: The Interpretive Art of Astrology*. Seatle, WA: Vigilantero Press, 1990

Ambres, *Ambres*. Torsby, Sweden: AB Sturid, 1992.

Anzar, Nadsherwan. *The Beloved: The Life and Works of Meher Baba*. North Myrtle Beach, SC: Sheriar Press, 1974.

Aurobindo, Sri. *The Future Evolution of Man: The Divine Life Upon Earth*. Wheaton, IL: Quest Books, 1974.

---------.Savitri:*A Legend and A Symbol*.Pondicherry:SriAurobindo Ashram, 1990.

Avabhasa, Da(Free John). *The Dawn Horse Testament,* new standard ed. Clearlake, CA: Dawn Horse Press, 1991.

Baba,Meher, and D.E.Stevens, ed.*Listen Humanity*. SanFrancisco: Harper & Row/Colophon, 1971.

Bahaullah. *A Synopsis and Codification or the Laws and Ordinances of the Kitab-i-Aqdas. The Most Holy Book of Bahaullah*. Compiled by the Universal House of Justice. Haifa: Bahai World Center, 1973.

Abdu-lBaha. *Paris Talks.* London: Bahai Publishing Trust, 1944.

---------. *The Promulgation of Universal Peace.* Wilmette, IL: Bahai Publishing Trust, 1982.

---------. *The Secret of Divine Ciliization*. Wilmette, IL: Bahai Publishing Trust, 1957, 1970.

---------. *Selections from the Writings of Abdul-Baha*. Haifa: Bahai World Center, 1978

Baigent,Michael,Richard Leigh, and Henry Lincoln. *The Messianic Legacy.* London: Corgi Books, 1987.

Batra, Ravi. *The Great Depression of 1990.* New York: S&STrade, 1987.

Berlitz, Charles. *Doomsday 1999.* New York: Doubleday, 1981.

Bernbaum, Edwin.*The Way to Shambhala:A Search for the Mythical Kingdom Beyond the Himalayas*. Garden City, NJ: Doubleday, Anchor Press, 1980.

Balvatsky,H.P.*The Secret Doctrine*.Madras:TheosophicalPublishing House, 1888.

The New English Bible, New York: Oxford University Press, 1976.

Bonder, Saniel.*The Divine Emergence of the World-Teacher: The Realization, the Revelation, and the Revealing Ordeal of*

Heart-MasterDa Love-Ananda ;aBiographical Celebration. Clearlake, CA: Dawn Horse Press, 1990.

Brown, Lester R. *The State of the World 1988*. New York: Norton, 1987.

-----. *The State of the World 1989*. New York: Norton, 1989

-----. *The State of the World 1990*. New York: Norton, 1990

-----. *The State of the World 1991*. New York: Norton, 1991

Butler, Bill. *The Dictionary of the Tarot*New York: SchockenBooks, 1975.

Carter, Mary Ellen. *Edgar Cayce on Prophecy: His Remarkable Visions of the Future-and How They Can Guide Your Life Today.* New York: Warner Books, 1988.

Cheiro, Count Louis Hamon. *Cheiro's World Predictions.* Santafe, NM: Sun Books, Sun Publishing, 1981.

Crowley, Aleister. *777 and Other Cabalistic Writings*. New York: Samuel Weister, 1973.

Edmonds, I. G. *Second Sight: People Who Read the Future*. New York: Thomas Nelson, 1977.

Esslemont, J.E. *Bahaullah and the New Era*. Reprint, Wilmette IL: Bahai Publishing Trust, 1966.

Fisher, Joe. *Predictions*. Toronto: Collins, 1980.

Forrest, Steven. *The Inner Sky: The Dynamic New Astrology for Everyone*. New York: Bantam, 1984.

Free John, Da(Adi Da Santosha). *The Enlightenment of the Whole Body*. Middletown, CA: Dawn Horse Press, 1978.

--------. *Garbage and the Goddess*. Lowerlake, CA: Dawn Horse Press, 1974.

--------. *Scientific Proof of the Existence of God Will Soom Be Announced at the White House*. Middletown, CA: Dawn Horse Press, 1980.

Forman, Henry James. *The Story of Prophecy*. Santa Fe, NM: Sun Books, Sun Publishing, 1981.

Fromm, Erich. *To Have ro To Be? A Aew Blueprint for Mankind*. London: Abacus, 1978.

Graham, Lloyd M. *Deceptions and Myths of the Bible: Is the Holy Bible Holy? Is It the Word of God?* New York: Bell, 1979.

Green, Jeff. Uranus: *Freedom from the Known*. St. Paul, MN: Llewllyn, 1988.

Green, Owen. *Nuclear Winter*. Cambridge, MA: Polity Press, 1985.

Gribbin, John. *Future Weather and the Greenhouse Effect*. London: Delta, Eleanor Friede, 1982.

Ground Zero. *Nuclear War: What's in It for You?* New York: Ground - Zero, 1982.

Gunther, Bernard. *Neo Tantra: Bhagwan Shree Rajneesh on Sex, Love, Prayer, and Transcendence*. San Francisco: Harper & Row, 1980.

Gurdjieff, G. I. *All and Everything: Beelzebub's Tales to His Grandson* New York: Arkana, 1985.

-------*Life is real only then when "I am": All and Everything/Third Series.* New York: Dutton, 1981.

Haich, Elizabeth. *Initiation.* Palo Alto, CA: Seed Center, 1974.

Hall, Manly P. *The Secret Teachings of All the Ages.* Los Angeles : Philoshophical Research Society, 1978.

Hazra, R. C. *Studies in the Puranic Records on Hindu Rites and Customs.* Delhi: Motilal Banarsidass, 1975.

Hermes Trismegistus, and Walter Scot,ed. *Hermetica.*Boston: Shambhala, 1985.

Holzer, Hans. *Prophecies. Visions of the World's Fate: Truths, Possibilities, or Fallacies?* New York: Contemporary Books, 1995.

-----. *The Prophets Speak.* New York: Bobbs-Merrill, 1971.

Holy Bible: New International Version. East Brunswick, NJ: Internationa l Bible Society, 1978.

Ions, Veronica. *Indian Mythology.* New York: Paul Hamlyn, 1967.

Jochmans, J.R.*Rolling Thunder: The Comming Earth Changes.* Santa Fe. NM: Sun Books, Sun Publishing, 1986.

Kelly, J. N. D. *The Oxford Dictionary of Popes.* London: Oxford University Press, 1989.

Kidron, Michel. *The New State of the World Atlas,* 1989. New York: Simon & Scuster, 1989.

Kikuchi, Rev. Ryoju Tamo-san. *Moor the Boat.* Kamakura, Japan : 1960.

Krishnamurti, J. *Commentaries on Living*: First Series. Wheaton,

IL: Quest Books, 1967.

Lawrence, K. H. *Apocalypse*. London: Penguin, 1984.

Lemesurier, Peter. *The Armageddon Script: Prophecy in Action*. Shaftesbury: Element Books, 1981.

Lovelock, James. *The Bhagavad Gita*. Reprint, Harmondsworth: Penguin Books, 1973.

-------. *The Dhammapada*. Reprint, Harmondsworth: PenguinBooks, 1973.

Meredith, George. *The Choice Is Ours: The Key to the Future*. Cologne: Rebel Publishing, 1989.

Mohammed. Translated by M.H. Shakir. *The Qur'an*, Inc., 1988.

Montgomery, Ruth, with Joanne Garland. *Ruth Montgomery: Herald of the New Age*. New York: Fawcett Crest, 1986.

Montgomery, Ruth. *Aliens Among Us*. New York: Fawcett Crest, 1985.

------. *Strangers Among Us*. New York: Fawcett Crest, 1979.

------. *Threshold to Tomorrow*. New York: Fawcett Crest, 1982.

------. *A World Before*. New York: Fawcett Crest, 1971.

Mooney, Ted. *Easy Travel to Other Plandts*. New York: Ballantine Books, 1981.

Murakami, Shigeyoshi. *Japanese Religion in the Modern Society*. Tokyo: University of Tokyo Press, 1983.

Noone, Richard W. *5/5 2000 Ice: The Utilimate Disaster*. New York: Harmony Books, 1971.

Ouspensky, P.D. *In Search of the Miraculous*. London: Harvest, HBJ Books, 1977.

Parker, Derek and Juliet. *The Compleat Astrologer.* New York: McGraw Hill, 1971.

Peters, Fritz. *My Journey with a Mystic.* Reprint, Laguna Niguel, CA : Tale Weaver, 1986.

Prieditis, Arthur. *The Fate of the Nations: Nostradamus's Vision of the Age of Aquarius.* St. Paul, MN: Llewellyn, 1982.

Rajnessh, Bhagwan Shree(Osho). *Beyond Psychology.* Cologne: Rebel Publishing House, 1987.

-----. *The Golden Future.* Cologne: Rebel Publishing House, 1987.

-----. *The Greatest Chanllenge: The Golden Future.* Cologne: Rebel Publishing House, 1988.

-----. *I Am the Gate: The Meaning of Initiation and Discipleship.* San Francisco: Harper & Row, 1977.

-----. *The Last Testament: Interviews with the World Press, vol 1.* Boulder, CO: Rajneesh Publications, 1986.

-----. *The Razor's Edge.* Cologne: Rebel Publishing House, 1988.

-----. *The Silent Explosion.* Bombay: Ananda-Shila, 1973.

-----. *Socrates: Poisoned Again after 25 Centuries.* Cologne: Rebel Publishing House, 1988.

Robinson, Lytle. *Edgar Cayce's Story of the Origin and Destiny of Man.* New York: Berkeley Books, 1976.

Russel, Eric. *History of Astrology and Prediction.* London: Citadel , 1972.

Satprem. Sri Aurobindo: *Or the Adventure of Consciousness,* 2d ed. New York: Institute for Evolutionary Research, 1970.

Schell, Jonathan. *The Fate of the Earth.* London: Picador, 1982.

Shoghi Effendi. *God Passes By.* Wilmette IL: Bahai Publishing Trust , 1944.

Stearn, Jess. *The Sleeping Prophet: An Examination of the Work of Edgar Cayce.* New York: Bantam Books, 1974.

Taherzadeh, Adib. *The Revelation of Bahaullah.* Oxford Press, 1974.

Toth, Max. Pyramid Prophecies. Rochester, VT: Destiny Books, 1988.

Vaughan, Alan. *Patterns in Prophecy.* New York: Hawthorn Books, 1973.

Wallenchinsky, David. *The Book of Predictions.* New York: William Morrow, 1980.

Waters, Frank. *The Book of the Hopi.* New York: Ballantine, 1963.

Ward, Chas. *A. Oracles of Nostradamus.* New York: Dorset Press, 1986.

World Commission on Environment and Development. *Our Common Future.* New York: Oxford University Press, 1987.

Yatri. *Unknown Man: The Mysterious Birth of a New Species.* New York: Simon & Schuster, 1988.